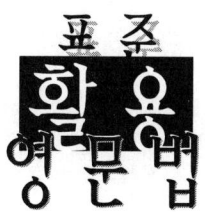

표준
활용
영문법

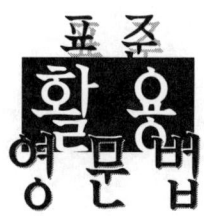

표준 활용 영문법

이홍배 저

한국문화사

1판1쇄 인쇄 · 2003년 12월 20일
1판1쇄 발행 · 2003년 12월 30일
1판2쇄 발행 · 2008년 9월 20일

저 자 · 이 홍 배
펴낸이 · 김 진 수
펴낸곳 · **한국문화사**
주소 · 서울특별시 성동구 성수1가 2동 656-1683 두앤캔 B/D 502호 133-823
전화 · (02)464-7708 / 3409-4488
팩시밀리 · (02)499-0846
등록번호 · 제2-1276호
등록일 · 1991년 11월 9일
홈페이지 · www.hankookmunhwasa.co.kr
이메일 · hkm77@korea.com
가격 · 23,000원
잘못 만들어진 책은 바꾸어 드립니다.
이 책의 내용은 저작권법에 따라 보호받고 있습니다.
Copyright ⓒ 한국문화사

ISBN 89-5726-105-2 93740
본 저서는 2003년도 두뇌한국21 사업에 의해 지원되었음.

✉ hblee415@hanmail.net으로 연락하시면, 이 책을 교재로 쓰시는 교수님에게는 연습문제의 정답을 보내 드리겠습니다.

머 리 말

 필자는 지난 20여 년간 대학 강단에서 주로 3, 4학년 학생을 대상으로 영문법을 강의한 경험을 기초로 기본적인 영어 문장을 구성하는 데 필요한 핵심적인 법칙을 정리하여 2001년에 「고급 영문법」을 출판하였다. 이 책을 지난 2년간 교재로 사용하면서 좀더 체계적인 설명이 필요한 부분과 추가되어야 할 부분이 있어서 「표준 활용 영문법」을 출간하게 되었다.
 우리가 수년간 영어를 배우고도 영어 원어민을 만나 인사 한 마디 주고받지 못하는 것이 마치 "문법"을 강조한 영어 교육 탓으로 종종 돌리는 경우기 있다. 이것은 마치 소위 "생활영어"에서 쓰는 표현들이 영문법의 법칙을 따르지 않는다는 말처럼 들려서 영문법을 공부하면 생활영어를 못하게 된다고 생각하는 사람이 많다. 실제로는 간단히 인사를 주고받는 표현에도 엄연히 법칙이 있으며, 영어의 어떠한 표현도 영문법의 법칙을 벗어나면 올바른 표현이라고 할 수 없다.
 이 책은 직장에서 영어를 쓰면서도 자신이 쓰는 영어 문장이 영어의 문법규칙에 합당한 것인지, 대학에서 영어 원서를 읽으면서도 책에 담긴 영어 문장의 정확한 구조를 이해하는 데 어려움을 느낀다든지, TOEFL이나 TOEIC 시험을 치르면서 자신이 고른 답이 어째서 영문법에 맞는 것인지를 명확히 모르는 사람을 위해서 좋은 지침서가 될 것이다.
 지구상의 모든 언어들과 마찬가지로, 영어에서도 문법에 맞는 문장을 구성하기 위해서 단어들을 적절한 순서에 따라 배열되어야 할 뿐만 아니라 이 단어들이 서로의 형태에 영향을 미친다는 것을 알 수 있다. 예를 들어, I have been

studying English for more than ten years에서 has가 아니라 have를 선택한 것은 주어 I 때문이고, be 동사가 과거분사형 been이 된 것은 완료조동사 have 때문이며, 동사를 현재분사형 studying으로 선택한 것은 바로 앞에 있는 진행조동사 be(en) 때문이다. 따라서 문법적으로 맞는 문장을 구성하려면 그 문장을 구성하는 단어들을 적절한 순서로 배열해야 할 뿐만 아니라 이 단어들이 서로 어떻게 형태적 일치하는 가를 터득해야 한다.

필자는 이 책에서 영문법을 접근함에 있어서 개별 단어의 특성보다는 문장을 직접적으로 구성하는 구, 절 성분들의 구조를 설명하는 데 중점을 두었다. 영어 문장은 일반적으로 주어(subject)와 술어(predicate) 그리고 다양한 수식어(modifier)로 구성되며, 주어와 술어는 각각 명사구(noun phrase)와 동사구(verb phrase)로 실현되고, 수식어는 다양한 형태의 부사구로 실현된다. 예를 들어, 이 책에서는 명사구와 동사구의 핵이 되는 명사와 동사의 특성보다는 문장을 직접적으로 구성하는 성분인 다양한 명사구와 동사구를 어떻게 구성하는가를 설명하는 데 주안점을 두었다. 따라서 이 문법서에는 영어 단어의 품사에 대한 체계적인 설명이 결여되어 있어서 1장과 2장을 제외하고는 가르치는 사람에 따라 1안처럼 문장의 골격을 형성하는 동사구의 구조를 먼저 교육할 수도 있고, 2안처럼 명사구의 구조부터 교육할 수 있다. 각장 끝에는 배운 내용을 정리할 수 있는 간단한 연습문제를 주어서 학습 효과를 높이도록 하였다. 그리고 우리나라 학생들이 종종 가볍게 여기는 구두법의 기본 법칙을 부록으로 정리하여 실었다.

1안: 1장과 2장 (1주), 3장 (2주), 4장 (2주), 5장 (2주), 6장 (2주), 7장 (1주), 8장 (2주), 9장 (2주), 10장 (2주)

2안: 1장과 2장 (1주), 5장 (2주), 6장 (1주), 3장 (2주), 4장 (2주), 7장 (1주), 8장 (2주), 9장 (2주), 10장 (2주)

이 책을 출판하기까지 많은 사람들의 도움이 있었다. 그간 필자의 강의를 들으면서 학생들이 제기한 다양한 질문들이 이 책을 완성하는 데 많은 도움이 되었다. 또한 교정을 도와준 대학원생들에게 감사하며, 특히 원고 정리와 책이 나오기까지 온갖 궂은 일을 마다하지 않은 박성희 양에게 감사한다. 끝으로 출판을 맡아 주신 한국문화사 김진수 사장에게 감사한다.

2003년 12월 이 홍 배

차 례

머리말 / V

제 1 장 문법의 영역

1.0 영문법의 영역 ················ 1
1.1 문장의 구성단위 ············ 3
1.1.1 단어 ········· 4   1.1.2 구 ········· 6
1.1.3 절 ········· 7
1.2 문장 ·························· 8
1.3 문법적 범주 ················ 10
✍ 연습문제 ···················· 13

제 2 장 영어 문장의 기본 구조

2.0 문장의 기본 구조 ············ 15
2.1 문장 성분의 기능 ············ 16
2.2 영어 문장의 유형 ············ 19
2.3 구의 구조 ···················· 20
2.4 절 ···························· 22

✎ 연습문제 ··· 25

제 3 장 동사와 보충어

3.0 동사 ··· 29
3.1 동사의 유형과 동사구의 구조 ········ 30
3.1.1 자동사 ························ 30   3.1.2 연결동사 ························ 31
3.1.3 단순타동사 ··················· 34   3.1.4 이중타동사 ····················· 43
3.1.5 복합타동사 ··················· 48
3.2 정적동사와 동적동사 ·················· 51
3.3 동사구의 종류 ··························· 54
3.3.1 정형 동사구 ·················· 54   3.3.2 비정형 동사구 ················ 59
3.3.3 동명사 ························· 80
3.4 경동사 구문 ····························· 84
✎ 연습문제 ·· 87

제 4 장 조동사와 시제

4.0 조동사의 특징 ·························· 95
4.1 조동사의 종류 ·························· 97
4.1.1 기본 조동사 ················· 97   4.1.2 양상 조동사 ··················· 100
4.1.3 조동사와 부정소 not의 축약 ···· 102   4.1.4 준-조동사 ···················· 106
4.2 조동사의 결합 ························ 108
4.2.1 (조)동사의 형태 ············ 108   4.2.2 조동사의 중복 ················ 109
4.2.3 운용소 ······················· 110
4.3 조동사의 의미 ························ 110
4.4 조동사의 특수 의미 ·················· 119
4.5 시제 ····································· 125
4.5.1 현재시제 ···················· 125   4.5.2 과거시제 ······················ 133
✎ 연습문제 ·· 146

제 5 장 명사구: 명사와 그 수식어

  5.0 명사구 ································ 153
  5.1 명사 ································ 154
5.1.1 고유명사 ················ 155   5.1.2 보통명사와 가산성 ········ 155
  5.2 명사의 수 ································ 156
5.2.1 단수형과 복수형 ·········· 157   5.2.2 불가산명사와 부분사 ······ 163
  5.3 명사의 성 ································ 164
  5.4 명사의 격 ································ 166
  5.5 선행 수식어 ································ 172
5.5.1 한정사 ······················ 172   5.5.2 한정사 선행어 ············ 188
5.5.3 제한적 수식어 ············ 193
  5.6 후행 수식어 ································ 198
5.6.1 관계절 ······················ 198   5.6.2 비정형절 ···················· 202
5.6.3 전치사구 ···················· 203
  5.7 파생 명사구 ································ 203
5.7.1 파생 명사 ·················· 204   5.7.2 주어의 표현 ················ 205
5.7.3 목적어의 표현 ············ 206
  ✍ 연습문제 ································ 209

제 6 장 대명사와 대용어

  6.0 대명사 ································ 217
  6.1 대명사의 유형 ································ 218
6.1.1 핵심대명사 ················ 219   6.1.2 상호대명사 ················ 230
6.1.3 지시대명사 ················ 232   6.1.4 관계대명사 ················ 236
6.1.5 의문대명사 ················ 236   6.1.6 부정대명사 ················ 243
  6.2 기타 대용어들 ································ 258
  ✍ 연습문제 ································ 262

제 7 장 형용사와 부사

7.0 형용사와 부사 ·································· 267
7.1 형용사 ·· 267
7.1.1 형태적 특성 ············ 267   7.1.2 통사적 기능 ············ 271
7.2 수사 ·· 278
7.3 부사 ·· 286
7.3.1 형태적 특성 ············ 286   7.3.2 부사의 위치 ············ 290
7.3.3 통사적 기능 ············ 290   7.3.4 부사구의 통사적 분류 ······ 294
7.3.5 부사구의 의미적 분류 ······ 295   7.3.6 형용사와 부사 ·········· 303
✍ 연습문제 ··· 306

제 8 장 전치사와 전치사구

8.0 전치사와 전치사구 ····························· 311
8.1 전치사의 유형 ································· 312
8.2 전치사의 의미 ································· 315
8.3 전치사의 목적어 ······························· 334
8.4 전치사구의 기능 ······························· 335
8.5 전치사적 동사와 구동사 ······················ 336
8.6 형용사와 전치사 ······························· 339
8.7 전치사의 위치 ································· 341
✍ 연습문제 ··· 343

제 9 장 문장의 변형과 기능

9.0 문장과 절 ······································· 349
9.1 문장의 성분 ···································· 350
9.2 일치 ··· 355
9.3 어순 ··· 362

9.4 부정문 366
9.4.1 부정문의 특성 .... 366 9.4.2 부정의 종류 367

9.5 문장의 기능적 분류 370
9.5.1 의문문 .... 371 9.5.2 명령문 374
9.5.3 감탄문 .... 376 9.5.4 생략문 376
9.5.5 분열문 .... 379 9.5.6 도치 문장 380
9.5.7 불규칙 문장 381

9.6 직접 및 간접화법 382
9.6.1 직접화법과 간접화법의 중요한 차이점 384
9.6.2 직접화법의 문장형태와 간접화법 388
✍ 연습문제 391

제 10 장 복합문

10.0 복합문 399

10.1 등위접속 400
10.1.1 and의 의미적 속성 .... 401 10.1.2 or의 의미적 속성 402
10.1.3 but의 의미적 속성 .... 403 10.1.4 상관 등위접속사 403
10.1.5 결합적 등위접속과 분리적 등위접속 404
10.1.6 유사 등위접속사 405

10.2 종속접속 406
10.2.1 종속절의 형태적 분류 .... 406 10.2.2 종속절 표지 407
10.2.3 종속절의 동사구 형태 .... 409 10.2.4 종속절의 통사적 기능 411

10.3 종속절의 기능적 분류 412
10.3.1 명사절 .... 412 10.3.2 관계절 417
10.3.3 부사절 .... 420 10.3.4 비교절 426
✍ 연습문제 432

부록 1 구두법 / 437 부록 2 종합문제 / 445
종합문제 정답 / 456 찾아보기 / 459

… 제 1 장

문법의 영역

1.0 영문법의 영역

문법(grammar)이란 말은 일반적으로 두 가지 의미로 해석된다. 문법이란 학술적인 해석에 따르면 언어의 소리, 뜻, 구조 전반에 대한 연구를 가리키지만, 대중적인 해석에 따르면 언어의 구조적 속성(structural property)에 대한 연구를 가리킨다. 이 책에서는 문법을 후자의 의미로 해석할 것이다. 그렇다면 언어의 구조적 속성이란 무엇을 가리키는 것일까? 우리는 글을 쓸 때 혹은 말을 할 때 적절한 단어(word)를 알맞게 배열하여 우리가 전달하고자하는 의미를 지닌 언어표현을 구성하게 되며, 이러한 언어표현의 최소단위를 문장(sentence)이라고 부른다. 그러나 문장의 내부를 들여다보면, 단어들이 단순히 나열되어 있는 것이 아니라 계층적으로 집단(hierarchical group)을 이루고 있다는 것을 알 수 있다. 문장을 구성하는 단어들의 계층적 집단을 문장의 구구조(phrase structure) 또는 단순히 구조라고 부른다. 따라서 영문법은 영어에 어떤 유형의 문장들이 있으며, 이 문장들을 어떻게 구성하는가를 다루게 된다.

이 책에서 우리는 현대영어에서 널리 사용되고 있는 다양한 영어 문장을 어떻게 구성하는 가에 대해 배우게 될 것이다. 우리는 구어체 영어에도 관심을 두겠지만, 이 책의 주목적은 공식적 또는 비공식적 문어체 영어를 학습하는 데 있다. 주로 미국식 영어에 기초한 예문이 제시될 것이지만, 예시된 표현이 영국식 영어와 미국식 영어에서 차이가 날 경우에는 특별히 표시하게 될 것이다. 또한 격식을 갖추어 말할 때 사용되는 표현과 비격식적 표현에 대해서도 필요에 따라 표시할 예정이다.

우리가 여기서 사용할 이론적 틀은 확대 전통문법(extended traditional grammar)으로서 지난 50년간 여러 학자들이 다양한 이론에 따라 새롭게 해석한 영어의 언어적 사실들을 전통문법적 관점에서 새롭게 해석하게 될 것이다.

앞에서 말했듯이 우리는 일반적으로 문법에서 다루는 가장 큰 표현을 문장이라고 하고 가장 작은 표현을 단어라고 한다. 따라서 엄격한 의미에서 볼 때, 문장보다 더 큰 언어표현이나 단어보다 더 작은 표현은 문법의 범위를 벗어난 표현이라고 할 수 있다. 그러나 문법적인 현상이라고 생각되는 것이 종종 문장의 범위를 넘어서도 적용될 수 있음을 볼 수 있다. 특히 이러한 현상은 언어의 대형(pro-form) 현상이나 생략(ellipsis) 구문에서 찾아볼 수 있다.

(1) a. *The man* said that *he* would come home late.
  b. *The man* studied linguistics at MIT. But *he* became president of a world-famous chemical company.

(2) a. Mary can *speak French*, and Jane can (speak French) too.
  b. Can Mary *speak French*? Yes, she can (speak French).

대명사 he는 (1a)에서처럼 한 문장 내에서뿐만 아니라 (1b)에서처럼 문장을 넘어서도 the man을 선행사로 취할 수 있다. (2)에서 볼 수 있듯이, 영어에서 동사구 (speak French)는 한 문장 내에서 그리고 문장을 넘어서도 생략될 수 있다.

문법을 기술함에 있어서 대부분의 경우 단어가 최소단위가 되지만, 단어보다 작은 형태소(morpheme)를 언급할 필요가 있다. 특히 단어는 문장 내에서 다양한 기능을 수행하게 되는데, 많은 경우 이 다양한 기능이 굴절 접사(inflectional affix)로 표현된다. 예를 들어, 영어에서 명사의 복수는 단수형에 -s 어미를 붙여 만들고 (book-books), 동사의 과거와 과거분사형은 원형에 -ed 어미를 붙여 만든다 (walk-walked). 특히 문법에서 굴절어미는 중요한 부분을 차지한다.

우리가 특정 언어의 문법을 공부하는 것은 그 언어의 문장을 문법적으로 옳게 구성할 수 있는 능력을 습득하기 위해서다. 그러나 우리가 여기서 명심해야 할 점은 한 언어의 문장을 문법적으로 옳게 구성할 수 있는 방법을 안다고 해서 그 언어를 유창히 사용할 수 있는 것이 아니라는 사실이다. 우리는 "문장"이란 표현을 써서 우리의 의사를 상대방에게 말로 전달하기도 하고 글로 표현하기도 하지만, 모든 문장 표현은 적절한 맥락에서 사용될 때 그 의미를 갖는다. 따라서 문법적으로 옳은 문장을 구성하는 것과 문장을 맥락에 따라 적절히 사용하는 것은 별개의 문제다. 물론 문법적인 문장을 구성할 수 있을 경우에만 이 문장을 적절히 사용할 수 있는 것이다. 언어를 우리의 생각(idea)을 소리나 글로 나타내는 체계라고 가정할 때, 문장에 담긴 의미는 우리가 전달하고자 하는 "생각의 단위"이고, 문장은 이 생각의 단위를 담은 언어표현(linguistic expression)이라고 할 수 있다. 따라서 우리가 영문법을 배우는 것은 우리의 생각을 표현하는 문장을 어떻게 문법에 맞게 구성할 수 있는가를 배우는 것이다. 이렇게 구성된 문장을 우리 생활에서 어떻게 적절히 사용할 것인가는 여러분들이 부단한 연습과 노력을 통해서 별도로 해결해야 할 문제다.

1.1 문장의 구성단위

우리는 앞에서 문장 내의 단어들이 계층적으로 집단을 구성한다고 말했다. 전통문법에서는 단어들의 이러한 계층적 집단을 구(phrase) 또는 절(clause)이라고 부른다. 다시 말해서, 문장을 구성하는 단어들은 문장 내에서 구 또는 절이라는 중간 단계의 성분을 구성한 다음 최종적으로 문장을 구성하게 된다. 우리는 이 것을 문장 성분의 계층성(hierarchy)이라고 부른다. 따라서 문법이란 단어의 형태를 어떻게 변화시켜 다양한 문법적 기능을 나타내고, 단어들을 어떻게 결합하여 어법에 맞는 구와 절 나아가서 문장을 구성하는가를 연구하는 학문이다.

1.1.1 단어 (word)

1971년에 출간된 *Webster's 3rd New International Dictionary*에 약 45만 단어가 실려있다고 하니 30년이 지난 지금은 여기에 얼마나 많은 어휘가 추가되었는지는 아무도 모른다. 물론 이 모든 영어 단어를 실제로 사용할 수 있는 사람은 없다. 우리가 일상생활에서 그 일부인 수천 개의 단어만을 사용하여 문장을 구성한다고 해도, 각 단어를 독립적인 단위로 간주하고 문장을 구성하는 방법을 연구하는 것은 매우 비효율적이며 거의 불가능한 작업이다. 따라서 우리는 단어를 결합하여 문장을 구성하는 데 도움이 되는 기준에 따라 단어를 몇 가지 유형으로 분류하게 된다. 이러한 단어의 분류를 우리는 품사(parts of speech) 또는 어류(word class)라고 부른다.

전통문법에서 일반적으로 의미적, 형태적, 문법적 기준에 따라 단어를 분류한다. 그러나 이 세 가지 기준을 모든 단어 분류에 적용할 수 있는 것이 아니라 단어의 유형에 따라 적용되는 기준이 다른 경우가 많다. 그 이유는 세 가지 기준 중에 어느 것도 단어를 분류하는 데 완전한 기준이 될 수 없기 때문이다. 예를 들어, 의미적으로 명사(noun)를 '사물의 명칭'을 가리키는 품사라고 정의한다고 하자. 이 정의는 'dog, book, John' 등과 같은 명사에는 적용될 수 있어도 'time, confidence, bachelorhood' 등과 같은 명사를 '사물의 명칭'이라고 하기에는 무리가 따른다. 또한 동사를 '동작, 상태, 존재'를 의미하는 품사라고 할 경우, 'believe, derive, modernize' 등과 같은 단어는 동사이고 격렬한 움직임을 수반하는 'homerun, storm, turbulence' 등은 명사가 되는 것일까? 단어를 의미적 기준에 따라 분류하는 문제는 전치사나 접속사에 이르면 난관에 봉착하게 된다. 'I want to go'에서 to의 의미적 속성을 우리가 과연 정의할 수 있을까?

우리는 또한 단어를 형태적 기준에 따라 분류할 수 있다. 단어는 그 유형에 따라 특유의 파생접사(derivational affix)나 굴절접사(inflectional affix)를 대동할 수 있다. 예를 들어, 영어의 명사가 취할 수 있는 전형적인 파생접사로는 (accept)-ance, (deriv)-ation, (renew)-al, (driv)-er, (amuse)-ment, (neighbor)-hood, (fit)-ness, (hard)-ship, (tens)-ion, (reception)-ist, (electric)-ity 등이 있고, 동사가 취할 수 있는 파생접사로는 (exempli)-fy, (modern)-ize, (hard)-en, (amalgam)-ate 등이 있지만, 이러한 파생접사로 끝나지 않는 명사와 동사가 더 많다. 또한 영어의 명사

와 동사 그리고 일부의 형용사와 부사는 특유의 굴절접사를 취할 수 있다. 명사는 복수어미(hand-hands)와 속격어미(John-John's)를 취할 수 있고, 동사는 과거형(walked), 과거분사형(walked), 현재분사형(walking), 삼인칭 단수 현재형(walks)을 가지고 있으며, 등급성(gradable) 형용사와 부사 중에 단음절인 단어와 두음절 단어의 일부에 -er과 -est 어미를 붙여 각각 비교급형과 최상급형을 만들 수 있다. 그러나 잘 알려진 것처럼 영어의 많은 명사가 복수형이 없으며(예: money), 우리가 흔히 사용하는 상당수의 동사가 불규칙 과거형과 과거분사형을 지닌다(예: take-took-taken, put-put-put).

단어를 분류하는 방법 중에 가장 널리 사용되는 방법은 단어가 문장 내에서 차지하는 위치(position)와 수행하는 기능(function)에 따라 단어를 분류하는 것이다. 각 단어는 문장 내에서 각각 특유의 기능을 수행하며, 이 기능을 수행하기 위해서 특유의 위치에 나타나게 된다. 예를 들어, 명사는 (그 수식어와 함께) 문장 내의 다양한 위치에 나타나 주어, 직접 목적어, 간접 목적어, 전치사 목적어, 보어 기능을 수행하고, 관사(article)는 명사 앞에서 명사를 수식하며, 단어, 구, 절을 연결하는 역할을 하는 접속사(conjunction)는 연결되는 두 번째 성분 앞에 나타난다. 또한 형용사는 일반적으로 명사 앞에서 명사를 수식하고 특정의 동사와 함께 보어로 쓰일 수 있으며, 부사는 동사, 형용사, 다른 부사를 수식하는 역할을 담당한다. 그러나 단어를 그 문법적 기능과 위치에 따라 분류하는 방법이 단어 분류의 모든 문제를 해결해 주는 것은 아니다. 예를 들어, 우리는 일반적으로 전치사와 명사(구)를 결합하여 전치사구를 구성하지만, 이 법칙에 따르지 않는 전치사구를 찾는 것은 그리 어렵지 않다. for good과 in short와 같은 전치사구에서는 전치사의 목적어로 형용사가 쓰이고 있으며, at once와 until now와 같은 표현에서는 부사가 전치사의 목적어로 쓰이고 있다.

우리는 지금까지의 논의를 통해서 의미적, 형태적, 문법적 기준 중에 어느 것도 단어를 분류하는 절대적인 기준이 될 수 없다는 것을 알았다. 따라서 앞으로 단어가 속하는 품사를 논함에 있어 필요할 경우 이 세 가지 기준을 두루 적용하게 될 것이다.

(영어) 단어의 품사는 크게 개방형(open class)과 폐쇄형(closed class) 두 가지 형태로 분류된다. 개방형의 품사에는 속하는 단어의 수가 비교적 크며 언제나 새로운 단어가 추가될 가능성이 있는 데 반하여, 폐쇄형의 품사에는 속하는 단

어의 수가 비교적 적으며 새로운 단어가 추가될 가능성이 희박하다.

1. 개방형
   (a) 명사 (noun): man, chair, love, . . .
   (b) 동사 (verb): study, appear, love, . . .
   (c) 형용사 (adjective): ugly, slow, deep, . . .
   (d) 부사 (adverb): only, well, slowly, . . .

2. 폐쇄형
   (a) 대명사 (pronoun): I/me, you, he/him, she/her, it, we/us, they/them
   (b) 한정사 (determiner): a(n), the, my, this, every, . . .
   (c) 수사 (numeral): one, first, last, . . .
   (d) 전치사 (preposition): at, in, on, . . .
   (e) 조동사 (auxiliary verb): will, may, could, . . .
   (f) 접속사 (conjunction): and, if, when, . . .
   (g) 감탄사 (interjection): ah!, eh?, Heavens!, . . .

1.1.2 구 (phrase)

구는 하나 또는 그 이상의 단어가 결합하여 구성된다. 모든 구는 일반적으로 구의 핵인 머리어와 핵을 수식하는 단어로 구성되며, 구의 명칭은 머리어가 속하는 품사에 따라 결정된다. 영문법에서 논의되는 구에는 다음의 다섯 가지가 있으며, 그 문법적 기능은 전치사구를 제외하고는 머리어의 기능과 유사하다.

1. 명사구 (noun phrase, NP)
   The old man living next door disappeared last night.

2. 동사구 (verb phrase, VP)
   The old man living next door *disappeared last night*.

3. 형용사구 (adjective phrase, AP)
    Driving a car on a snowy day is *extremely dangerous*.

4. 부사구 (adverb phrase, ADVP)
    Fortunately, he was the only one who complained.

5. 전치사구 (prepositional phrase, PP)
    Driving a car *on a snowy day* is extremely dangerous.

1.1.3 절 (clause)

최근의 문법연구에서는 절과 구를 특별히 구별하려고 하지 않는다. 전통적인 방식에 따르면 절은 하나 또는 그 이상의 구로 구성되며, 문장의 속성을 (즉, 동사적 요소를) 지니고 있는 표현을 가리킨다. 절은 그 문법적 기능에 따라 분류할 수도 있고, 포함하고 있는 동사의 형태에 따라 분류하기도 한다.

1. 기능에 따른 분류

    (a) 주절 (main/matrix clause)
        The soldier asked to be transferred, because he was unhappy.

    (b) 종속절 (subordinate/embedded clause)
        We assume *that interest rates will soon fall*.
        Mr. Smith has three sons *who became medical doctors*.
        The soldier asked to be transferred, *because he was unhappy*.

    (c) 등위절 (coordinate clause)
        I *may see you tomorrow*, or *may phone late in the afternoon*.

2. 형태에 따른 분류

    (a) 정형절 (finite clause)
        John was in a hurry.

(b) 비정형절 (non-finite clause)

(1) 부정사절 (infinitival clause)
It's impossible *for me to finish the book by tomorrow*.

(2) 분사절 (participial clause)

ⓐ -ed 절
Persuaded by his parents, he decided to go to college.

ⓑ -ing 절
The children *not wanting to leave the park*, she decided to stay a little longer.

(c) 무동사절 (verbless clause)
How about a cup of tea?
Like father like son.

1.2 문장 (sentence)

문장은 절과 그 기본적인 속성에 있어서는 차이가 없으며, 단지 절은 일반적으로 더 큰 표현의 일부를 이룰 때 붙여지는 이름이고, 문장은 독립적으로 사용될 수 있는 절을 가리킨다. 문장은 어떤 기준을 근거로 분류하느냐에 따라 다양한 유형으로 분류된다.

1. 절의 수와 결합 방법에 따른 분류

(a) 단문 (simple sentence)
John is reading an English grammar book.

(b) 중문 (compound sentence)
John is reading an English grammar book, and Mary is writing a letter.

(c) 복문 (complex sentence)

John is reading an English grammar book, because he has to take a test next week.

2. 형태에 따른 분류

   (a) 평서문 (declarative sentence)
   I visited France last year.

   (b) 의문문 (interrogative sentence)
   Did you visit France last year?
   When did you visit France?
   Where did you visit last year?

   (c) 명령문 (imperative sentence)
   Phone me when you're ready.

   (d) 감탄문 (exclamatory sentence)
   How wonderful it is today!
   What a nice person he is!

3. 담화 기능에 따른 분류

   (a) 진술 (statement)
   The book was published in 1999.

   (b) 질문 (question)
   Are you going to visit Thailand next winter?

   (c) 지시 (instruction)
   Finish your homework in time.

   (d) 감탄 (exclamation)
   What a wonderful time we've had today!

1.3 문법적 범주 (grammatical categories)

문장을 분석해 보면 문장을 구성하고 있는 단어나 구가 전달하는 의미 외에 다양한 문법적 의미가 포함되어 있음을 알 수 있다. 우리는 이러한 문법적 의미를 문법적 범주라고 부르며, 영어에서 문법적 범주는 단어(특히, 동사와 명사)의 형태를 바꾸거나 특정한 단어들을 결합하여 표현한다. 우리가 여기서 다루게 될 영어의 문법적 범주는 대략적으로 다음과 같다.

1. 동사와 연관된 문법적 범주

   (a) 법 (mood)

      (1) 직설법 (indicative)
         He *likes* to go for a walk.

      (2) 명령법 (imperative)
         Go for a walk.

      (3) 가정법 (subjunctive)
         I suggested that he *go* for a walk.

   (b) 양상 (modality)
       It *must* have rained last night.
       You *can* do it, if she *can*.

   (c) 시제 (tense)

      (1) 현재 (present)
         He *goes* to work by subway every day.

      (2) 과거 (past)
         He *went* to work by subway, before he bought a car.

   (d) 상 (aspect)

      (1) 완료 (perfective)
         They *have lived* in Australia since 1985.

(2) 진행 (continuous)

　　The school *is building* a new language lab.

(e) 태 (voice)

　(1) 능동 (active)

　　The children *ruined* the garden.

　(2) 수동 (passive)

　　The garden *was ruined* by the children.

2. 명사와 연관된 문법적 범주

　(a) 수 (number)

　　(1) 단수 (singular)

　　　We have only one *spoon* on the table.

　　(2) 복수 (plural)

　　　We need two more *spoons* on the table.

　(b) 인칭 (person)

　　(1) 일인칭 (first)

　　　I am going to take my brother to swim in the pool today.

　　(2) 이인칭 (second)

　　　You are going to take my brother to swim in the pool today.

　　(3) 삼인칭 (third)

　　　He is going to take my brother to swim in the pool today.

　(c) 격 (case)

　　(1) 주격 (subjective case)

　　　He didn't tell me what to do next.

　　(2) 목적격 (objective case)

　　　I didn't tell *him* what to do next.

(3) 속격 (genitive case)

She isn't *his* sister.

(d) 성 (gender)

(1) 남성 (masculine)

He's a *hero* of the Korean War.

(2) 여성 (feminine)

She's working at the restaurant as a *waitress*.

(3) 비인칭 (non-personal)

It's the *horse* that my father gave to me as my birthday present.

연습문제

괄호 속에 적절한 표현을 써넣어라.

1. 영어의 수(number)에는 단수와 (   )가 있다.

2. 영어의 동사와 관련이 있는 문법적 범주에는 법, 양상, (   ), (   ), 태가 있다.

3. 영어의 문장을 형태에 따라 분류하면 평서문, (   ), 명령문, (   )이 있다.

4. 영어의 상에는 (   )와 진행상이 있다.

5. 개방형 품사에는 (   ), (   ), 형용사, 부사가 있다.

6. 절을 동사의 형태에 따라 분류하면 (   )과 (   )이 있다.

7. 절의 결합방법에 따라 문장을 분류하면 단문, (   ), (   )이 있다.

8. 영어 명사의 격에는 (   ), (   ), 속격이 있다.

9. 비정형절에는 (   )과 분사절이 있다.

10. 분사절에는 (   ), (   ), 무동사절이 있다.

제 2 장

영어 문장의 기본 구조

2.0 문장의 기본 구조

우리는 여기서 앞으로 공부할 다양한 영어 문장의 기본형을 공부하게 될 것이다. 우리는 하나의 절로 구성된 문장을 단문(simple sentence)이라고 부르며, 문장의 기본구조에 접근하는 가장 합리적인 방법은 긍정(positive), 서술(declarative), 능동(active) 단문의 기본구조를 연구하는 것이다. 영어에서 이러한 문장은 주어(subject)와 술어(predicate)로 구성되며 경우에 따라 조동사(auxiliary verb)가 나타기도 한다.

문장 = 주어 + (조동사) + 술어

의미적으로 볼 때, 주어는 우리가 말하고자 하는 주제 또는 대상이 되고, 술어는 주어로 선정된 주제에 대한 기술 또는 논평이 된다.

2.1 문장 성분의 기능

위에서 언급했듯이 영어의 문장은 주어와 술어로 구성되며, 주어는 명사구 (noun phrase)로 술어는 동사구(verb phrase)로 표현된다. 따라서 문장의 성분을 범주로 표현하면 다음과 같다.

문장 = 명사구 + (조동사) + 동사구

주어: 명사구	술어: 동사구
This store	sells only linguistic books

1. 주어 (subject)

주어는 문장 내에서 동사구 앞에 나타나는 명사구에 주어지는 명칭이다.

(a) 평서문은 일반적으로 주어로 시작한다.

The man [주어] works five days a week [동사구].

(b) 일반적으로 명사구 또는 대명사가 주어 역할을 한다.

The Prime Minister [명사구] offered him a post in the Cabinet.
She [대명사] uses pure butter in these cakes.

(c) 대명사는 주격형과 목적격형이 다르다.

주격형	I, we, you, he, she, it, they, who
목적격형	me, us, you, him, her, it, them, whom

(d) 주어가 단수냐 복수냐에 따라 동사의 형태가 바뀐다.

The child [단수] *is* enjoying the play.
The children [복수] *are* enjoying the play.

2. 동사 (verb)

동사는 문장의 기본구조를 결정하는 속성을 지닌 단어다 (3과 4장을 보라).

(a) 동사는 일반적으로 조동사(auxiliary verb)와 본동사(main verb)로 분류되며, 후자를 종종 어휘적 동사(lexical verb)라고도 부른다.

The children	조동사	본동사	a lot of questions
	have	asked	

(b) 조동사에는 기본(primary) 조동사와 양상(modal) 조동사가 있다.

기본 조동사	be, have, do
양상 조동사	can, could, may, might, will, would, shall, should, must, ought to, need, dare

(c) 어휘적 동사는 동사구(verb phrase)의 핵(즉, 머리어)으로서 동사의 종류에 따라 홀로 쓰이기도 보충어(complement)를 대동하기도 한다.

The young man has *disappeared*.
The young man *likes* the music.   [목적어]
The young man *became* a medical doctor.   [보어]

(d) 조동사가 나타나지 않을 경우 본동사는 시제를 포함하게 된다.

He *likes* music.   [현재]
He *liked* music.   [과거]

(e) 동사는 과거시제형(past tense)과 과거분사형(past participle)을 구성하는 데 있어서 규칙형(regular)과 다양한 불규칙형(irregular)을 가지고 있다.

	과거시제형	과거분사형
규칙형 (walk)	walked	walked
불규칙형 (take)	took	taken

(f) 동사에는 정형(finite)과 비정형(nonfinite)이 있다.

정형	현재시제형		take, takes
	과거시제형		took
	가정법형		take
비정형	부정사형		(to) take
	분사형	현재	taking
		과거	taken

3. 목적어 (object)

동사구 내에서 동사 다음에 나타나는 명사구를 일반적으로 목적어라고 하며, 목적어에는 직접목적어(direct object)와 간접목적어(indirect object) 두 가지가 있다.

주어	동사	간접목적어 [명사구]	직접목적어 [명사구]
The teacher	taught	the students	English

(a) 직접목적어는 일반적으로 동사의 행위에 의해 영향을 받는다.

The man *locked **the gate*** after us.
My grandson *keeps **two dogs*** in his room.

(b) 간접목적어는 일반적으로 직접목적어와 함께 나타나며 동사 행위의 수혜자 역할을 한다.

I gave ***Mary** the flowers*.
John bought ***Jane** a new dress*.

(c) 간접목적어가 직접목적어를 항상 선행하지만, 간접목적어를 전치사 to 또는 for로 시작하는 전치사구로 바꾸어 직접목적어 뒤에 놓을 수 있다.

I gave *the flowers **to Mary***.
John bought *a new dress **for Jane***.

(d) 직접목적어는 명사절로 표현될 수 있다.

John knows *that Mary is a nurse*.
I asked *who she was*.

4. 보어 (complement)

보어는 일반적으로 주어 또는 목적어의 속성을 묘사하는 역할을 한다. 따라서 보어에는 주격보어(subject complement)와 목적격보어(object complement) 두 가지가 있으며, 형용사구와 명사구가 일반적으로 보어로 쓰인다.

Her brother was *famous*.
The book made *her brother famous*.

You must be *Mr. Smith*.
Constant practices made her *a famous dancer*.

5. 부가어 (adjunct)

부가어란 부사구의 일종으로서 (7장을 보라), 부사구의 일반적 속성과는 달리 종종 문장의 필수요소로 쓰일 수 있다. 이 경우 부가어가 주어와 관련이 있으면 주어지향 부가어(subject-oriented adjunct)라고 부르고, 목적어와 관련이 있으면 목적어지향 부가어(object-oriented adjunct)라고 부른다.

The conference lasted *for a week*.　　　　　　　　　[주어지향]
You must keep *food in the refrigerator*.　　　　　　[목적어지향]

2.2 영어 문장의 유형

문장의 유형은 동사가 결정한다. 지금까지의 전통적인 분류 방법에 따르면 영어에는 다섯 가지 문장 형식이 있는 것으로 주장되어 왔으나, 여기서는 영어의 **문장을 일곱 가지 기본적인 문장 형식**으로 나누기로 하겠다.

1. **SV형**: 주어 (S) + 동사 (V)
   An hour elapsed.

2. **SVO_d형**: 주어 (S) + 동사 (V) + 직접 목적어 (O_d)
   John hit the ball.

3. **SVC_s형**: 주어 (S) + 동사 (V) + 주격보어 (C_s)
   John seems happy.

4. **SVA_s형**: 주어 (S) + 동사 (V) + 주어지향 부가어 (A_s)
   John lives in London.

5. **SVO_dO_i형**: 주어 (S) + 동사 (V) + 직접 목적어 (O_d) + 간접 목적어 (O_i)
   John gave a book to Mary.

6. **SVO_dC_o형**: 주어 (S) + 동사 (V) + 직접 목적어 (O_d) + 목적격보어 (C_o)
   I consider John intelligent.

7. **SVO_dA_o형**: 주어 (S) + 동사 (V) + 직접 목적어 (O_d) + 목적어지향 부가어 (A_o)
   John put the book on the shelf.

☞ 영어 문장을 다섯 가지 형식으로 분류하는 체계에서는 4를 1과, 7을 2와 통합하고 있다.

2.3 구의 구조

우리는 1장에서 하나 또는 그 이상의 구(phrase)나 절(clause)이 결합하여 문장을 구성한다고 말했다. 문법적으로 올바른 영어 문장을 구성하려면 먼저 영어에서 단어들을 어떻게 결합하여 구나 절을 구성하는가를 알아야 한다. 우리가 여기서 다룰 문법적 범주에는 명사구, 동사구, 전치사구, 형용사구, 부사구, 정형절, 비정형절, 무동사절이 있으며 그 구조는 다음과 같다.

1. 명사구 (noun phrase, NP)

명사구는 핵인 명사 머리어를 중심으로 앞과 뒤에 수식어를 동반할 수 있다. 앞에 오는 수식어를 선행 수식어(premodifier)라고 부르고, 뒤에 오는 수식어를 후행 수식어(postmodifier)라고 부른다.

명사구 = (선행 수식어) + 명사 머리어 + (후행 수식어)

선행 수식어	명사 머리어	후행 수식어
all the young	students	in the room

2. 동사구 (verb phrase, VP)

동사구는 핵인 동사의 속성에 따라 동사 하나로 구성될 수도 있고, 보어나 목적어 또는 부가어를 포함하게 된다. 따라서 동반하는 목적어, 보어 또는 부가어에 따라 동사구를 분류할 수도 있으나, 여기서는 시제(tense) 또는 법(mood) 요소의 포함 여부에 따라 동사구의 형태를 **정형 동사구** 또는 **비정형 동사구**로 분류하기로 한다. 이러한 동사구의 분류는 문장 내에서의 동사구의 역할을 규정하는데 매우 유용하다.

(a) 정형 동사구 (finite VP): 시제 또는 법 요소가 포함된 동사구를 가리킨다.

The lady *lives* near the station.　　　　　　　　[현재시제와 직설법]
Go back to your country!　　　　　　　　　　　[명령법]
He insists that he *be* in charge of the organization.　[가정법]

(b) 비정형 동사구 (nonfinite VP): 시제 또는 법이 포함되어 있지 않은 동사구를 가리키며, 부정사구와 분사구가 있다.

(1) 부정사구 (infinitival phrase): 핵인 동사가 (to +) 원형인 동사구를 가리킨다.

We need *to repair* the roof.
He made me *follow* the instructions.

(2) 분사 (participial phrase): -ed형 또는 -ing형 분사로 시작하는 동사구를

가리킨다.

> *Rejected* by all his friends, he decided to become a monk.
> Who's the man *sitting* in the corner?

3. 전치사구 (prepositional phrase, PP)

전치사구는 일반적으로 전치사 + 명사구로 구성되며, 그 용도는 다양하다.

> We've lived here *for* ten years.
> Nobody seems to live *in* this house.

4. 형용사구 (adjectival phrase, AP)

형용사구는 수식어를 수의적으로 동반하기도 하고, 전치사구나 절을 보어로 동반하기도 한다.

> It's *terribly **cold*** today.
> She's *very **fond*** of the young man.
> John was ***certain*** to win the race.

5. 부사구 (adverbial phrase, ADVP)

부사구는 수식어를 수의적으로 동반할 수 있다.

> He's moving *extremely **fast***.

2.4 절 (clause)

1. 동사의 형태에 따른 분류

동사의 형태에 따라, 정형 동사를 포함한 절을 정형절이라고 부르고 비정형 동사를 포함한 절을 비정형절이라고 부르며, 동사적 요소를 포함하고 있지 않은 절을 무동사절이라고 부른다.

(a) **정형절** (finite clause): 정형 동사를 가지고 있는 절을 가리킨다.

  John said that *he **was** in a hurry*

(b) **비정형절** (nonfinite clause): 비정형 동사를 포함하고 있는 절을 가리킨다.

  It's impossible *for me **to finish** the assignment by tomorrow*
  I saw *John **walking** to the station yesterday*

(c) **무동사절** (verbless clause)

  How about a glass of beer?
  The more the better.

  *When **young**, we were full of hopes and anxieties.*
  = When *we were young*, . . .

2. 기능에 따른 분류

절은 문장 내에서 어떻게 사용되느냐에 따라 주절, 종속절, 등위절로 분류된다.

(a) 주절 (main/matrix clause)

  I know that coffee grows in Brazil.

(b) 종속절 (subordinate/embedded clause)

  (1) 명사절 (nominal clause)

    We assume *that interest rates will soon fall.*
    That coffee grows in Brazil is well known to all.

  (2) 형용사절 (adjectival clause) = 관계절 (relative clause)

    Mr. Smith has three sons *who became medical doctors.*

  (3) 부사절 (adverbial clause)

    The soldier asked to be transferred, *because he was unhappy.*

(4) 동격절 (appositive clause)

Your ambition, *to become a lawyer*, requires energy and perseverance.

(5) 비교절 (comparative clause)

Mary is *healthier than her sister*.

(c) 등위절 (coordinate clause)

I *may see you tomorrow* or *may phone late in the afternoon*.

연 습 문 제

1. 문장 성분의 문법적 기능을 기호(주어 = S, 동사 = V, 직접목적어 = Od, 간접목적어 = Oi, 주격보어 = Cs, 목적격보어 = Co, 주어지향 부가어 = As, 목적어지향 부가어 = Ao, 부사구 = ADV)를 써서 표시하라.

   예 She (S) made (V) me (Od) her secretary (Co) last month (ADV).

1. The girl (   ) offered (   ) the old man (   ) a glass of water (   ).

2. The committee (   ) unanimously (   ) elected (   ) him (   ) president (   ).

3. The weather (   ) turned (   ) extremely cold (   ) unexpectedly (   ).

4. The team members (   ) must wear (   ) black uniforms (   ) out of town (   ).

5. His attitude (   ) got (   ) all his friends (   ) angry (   ).

6. The man (   ) has been (   ) in Europe (   ) for two years (   ).

7. The reason for his sudden resignation (   ) was (   ) [that [the investigator (   ) had discovered (   ) his fraud (   )]] (   ).

8. The billionaire (   ) left (   ) each child (   ) a fortune (   ).

9. I (   ) would have watched (   ) all the shows (   ), [if [I (   ) had had (   ) a television set (   ) last year (   )]] (   ).

10. Where (   ) did you (   ) put (   ) the books (   )?

II. 다음 문장의 유형을 § 2.1의 분류에 따라 SV, SVO, SVC, SVA, SVOO, SVOC 또는 SVOA로 표시하라.

  예 The moon shone brightly. (SV)

 1. Everyone in the classroom seems sleepy. (   )

 2. Will someone get a doctor, please? (   )

 3. The hot weather turned all the milk sour. (   )

 4. I don't believe that she is innocent. (   )

 5. What he has said about me is not true. (   )

 6. My family have lived in Seoul for twenty years. (   )

 7. The politician told his audience that he would serve them faithfully. (   )

 8. We all remained in the house. (   )

 9. John sent the merchandise to the store. (   )

 10. The old man told his grandchildren the story. (   )

III. 다음 문장에서 이탤릭체로 된 부분의 문법적 기능(S, O, C, A)과 범주(NP, VP, AP, PP, ADVP, CL(절))를 표시하라.

  예 Alex became *a criminal lawyer* (C/NP).

 1. *The old lady who lives upstairs* (   ) showed *us* (   ) *her family pictures* (   ).

 2. They considered *the season* (   ) *a success* (   ).

 3. *To learn a new language* (   ) is not *easy* (   ).

 4. The man refused [*to do* [*what he was told*] (   )] (   ).

5. I have lived *here* (   ) for the last ten years.

6. The man admitted [*having taken* [*the money* (   )] (   ).

7. *Watering the plants every day* (   ) is not necessary.

8. The minister pronounced *John and Mary* (   ) *man and wife* (   ).

9. Were you *at the meeting* (   ) last Monday?

10. *What his wife insists on* (   ) is [*her* (   ) *watering the plants every day*] (   ).

제 3 장
동사와 보충어

3.0 동사

    영어뿐만 아니라 모든 언어에서 가장 중요한 품사를 하나 선택하라고 하면 아마도 대부분의 사람들이 동사를 선택할 것이다. 영어의 동사를 크게 이분하면 어휘적 동사(lexical verb)와 조동사(auxiliary verb)로 나눌 수 있는데, 여기서 다루게 될 동사란 어휘적 동사를 말한다. 다른 언어에서와 마찬가지로 영어에서도 동사는 문장을 구성하는 데 핵심적인 역할을 한다. 건물의 형태가 설계도에 따라 결정되듯이 문장의 형태도 동사에 의해 결정된다. 영어를 비롯한 세계의 대부분의 언어에서 시제(tense), 상(aspect), 태(voice) 개념이 동사에 나타나며, 많은 언어에서 동사는 주변의 성분과 일치하는데, 대부분의 경우에 주어와 일치한다. 일치(agreement)란 동사가 다른 성분의 인칭, 수, 성에 따라 형태가 변하는 것을 의미한다. 일치현상에 대해서는 영어의 문장을 다루는 장에서 상세히 논의할 기회가 있겠다.

3.1 동사의 유형과 동사구의 구조

동사는 동사구의 핵(머리어)으로서 어떤 성분과 결합하여 동사구를 구성하느냐에 따라 분류된다. 동사는 일반적으로 목적어(object)와 보어(complement) 또는 부가어(adjunct)와의 결합 가능성에 따라 다섯 가지 유형으로 분류된다.

George *smokes*.   [자동사]

The girl *seemed* restless.   [연결동사]
The class will *be* at nine o'clock.

Tom *caught* the ball   [단순타동사]

They *offered* her some food.   [이중타동사]

She *named* the ship 'Zeus.'   [복합타동사]
Take your hands out of your pockets.

3.1.1 자동사 (intransitive verb)

자동사란 동사구를 구성함에 있어서 목적어나 보어 또는 부가어를 필요로 하지 않는 동사를 가리킨다. 자동사에는 세 가지 종류가 있다.

1. 목적어나 보어를 어떠한 경우도 취할 수 없는 '순수' 자동사: appear, arrive, come, die, elapse, fall, go, happen, laugh, lie, matter, pause, rise, wait, walk 등.

   John has *arrived*.
   Your views do not *matter*.

2. 목적어를 취함으로써 타동사로도 쓰일 수 있고, 목적어가 없이 자동사로 쓰일 경우에는 목적어가 있는 것으로 이해되는 자동사: cook, drink, hunt, kill, knit, read, sew, smoke, write 등.

   George *smokes* (a pipe).

He is *reading* (a book).

3. 2의 경우처럼 타동사로도 쓰일 경우에 '주어'와 '동사' 관계에 변화가 일어나는 자동사: begin, change, close, drop, increase, move, stop 등. 자동사의 주어가 타동사의 목적어가 된다. 이러한 동사를 우리는 능격동사(ergative verb)라고 부른다.

*The door **opened*** slowly.
He ***opened*** *the door* slowly.

The engine won't ***start***.
We can't ***start*** *the engine*.

☞ 기본적으로 타동사인 drive, iron, read, sell, translate, wash 등은 양태부사와 함께 수동의 의미를 지닌 자동사로 사용될 수 있다. 이러한 동사를 종종 중간동사(middle verb)라고 부른다.

My car doesn't ***drive*** smoothly.
His recent book ***sells*** well.

4. sit, stand, lie와 같은 위치 동사(verbs of position)와 go, come, fall과 같은 이동 동사(verbs of movement)는 각각 위치와 목표를 나타내는 부사구를 대동한다.

They're all ***sitting*** by the fireplace.
She ***fell*** to the ground.

3.1.2 연결동사 (copular verb)

연결동사는 종종 '불완전 자동사'라는 이름으로 불리기도 한다. 주격보어(subject complement) 또는 주어지향 부가어(subject-oriented adjunct)를 취하는 연결동사의 주된 기능은 보어가 나타내는 주어의 속성이나 자질 또는 부가어를 주어와 연결시켜 주는 것이다. 가장 대표적인 연결동사는 be 동사다. 이외에 대표적인 연결동사로는 appear, become, end up, feel, get, grow, keep, look, prove, remain, seem, smell, sound, stay, taste, turn 등이 있다. 연결동사는 뒤에 나타나는 주격보어의 종류와 부가어에 따라 네 가지 유형으로 나눌 수 있다.

John *is a nice boy*.   [보어]
John *is very happy*.   [보어]
John *is at school* today.   [부가어]

1. 명사구를 보어로 취하는 경우

가장 대표적인 것은 be 동사이며 appear, become, feel, look, prove, smell, sound, turn 등이 이에 속한다. 연결동사들 중에는 명사구를 보어로 취할 경우 to be 또는 like를 동반하는 것이 보통이다.

John **turned** traitor.
Oslo **seems (to be)** a pleasant city.
He **looks like** a fine boy.
I **feel (like)** an absolute fool.

2. 절을 보어로 취하는 경우

be, appear, seem 따위 동사들은 that-절, 부정사구 또는 동명사구를 보어로 가질 수 있다.

His only object in life *is to make much money*.
What she insists on *is his watering the plants every day*.
It **appears** that he is ill. (= He appears to be ill.)

3. 형용사를 보어로 취하는 경우

형용사를 보어로 취하는 동사에는 네 가지 유형이 있다.

(a) 단순히 형용사만을 보어로 취하는 경우: 모든 연결동사들이 (be, seem, appear, look, remain, sound, smell, taste, feel, become, get 등) 단순히 형용

사만을 보어로 취할 수 있다. 그러나 이 경우를 제외하면 일반적으로 be 동사가 연결동사로 쓰인다.

I *feel* tired.
She *looks* happy.
He *became* ill.
The soup *tastes* good.

(b) 형용사 + 전치사구를 보어로 취하는 경우: 형용사에 따라 전치사구에 나타나는 전치사가 결정된다.

I was *good at* mathematics.
He was *successful in* his attempts.
She was *aware of* his difficulties.

(c) 형용사 + 정형절을 보어로 취하는 경우: that로 시작하는 정형절과 wh-어로 시작하는 정형절 두 종류가 있는데 that-절의 경우에는 전치사가 나타날 수 없다. 두 경우 모두 허사 it를 '가주어'로 갖는 구문을 허용한다.

We are *sure* that they are still alive.
It is *strange* that he is so late.

I wasn't *sure (of)* what we had to do.
It was *unclear* whether our proposal would be accepted.

(d) 형용사 + 비정형절을 보어로 취하는 경우: to-부정사구와 동명사구가 비정형절로 나타난다.

You are *foolish* to do this for her.
= It is *foolish* of you to do this for her.

He is *hard* to convince.
= To convince him is *hard*.
= It is *hard* to convince him.

John is *certain* to leave.
= It is *certain* that John will leave.

The car *isn't **worth** repairing.*
= It isn't ***worth*** *repairing the car.*

Mary *is **busy** (**in**) preparing his departure.*

☞ 연결동사가 아닌 동사를 가진 문장에도 보어가 나타날 수 있다.

His parents died *young.*
The applicant left the office *disappointed.*
The man lay *motionless* on the bed.
The professor drinks coffee *hot.*

4. 부가어를 보어로 취하는 경우

주로 be 동사 + 공간 부가어/시간 부가어의 구문을 지칭하지만, live, come, go, lie, last, take, remain, stand, stay 등과 같은 자동사는 일반적으로 공간 부가어나 방향 부가어 또는 시간 부가어를 대동함으로써 완전한 동사구를 구성한다.

The children ***are*** *at the zoo.*
The kitchen ***is*** *downstairs.*

The party will ***be*** *at seven.*

My uncle ***lives*** *in Pusan.*
His boring lecture ***lasted*** (***for***) *three hours.*

3.1.3 단순타동사 (monotransitive verb)

일명 '완전타동사'라고도 불리는 이 동사는 명사구, 전치사구, 정형절 또는 비정형절을 목적어로 취할 수 있다.

1. 명사구를 직접목적어로 취하는 동사: 동사 + 명사구

가장 대표적인 타동사로서 대부분의 타동사가 이에 속한다. 이에 속하는 대부분의 동사가 수동형을 갖는다.

Tom *caught* the ball.
= The ball *was caught* by Tom.

They *built* this building last year.
= This building *was built* last year.

☞ 능동문(active)을 수동문(passive)으로 바꾸려면 먼저 능동형 동사를 be + 동사의 과거분사형으로 바꾼 다음, 능동문의 목적어를 수동문의 주어로 보내고 능동문의 주어를 전치사 by와 결합하여 문장 끝에 놓는다. by-구는 종종 생략될 수 있다.

A good book	can change	your life
Your life	can **be** chang**ed**	by a good book

☞ equal, fit, have, lack, own, possess, resemble, suit 등 대부분의 정적(stative) 동사에는 수동형이 없다 (3장 2절을 보라).

They *have* an expensive car.
*An expensive car *is had* by them.

The lady *owns* two apartments in Gangnam.
*Two apartments *are owned* in Gangnam by the lady.

2. 전치사구를 목적어로 취하는 동사: 동사 + 전치사구

동사의 뒤에 나타나는 전치사구의 목적어가 동사의 목적어로 행동한다. 수동문에서 주어가 된다. 우리는 이런 유형의 동사를 전치사적 동사(prepositional verb)라고 부르며, 이 동사에 대해서는 8장을 보기 바란다.

My friend *paid for* my round trip air fairs.
= My round trip air fares *were paid for* by my friend.

Mary hasn't ***accounted for*** the accident.
= The accident hasn't ***been accounted for*** by Mary.

3. 정형절을 목적어로 취하는 동사: 동사 + that-절/wh-정형절

수동형이 있으며 두 가지 종류가 있다.

(a) that-절을 목적어로 취하는 동사: admit, agree, announce, argue, bet, believe, claim, consider, complain, decide, doubt, expect, explain, fear, feel, forget, guess, hear, hope, insist, know, notice, predict, promise, prove, realize, recognize, regret, remember, report, say, see, suggest, suppose, tell, think, warn, write, understand 등.

Everybody ***hoped*** (that) she would sing.
= That she would sing ***was hoped*** by everybody.
= It ***was hoped*** by everybody (that) she would sing.

The government ***announced*** (that) the economy had hit the bottom.
He ***warned*** (that) the road would be blocked.

☞ 접속사 that는 위의 예에서 표시한 것처럼 생략될 수도 있다. 그러나 that-절이 주어위치에 올 경우에는 that을 생략할 수 없다.

(b) wh-정형절을 목적어로 취하는 동사: ask, beware, check, choose, decide, demonstrate, depend, disclose, discover, discuss, doubt, enquire, explain, express, find out, forget, guess, inquire, judge, know, ponder, prove, reflect, show, wonder 등. 다음의 동사들은 비단언적 맥락(즉, 부정문과 의문문)에서 wh-정형절을 목적어로 취한다: argue, arrange, care, confirm, consider, hear, imagine, indicate, know, learn, make out, mind, note, notice, observe, perceive, point out, predict, realize, remember, say, see, tell, think 등.

He ***asked*** what we wanted.
We have to ***decide*** (on) which train we will take.
= Which train we will take has to ***be decided*** (on).

= It has to **be decided** (on) which train we will take.

I **don't mind** whether you are ready to join us.
Do you **know** whether he can get here in time?

☞ 위의 동사들은 decide처럼 많은 경우에 수의적으로 전치사를 대동할 수 있다.

4. 비정형절을 목적어로 취하는 경우: 동사 + 부정사구/동명사구

동사에 따라 부정사구 또는 동명사구를 목적어로 취할 수 있다.

(a) 부정사구를 목적어로 취하는 동사: afford, arrange, care (부정문과 의문문에서), claim, decide, demand, deserve, determine, fail, forget, hope, learn, manage, mean, offer, prefer, pretend, promise, proceed, refuse, resolve, struggle, tend, try, undertake, volunteer, want, wish 등.

They **determined** to cross the desert.
Everyone **refuses** to talk to her.
The girls **prefer** to go by train.

(b) wh-부정사구를 목적어로 취하는 동사: ask, check, decide, demonstrate, depend, discover, discuss, enquire, explain, find out, forget, inquire, judge, show, wonder 등. 다음의 동사들은 비단언적 맥락(즉, 부정문과 의문문)에서 wh-부정사구를 목적어로 취한다: arrange, consider, hear, imagine, indicate, know, learn, note, notice, observe, perceive, remember, say, see, tell, think 등.

John **asked** what to do next.
We haven't yet **decide** (on) which train to take.
Have you **considered** whether (or not) to accept my offer?

(c) 동명사를 목적어로 취하는 동사: acknowledge, admit, appreciate, avoid, cannot help, complete, consider, defer, delay, deny, discuss, encourage, enjoy, evade, finish, give up, imagine, involve, keep, mean, mention, miss (의문문과 부정문에서), postpone, practice, put off, quit, recall, recommend, regret, report, resent, resist, risk, stop, suggest, tolerate, understand, urge, withhold 등.

They have *considered* ***selling*** *their home* to pay back the debt.
You must *practice* ***playing*** *the piano* if you want to be good at it.

She really *appreciated* ***his/him helping*** her sister yesterday.
I *recommend* ***your/you studying*** the report very carefully.

(d) 동명사와 부정사를 동시에 목적어로 취할 수 있는 동사: 다음의 동사들은 동명사와 부정사를 둘 다 목적어로 취할 수 있으며, 동사에 따라 전혀 의미의 차이를 보이지 않기도 하지만 때로는 큰 의미적 차이를 일으킨다. 동사를 다음과 같이 여섯 유형으로 분류해서 생각해 보기로 하겠다.

(1) begin, start, continue, attempt, intend, . . .
(2) love, like, hate, prefer, . . .
(3) remember, forget, regret, . . .
(4) permit, allow, advise, recommend, . . .
(5) it needs/requires/wants, . . .
(6) try, propose, go on, stop, be afraid (of), . . .

(1) begin, start, continue, attempt, intend: 동명사를 목적어로 취하거나 부정사를 목적어로 취하거나 의미적 차이가 전혀 없다. 그러나 '지각' (perception) 또는 '인지' (cognition)를 나타내는 know, understand, think 따위 동사가 목적어로 올 경우에는 부정사만이 가능하다. attempt와 intend는 동명사를 취할 수도 있지만 부정사를 목적어로 갖는 것이 더 자연스럽다.

I *started* ***working***.
= I *started* ***to work***.
I *began* ***to understand***.
(*I began *understanding*.)
Don't *attempt* ***to do*** it by yourself.

(2) love, like (= enjoy), hate, prefer: 가상적 상황, 특히 would와 함께 쓰일 경우에는 부정사를 취하지만 이 동사들이 현재 또는 과거 시제로 쓰일 때는 동명사를 일반적으로 취한다.

Would you *like* **to come** *with me?*
(*Would you like *coming with me?*)
I'd *hate* **to spend** *all my life here.*
(*I'd hate *spending all my life here.*)

He *prefers* **walking** *to bicycling.*
He *hated* **waiting** *for the bus.*

ⓐ 물론 이 경우에도 부정사가 불가능한 것은 아니며, 특히 미국식 영어에서는 부정사가 흔히 쓰인다.

They *love* **to run** *on the sands.*

ⓑ like가 선택이나 버릇을 뜻하는 '. . . 인 것을 좋아한다, . . . 이었으면 한다' 등의 뜻으로 쓰일 경우에는 언제나 부정사를 취한다.

Mary *likes the children* **to play** *in the garden.*

I like to go to the dentist twice a year와 I like going to the dentist를 비교해 보라. 전자는 '일년에 두 번씩 치과에 갈 수 있기를 바란다'는 뜻이고 후자는 '치과에 가는 것을 즐긴다.'(= I enjoy going to the dentist.)는 뜻이다.

(3) remember, forget, regret: '과거에 한 일'(things that we did)에 대해서 말할 때는 동명사를 취하고, '앞으로 해야 할 일'(things that we have to do)에 대해서 말할 때는 부정사를 취한다.

I still *remember* **seeing** *my grandfather wearing a military uniform.*
I'll never *forget* **meeting** *the Queen.*

I'll *remember* **to post** *your letter.*
I *regret* **to say** *that we have no news for you.*
(= I am sorry that I have to say that we have no news for you.)

(4) permit, allow, advise, recommend: 이 동사들은 목적어가 있을 경우에는 부정사를 취하고, 없을 경우에는 동명사를 취한다.

I don't *allow people **to smoke** in the lecture room*.
I don't *allow **smoking** in the lecture room*.

(5) it needs/wants/requires: 동명사와 수동형 부정사를 둘 다 취할 수 있지만 동명사가 더 흔히 쓰인다.

These machines *need **regulating/to be regulated***.
The watch *wants **repairing/to be repaired***.

(6) try, propose, go on, stop, be afraid (of): 이들은 동명사를 취하느냐 부정사를 취하느냐에 따라 뜻이 달라진다.

ⓐ try는 '시도하다'(= attempt)의 뜻으로 쓰일 때는 부정사를 취하고, '시험하다'(= test)의 뜻으로 쓰일 때는 동명사를 취한다.

I *tried **to write** a letter*, but my hands were too cold to hold a pen.
I *tried **sending** her flowers, **giving** her presents*, but she still wouldn't speak to me.

ⓑ propose는 '꾀하다, 계획하다'(= intend, plan)의 뜻으로 쓰이면 부정사를 취하고, '발의하다, 제안하다'(= suggest)의 뜻으로 쓰일 때는 동명사를 취한다.

I *propose **to start** tomorrow*.
I *propose **waiting** till the police get here*.
(= I propose that we wait till the police get here.)

ⓒ go on은 동명사와 부정사를 둘 다 취할 수 있는데 그 차이점은 예를 통해서 알아보기로 하자.

He *went on **talking** about his accident*.
He *went on **to talk** about his accident*.

첫째 문장은 '그가 일으킨 사고에 대해서 그때까지 말해 왔고 그 사고에 대해서 계속 말했다'는 뜻인 반면, 둘째 문장은 '자신이나 여행에 대해서 그때까지 말하다가 그 주제의 연속으로서 그가 일으킨 사고에 대해 이어서 말했다'는 뜻이다.

ⓓ stop은 부정사를 취하면 '. . . 하기 위해 정지하다'(= pause in order to do something else)의 뜻이고, 동명사를 취하면 '. . . 하는 것을 그만두다'(= not do it any more)의 뜻이 된다.

He really must *stop smoking*.
Every two hours he *stops to smoke*.

ⓔ be afraid (of): '어떤 행동을 수행하는 것이 겁이 나서 주저한다'는 뜻으로 쓰일 때는 be afraid of + 동명사와 be afraid to + 부정사를 다 쓸 수 있지만, '고의가 아닌 어떤 사고가 일어날까 봐 겁이 난다'는 뜻으로 쓰일 때는 be afraid of + 동명사를 쓴다.

I'm not *afraid of **telling**/**to tell*** him the truth.
I was *afraid of **missing**/*to miss* the train.

(e) 주어를 가진 부정사를 취하는 동사: 이들 동사에는 몇 가지 유형이 있다.

(1) 수동형이 없는 동사: dislike, hate, like, love, prefer, want, wish 등.

John *wants* her to help his brother.
*She *is wanted* (by John) to help his brother.

We *love* you to come with us.
*You *are loved* to come with us.

☞ want와 wish의 차이를 알아보자. 이들은 둘 다 (주어를 가진) 부정사구를 취할 수 있다.

I *want* (you) to come back later.
I *wish* (you) to come back later.

그러나 want는 명사구를, wish는 that-절을 목적어로 취할 수 있다는 점에서 다르다.

> I *want*/*wish a cup of tea.
> I *want/*wish* that I was young.

(2) 수동형이 가능한 동사: allow, appoint, believe, cause, consider, dare, expect, feel, find, help, intend, know, mean, permit, require, suppose 등.

> We *expected* Bill to win the prize.
> Bill *is expected* (by us) to win the prize.
>
> They *require* all passengers to show their tickets.
> All passengers *are required* to show their tickets.

(3) 사역동사(have, let, make)와 지각동사(feel, hear, notice, observe, overhear, see, watch 등)는 원형 부정사를 취하고, help는 to-부정사와 원형 부정사를 둘 다 취할 수 있다. 이 동사들도 수동형에서는 to-부정사를 취한다.

> I *had* John find me a place to stay.
> They *noticed* John leave the building.
>
> John *was noticed* (by them) to leave the building.
> Mary *helped* John (to) find the book in the library.

☞ have는 분사형 동사를 취할 수도 있다.

> The boss *has* us working every night.
> John is *having* his hair cut/his car repaired.

(f) 주어를 가진 동명사를 취하는 동사: (c)의 대부분의 동사가 여기에 속하며 동명사의 주어는 속격형(genitive form) 또는 목적격형(objective form)이 된다.

> I *hate their/them* smoking in the classroom.
> Nobody can *stop his/him* doing what he wants to.
> Everyone *appreciated your/you* giving the speech.

(g) 주어를 가진 분사구를 취하는 동사: -ing 분사구와 -ed 분사구를 취하는 두 가지 형이 있으며 주어는 목적격 형태만 허용된다.

　(1) -ing 분사구를 취하는 동사: 원형 부정사구를 목적어로 취할 수 있는 지각동사(feel, hear, notice, observe, overhear, see, watch 등)와 사역동사(get, have) 그리고 몇몇 동사(catch, discover, find, leave 등)가 여기에 속한다.

I *saw* him *crossing* the street.
He *was seen crossing* the street.

We must *get moving*—it's too late.
The policeman *caught* the man *stealing* the car.

　(2) -ed 분사구를 취하는 동사: 지각동사(hear, feel, see, watch)와 사역동사(get, have) 그리고 몇몇 동사(like, need, want)가 여기에 속하며 수동형이 일반적으로 허용되지 않는다.

We *saw* the man *knocked* down by the taxi.
I must *get* my hair *cut*.
I *want* the watch *repaired*.
He *had* the car *cleaned*.

☞ need, require, want는 모두 need의 의미로 쓰일 수 있으며, 이 경우 -ing형 동사를 취한다.

The watch *wants* repairing.
This coat *requires* cleaning.
My car *needs* waxing.

3.1.4 이중타동사 (ditransitive verb)

일명 '여격동사'(dative verb) 또는 '수여동사'라고도 불리는 이 동사는 두개의 목적어, 즉 '직접(direct)목적어'와 '간접(indirect)목적어'를 동반하는 것이 특징이다. 이중타동사에는 다양한 유형이 있다.

1. 직접목적어와 간접목적어가 둘 다 명사구인 경우: 동사 + 명사구 + 명사구

allow, bet, charge, cost, envy, excuse, fine, forgive, permit, refuse, strike, tax, wish 등.

   My parents *allow* me only 100,000 won a month.
   The new car *cost* them a lot of money.
   He will *forgive* her the debt.
   I *wish* you good luck.

2. 간접목적어를 수의적으로 to-전치사구로 바꿀 수 있는 경우: 동사 + 명사구 + 명사구/to-전치사구

award, bring, cable, deny, feed, give, hand, leave, lend, offer, owe, pass, promise, read, sell, send, show, take, teach, tell, throw, write 등.

   He *gave me* the book.
   He *gave* the book *to me*.

   We *lent* him some money.
   We *lent* some money *to him*.

   He *taught us* English.
   He *taught* English *to us*.

3. 간접목적어를 수의적으로 for-전치사구로 바꿀 수 있는 경우: 동사 + 명사구 + 명사구/for-전치사구

bake, build, buy, cook, design, fetch, find, fix, get, hire, leave, make, order, rent, reserve, save, sing, spare, write 등.

   Jim *bought Mary* a present.
   Jim *bought* a present *for Mary*.

She *made me* a hat.
She *made* a hat *for me*.

I'll *save you* some cake.
I'll *save* some cake *for you*.

☞ 직접 목적어가 대명사일 경우에는 간접목적어는 전치사구로 표현되어야 한다.

He *gave it to me*.
*He *gave me it*.

Jim *bought it for Mary*.
*Jim *bought Mary it*.

4. 간접목적어로 to-전치사구를 취하는 경우: 동사 + 명사구 + to-전치사구

announce, confess, contribute, convey, declare, deliver, describe, donate, exhibit, explain, introduce, mention, refer, return, reveal, say, submit, transfer 등.

He *described* his house *to us*.
I *explained* the problem *to her*.
She *returned* the book *to the library*.
The students *submitted* their papers *to the professor*.

5. 간접목적어로 for-전치사구를 취하는 경우: 동사 + 명사구 + for-전치사구

acquire, borrow, collect, obtain, recover, retrieve, withdraw 등.

John *acquired* a big apartment *for Mary*.
He *borrowed* a large sum of money *for her*.
She *withdrew* her resignation *for him*.

6. 직접목적어로 전치사구를 취하는 경우: 동사 + 명사구 + 전치사구

accuse of, advise about, charge with, compare with, congratulate on, convince of, deprive of, interest in, inform of, persuade of, prevent from, protect from, punish for, thank for 등.

> He *advised* me *about* my new job.
> They *informed* me *of* the sad news.
> We *thanked* them *for* their help.

7. 정형절이 직접목적어가 되는 경우: that-절 또는 wh-절이 목적어로 쓰인다.

   (a) that-절을 취하는 동사: 동사 + 명사구 + that-절 (advise, assure, convince, inform notify, persuade, promise, remind, satisfy, show, teach, tell warn, write 등) 수동형이 가능하다.

   > John *convinced* everyone (that) he was innocent.
   > Everyone *was convinced* by John (that) he was innocent.

   > They *told* me (that) John was ill.
   > I *was told* (that) John was ill.

   (b) that-절을 직접목적어로, to-전치사구를 간접목적어로 취하는 동사: 동사 + to-전치사구 + that-절 (acknowledge, admit, announce, complain, confess, declare, explain, mention, notify, point out, promise, propose, prove, recommend, remark, report, say, show, signal, state, suggest, teach, write 등) that-절이 주어로 이동하는 수동문이 가능하다.

   > He *admitted* to me that he took my purse.
   > That he took my purse *was admitted* to me.
   > It *was admitted* to me that he took my purse.

   > I *reported* to the police that there was a car accident.

   (c) wh-정형절을 취하는 동사: 동사 + 명사구 + wh-정형절
      ask가 대표적인 동사이며, (a)에 있는 동사의 대부분이 비단언적 맥락에서 wh-정형절을 직접목적어로 취한다. 수동형이 가능하다.

   > He *asked* me what time it was.

I was asked (by him) what time it was.

He ***didn't remind*** me (about) how we would start the engine.

8. **비정형절이 직접목적어가 되는 경우:** wh-부정사구 또는 to-부정사구를 목적어로 취하며 수동형이 있다.

   (a) to-부정사구를 취하는 동사: 동사 + 명사구 + to-부정사구 (advise, ask, beg, beseech, command, direct, entreat, forbid, instruct, invite, order, persuade, pray, remind, request, recommend, teach, tell, urge 등)

   Bill ***advised*** Mark to see a doctor.
   Mark *was **advised*** by Bill to see a doctor.

   They ***persuaded*** Mary to stay with them.
   Mary *was **persuaded*** to stay with them.

   (b) wh-부정사구를 취하는 동사: 동사 + 명사구 + wh-부정사구 (advise, ask, instruct, remind, show, teach, tell, warn 등)

   She ***advised*** me what to wear for the party.
   I *was **advised*** by her what to wear for the party.

   The instructor ***taught*** us how to drive the truck.
   We *were **taught*** by the instructor how to drive the truck.

9. **이중타동사의 몇 가지 특이한 속성**

   (a) 대부분의 이중타동사는 간접목적어를 생략하고 단순타동사로 사용될 수 있다.

   The old man may ***give*** a large donation.
   The student ***bought*** several new books.

   (b) ask, pay, teach, tell, show 등 몇몇 동사는 직접목적어나 간접목적어를 생략할 수 있다.

The professor ***taught*** *us linguistics*.
The professor ***taught*** *linguistics*.
The professor ***taught*** *us*.

(c) assign, bring, give, hand, lend, send, tell 등 몇몇 동사는 두 가지 수동문을 허용한다.

The company ***gave*** *us the guarantee* in writing.
We ***were given*** *the guarantee* in writing.
The guarantee ***was given*** *us* in writing.

두 번째 수동문에서 간접목적어를 전치사로 표현하는 것이 더 자연스럽다.

The guarantee was given *to us* in writing.

3.1.5 복합타동사 (complex transitive verb)

일명 '불완전 타동사'라고 불리는 이 동사는 목적어 다음에 목적격보어를 취하거나 목적어 지향의 부가어를 취하는 것이 특징이다. 목적어와 목적격보어/부가어 사이에는 주어-술어 관계가 성립하며, 목적격보어는 일반적으로 명사구 또는 형용사구가 되지만 동사에 따라 다양한 형태로 구현된다. 유의할 점은 한 동사가 다양한 유형의 목적격 보어를 취할 수 있다는 점이며, 이들은 대부분 수동형이 가능하다.

1. 형용사구를 목적격 보어로 취하는 동사: 두 가지 유형이 있다.

   (a) 형용사구를 보어로 취하는 동사: 동사 + 명사구 + 형용사구 보어 (believe, call, certify, confess, consider, declare, drive, find, get, have, hold, imagine, judge, keep, leave, like, make, paint, prefer, presume, proclaim, pronounce, prove, render, report, think, send, set, suppose, think, turn, want, wish 등)

   She ***left*** *all the letters* **unopened**.
   All the letters ***were left*** *unopened* (by her).

   You should always ***keep*** *vegetables* **fresh**.

Vegetables should always **be kept fresh**.

I **want** my coffee **stronger than this**.
We **painted** the house **white**.
I **found** the cage **empty**.
The doctor **pronounced** the man **dead**.

☞ 기본적으로 단순타동사 구문에 목적격 보어가 나타나는 경우가 있다.

They **bought** the house **cheap**.
He always **drinks** his coffee **hot**.
The man **opened** the window **wide**.
She **served** the food **cold**.

(b) to-부정사구를 보어로 취하는 동사: 동사 + 명사구 + to-부정사구 보어 (believe, certify, confess, consider, declare, drive, find, get, have, imagine, judge, make, paint, presume, proclaim, pronounce, prove, render, report, think, set, suppose, think, wish 등)

The doctor **pronounced** her condition **to be hopeless**.
Her condition *was pronounced to be hopeless* (by the doctor).

We **consider** Mr. Lee **to be very intelligent**.
Mr. Lee *is considered to be very intelligent*.

We all **knew** the man **to be notorious**.
I **hold** you **to be responsible**.
The exercise **makes** us all **be hungry**.

2. 명사구를 목적격 보어로 취하는 동사: 세 가지 유형이 있다.

   (a) 명사구를 보어로 취하는 동사: 동사 + 목적어 + 명사구 보어 (appoint, baptize, believe, call, certify, choose, christen, confess, consider, crown, declare, elect, find, hold, imagine, judge, keep, leave, make, name, presume, proclaim, pronounce, prove, suppose, think, vote, wish 등)

We *considered* **Bill** *a* **genius**.
Bill *was considered a genius*.

They *elected* John **chairman**.
John *was elected chairman*.

They **named** *him* **William** *after his grandfather*.
I now ***pronounce*** *you* **man and wife**.

(b) to-부정사구를 보어로 취하는 동사: 동사 + 목적어 + to-부정사구 보어 (appoint, baptize, choose, christen, consider, crown, elect, name, vote 등) 수동문이 가능하다.

He ***appointed*** Miss Kim **to be his secretary**.
Miss Kim *was appointed to be his secretary* (by him).

We ***considered*** *him* **to be a genius**.
He *was considered to be a genius*.

The President ***named*** *him* **to be Secretary of State**.

(c) as-구를 보어로 취하는 동사: 동사 + 목적어 + as-구 보어 (accept as, acknowledge as, appoint (as), certify (as), characterize as, choose (as), class as, consider (as), count (as), crown (as), define as, describe as, elect (as), esteem (as), intend as, proclaim (as), regard as, report (as), see as, take as, treat as, use as 등)

He ***appointed*** Miss Kim **as his secretary**.
Miss Kim *was appointed as his secretary* (by him).

We ***regarded*** Bill **as our friend**.
Bill *was regarded as our friend*.

The judge ***took*** *what he said in the court* **as evidence**.

☞ (c)의 동사들 중에 appoint (as), esteem (as), elect (as), crown (as), intend as를 제외하고 모든 동사가 as-형용사구를 보어로 취할 수 있다. 여기서 as-

형용사구는 as + being + 형용사구에서 being이 생략된 것이라고 할 수 있다.

He *described* the situation *as (being) hopeless*.
They *regarded* the future *as (being) promising*.

☞ take for와 mistake for는 for-구를 보어로 취한다.

John *took* me *for a fool*.
I *mistook* her *for my sister*.

3. 목적어 지향 부가어를 취하는 동사

복합타동사에는 목적어 다음에 부가어를 취하는 것이 있다. 이 경우 부가어로는 공간(space) 전치사구, 특히 (추상적) 방향을 가리키는 전치사구가 나타난다. 따라서 이동의 의미를 지닌 사역동사가 주로 쓰인다: bring, drive, get, lay, lead, leave, place, put, see, send, set, show, sit, stand, take 등.

I *slipped* the key *into the lock*.
He will *see* you *home*. (= . . . escort you home)
You can *put* the vase *on the table*.
Take your hands *out of your pockets*.

3.2 정적(stative)동사와 동적(dynamic)동사

동사는 종종 진행형(progressive/continuous form)을 취할 수 있느냐 없느냐에 따라 정적동사와 동적동사로 분류되기도 한다. 대부분의 동사는 동적동사이지만, 우리가 흔히 쓰는 동사에는 정적동사가 많다.

1. 인지동사 (verbs of cognition): abhor, admire, adore, agree, appreciate, assume, astonish, believe, care for, consider, desire, disagree, dislike, doubt, envy,

esteem, expect, fear, feel (= think), find (= consider), forget, forgive, frighten, guess (= think), hate, hope, imagine, impress, intend, judge (+ that-절), know, like, love, mean, mind, miss, need, plan, please, prefer, presuppose, promise, realize, recall, recognize, refuse, regard, regret, remember, respect, satisfy, see (= understand), shock, suggest, suppose, surprise, think (+ that-절), trust, understand, want, wish 등.

2. 지각동사 (verbs of perception): appear, hear, feel, look (= seem), see, seem, smell, sound, taste 등.

3. 관계와 상태동사 (verbs of relations or state): apply to, be, belong to, comprise, concern, consist of, contain, cost, depend on, deserve, differ from, equal, exist, fit, have, include, interest, involve, lack, matter, mean, need, owe, own, please, possess, remain, require, resemble, satisfy, suffice, suit, tend, weigh 등.

Everybody **understands** your problem.
*Everybody *is understanding* your problem.

I'*ve forgotten* your name.
*I *was forgetting* your name.

Do you ***hear*** the sound of footsteps on the porch?
*Are you *hearing* the sound of footsteps on the porch?

It ***depends on*** him whether they will succeed.
*It *is depending on* him whether they will succeed.

☞ 이러한 분류는 형용사에도 적용된다. 동적형용사에는 brave, calm, cheerful, foolish, friendly, funny, good, helpful, jealous, noisy 등이 있다.

I'm *careful*.　　　　　　　　　　　　　　　　　　　　　　[동적형용사]
I'm being *careful*.
I'm *tall*.　　　　　　　　　　　　　　　　　　　　　　　　[정적형용사]

(*I'm being *tall*.)

4. 동적동사와 정적동사의 차이: 우리는 여기서 '동적동사'는 진행형을 허용하는 반면, '정적동사'는 진행형을 허용하지 않는다는 차이 외에 어떤 차이가 있는가에 대해서 알아보기로 하겠다.

(a) 정적동사는 명령문에 나타날 수 없다.

Learn the language!
*Know the language!

Be *careful*!
*Be *tall*!

(b) 정적동사는 do 대동사가 나타나는 유사-분열문(pseudo-cleft sentence)에 쓰일 수 없다.

What I *did* was (to) *learn* the language.
*What I *did* was (to) *know* the language.

What I *did* was to be *careful*.
*What I *did* was to be *tall*.

(c) 정적동사는 사역 구문(causative construction)의 종속절로 쓰일 수 없다.

I *persuaded* her to *learn* the language.
*I *persuaded* her to *know* the language.

I *persuaded* her to be *careful*.
*I *persuaded* her to be *tall*.

☞ see-look (at), hear-listen (to)에서 앞의 것은 정적동사이고 뒤의 것은 동적동사이며, feel, smell, taste와 같은 동사는 두 가지 의미를 다 가지고 있다.

I'm *looking at* the picture.
*I'm *seeing* the picture.

He's *listening to* the radio.
*He's *hearing* the radio.

He *smelt* smoke when he entered the room. [정적동사]
She is *smelling* several brands of perfumes before she buys one. [동적동사]

3.3 동사구의 종류

동사구는 시제(tense)와 법(mood)을 포함하느냐 않느냐에 따라 크게 두 종류로 구분된다. 시제와 법을 포함하는 동사구를 **정형**(finite) 동사구라고 부르고, 시제나 법을 포함하지 않는 동사구를 **비정형**(nonfinite) 동사구라고 부른다. 비정형 동사구에는 **부정사구**(infinitival phrase)와 **분사구**(participial phrase) 두 가지가 있다.

3.3.1 정형 동사구 (finite verb phrase)

정형 동사구의 용법과 특징을 살펴보면 다음과 같다.

1. 독립절의 동사구로는 항상 정형 동사구가 쓰인다.

   He *smokes/*to smoke/*smoking* too much.

2. 정형 동사구는 항상 시제를 포함하며 영어의 시제에는 현재와 과거 시제가 있다.

   He *works* 5 days a week. [현재 시제]
   He *worked* as a travel agent last summer. [과거 시제]

   ☞ 우리는 여기서 시제(tense)와 시간(time)에 대해서 잠시 생각해 볼 필요가 있다. 시제란 문법적 범주(grammatical category)로서 우리가 일상생활에서 사용하는 시간(time)의 개념과는 다르다. 따라서 언어에 따라서는 시제라는 문법적 범주가 존재하지 않을 수 있다. 그러나 그러한 언어에서도 부사나 다른 표현을 써서

어떤 행위가 발생한 시간이 현재인지 과거인지를 나타낼 수 있다. 현재 시제는 일반적으로 현재 시간을 가리키고 과거 시제는 과거 시간을 가리키는 것이 사실이지만 결코 항상 그런 것은 아니다.

Seoul *stands* on the Han River.

위 문장에서 동사의 시제는 현재이지만 이 문장이 기술하고 있는 상황은 과거 600년 전부터 시작해서 앞으로 얼마가 될지 모르지만 상당 기간 동안 존속할 것이다.

The plane *leaves* for Pusan at 8 o'clock tonight.

위의 문장에서 현재 시제의 동사가 미래 시간을 가리키고 있다 (시제에 대해서는 4장을 보라).

☞ 어떤 문법서를 보면 간혹 영어에 현재와 과거 시제 외에 '미래 시제'가 있는 것으로 쓰여 있다. will과 shall이 미래 시제를 나타내는 표현이라는 것은 잘못된 주장이다. must가 의무를 나타내고 can이 능력을 나타내듯이 will과 shall은 미래 시간을 나타내는 양상 조동사인 것이다 (4장을 보라).

3. 현재 시제의 정형 동사구는 항상 주어(subject)의 인칭(person)과 수(number)와 일치해야 한다. 이러한 일치는 be 동사의 경우는 특히 복잡하지만, 다른 동사의 경우는 3인칭 단수형과 여타 인칭과 수를 포괄하는 두 가지 유형으로 구분된다.

I am a student.   [1인칭 단수]
He/She/It is a student.   [3인칭 단수]
You are a student/students.   [2인칭 단/복수]
We/They are students.   [1/3인칭 복수]

He/She/John reads the paper every morning.   [3인칭 단수]
I/We/You/They read the paper every morning.   [여타 인칭과 수]

☞ be 동사의 경우는 과거 시제에서도 일치가 일어난다.

I/He/She/It was a student.   [1/2/3 인칭 단수]

You were a student/students. [2인칭 단/복수]
We/They were students. [1/3인칭 복수]

4. 정형 동사구는 말하는 사람이 자신이 말하는 내용에 대해서 갖는 심적 태도를 나타내는 법(mood)을 포함하며, 영어에는 '사실에 근거를 둔 입장'을 표현하는 **직설법**(indicative mood)과 '명령'이나 '요청' 등을 표현하는 **명령법**(imperative mood) 그리고 '비 실재성, 소망, 추측, 요구, 제안' 등을 표현하는 **가정법**(subjunctive mood) 세 가지가 있다.

(a) 직설법: 곧 논의하게 될 명령법과 가정법을 제외한 모든 정형 동사구의 용법이 직설법에 속한다. 따라서 정형 동사구의 모든 설명이 직설법에 대한 설명이라고 할 수 있다.

(b) 명령법: 요청이나 명령 또는 지시를 나타낼 때 쓰이며 동사의 원형(simple form)이 쓰인다.

(1) 2인칭 명령법: 주어는 일반적으로 생략된다.

   Open the door.
   Don't *open* the door.

(2) 1인칭 명령법: let로 시작한다.

   Let's *open* the door.
   Let's **not** *open* the door.

☞ Let's는 let us의 축약형이지만 let us는 let's가 갖지 않은 추가적 의미를 지니고 있다. 즉, 'Let us open the door'는 'Permit us to open the door'라는 뜻을 가질 수 있다. 이 문장은 2인칭 주어를 가진 명령문으로서 let는 타동사로 쓰이고 있다. 따라서 이 경우에는 you를 주어로 하는 부가 의문문이 따라 올 수 있지만

   Let us open the door, *will you*?

1인칭 주어 명령문의 경우에는 we를 주어로 하는 부가 의문문이 따라 온다.

   Let's *open* the door, *shall we*?

(3) 때에 따라서는 명령이나 지시를 받을 사람의 이름이나 you를 쓸 수 있다.

Robert, open the door.
(= Open the door, *Robert*.)

Don't *you* listen to him.
To get there, *you* turn right at the bridge.

(4) 명령이나 지시와는 달리 남에게 무엇을 해 달라고 '요청'을 할 때는 공손한 표현을 써야만 소기의 목적을 달성할 수 있다.

Please open the door.
Will/Would you (please) open the door?

☞ 이탤릭체의 표현을 문장 끝으로 보낼 수도 있고 문장 양쪽으로 양분해서 사용할 수도 있다.

Open the door, *please*.
Open the door, *will/would you (please)*?

Please open the door, *will/would you*?
Will/Would you open the door, *please*?

☞ 이 외에도 공손하게 요청할 때에는 다음과 같이 말한다.

Would/Do you mind opening the door(, *please*)?
Would you be so kind as to open the door?
Would you be good enough to open the door?

(c) 가정법: 대부분의 직설법 정형 동사구 형태가 가정법으로 사용될 수 있지만, 그들이 나타내는 '시간'에 차이가 있다. 가정법에서의 동사형과 시간의 관계는 다음 도표와 같다.

동사형	시제	시간
open/be	현재 시제	중립적 시간
opened/were	과거 시제	현재 시간
had opened/been	과거 완료	과거 시간

위의 동사형은 모든 인칭에 대해서 동일하며, be 동사의 경우에 현재 시제 가정법에서는 원형인 be가 모든 인칭에 쓰이고 과거 시제 가정법에서는 were가 일률적으로 쓰인다.

It is *important* that Helen/you *be* present when we sign the papers.
If I *were* you, I should stop smoking.
I *wish* it *were* Saturday.

☞ 가정법(subjunctive mood)은 대략 다음과 같은 상황을 표현할 때 사용된다.

(1) 비실제적 조건을 나타낼 때 if나 unless 등과 함께 쓰인다.

If I *were* you, I *would go* to bed early.   [현재 시간]
If I *had been* you, I *would have gone* to bed early.   [과거 시간]

(2) wish 동사와 함께 소원을 표시할 때

I *wish* that I *were* you.   [현재 시간]
I *wish* that I *had been* you yesterday.   [과거 시간]

(3) act, behave, talk, look 따위 동사가 as if나 as though와 함께 쓰일 때

He *acts as if* he *were* a king.
He *talks as if* he *had been* a king once.

(4) '무엇인가가 중요하거나 바람직하다는 생각을 표현할 때' 가정법을 사용하며, 우리는 이 경우를 '강제적' (mandative) 가정법이라고 부른다. 뒤따라오는 that-절에는 동사의 원형만이 쓰일 수 있다. 따라서 강제적 가정법에서는 직설법에서 볼 수 있는 주어와 동사의 일

치라던가 동사의 현재 시제형과 과거 시제형의 구분이 없어진다.
(suggest, recommend, ask, demand, insist, vital, essential, important, advice 등)

He *insisted* that I/you/she *be* on time.
It is *essential* that I/you/he *be* on time.
I *demand(ed)* that the committee *reconsider* its decision.
Our *advice* is that the company *invest* in new equipment.

☞ 부정 가정법에서는 do 동사가 사용되지 않는다.

It is *desirable* that he *not* leave school before finishing his exams.

(5) 마지막으로 '공식적' (formulaic) 가정법에 대해서 알아보자. 앞의 강제적 가정법과 마찬가지로 동사의 원형만이 쓰이며 주로 관용적인 독립절에 나타난다.

Come what may, we will go ahead with our plan.
(= Whatever may happen, we will go ahead with our plan.)
God save the Queen! (= May God save the Queen!)
Be that as it may, we have nothing to lose.
If we have to pay 1 million won, then *so be it*.
(= We can't do anything to change it.)
So be it! = *Be it so*!

3.3.2 비정형 동사구 (nonfinite verb phrase)

비정형 동사구는 정형 동사구와는 달리 시제(tense)나 법(mood)을 나타내는 요소를 포함할 수 없기 때문에 '수'나 '인칭'과의 일치를 보이지 않을 뿐만 아니라 '양상 조동사'를 포함하지 않는다. 그런 의미에서 비정형 동사구는 '불완전한' 형태의 동사구라고 할 수 있지만, 이들은 문장 내에서 정형 동사구가 할 수 없는 다양한 기능을 수행한다.

비정형 동사구를 형태적으로 분류하면 **부정사형**(infinitive)과 **분사형**(participle)

두 유형이 있고, 분사형에 **-ing 분사형**과 **-ed 분사형**이 있다. 전통적으로 -ing 분사형은 그 기능에 따라 다시 두 가지로 분류되는데, 이 분류 방법이 학문적으로 정확히 옳은 것은 아니지만 여기서는 그 전통을 따르기로 하겠다. -ing 분사형은 '명사적' 기능을 갖는 **동명사**(gerund)와 여타의 문법적 기능을 갖는 **분사구**(participial phrase)로 구분되는데, 분사구에는 -ed 분사형이 모두 포함된다.

☞ Painting a child is difficult와 Painting a child, I quite forgot the time을 비교해 보자. 앞의 문장에서는 painting a child가 명사적으로 (즉, 주어로) 쓰였기 때문에 동명사로 분류되고 뒤 문장에서는 부사적으로 쓰였기 때문에 분사구로 분류된다. 그러나 이러한 분류 기준이 부정사에는 적용되지 않는다. 즉, To paint a child is pleasant와 To paint a child, I bought a new canvas에서 비록 부정사가 앞 문장에서는 명사적으로 쓰이고 뒤 문장에서는 부사적으로 쓰이고 있지만, 전통 문법에서 이 두 부정사에는 별개의 명칭을 부여하지 않는다.

곧 뒤에서 논하게 되겠지만 비정형 동사구는 많은 의미를 함축적으로 나타내기 때문에 같은 의미를 나타내는 정형 동사 구문보다 축약된 구조를 갖는 것이 보통이다. 따라서 고급스러운 글을 쓰는 사람들은 비정형 동사 구문을 많이 쓰며, 어려운 영어 글을 이해하려면 비정형 동사구를 터득하는 것이 무엇보다도 중요하다. 우리는 먼저 비정형 동사구의 예들을 비교해 본 후에 이들에 대해서 하나씩 좀더 구체적으로 살펴보기로 하겠다.

He advised me *not **to invest** money at this time*. [부정사]

*Not **knowing** anyone in town*, he felt very lonesome. [분사구]
***Persuaded** by his brother*, he decided to go to college.

*The children not **wanting** to leave the beach*, their mother decided to stay a little longer. [독립 분사구]
*Not **having** an education* is his handicap. [동명사]

3.3.2.1 부정사구 (infinitival phrase)

부정사구란 동사의 원형, 즉 사전에 나타나는 형태의 동사를 포함하는 동사구로서 일반적으로 동사 앞에 to를 갖는다. to없이 나타나는 부정사구를 종종 '원형'(bare) 부정사구라고 부른다.

1. 형태와 시간: 부정사구에는 여섯 가지 형태가 있다.

		현재형	완료형
능동형	단순형	(to) write	(to) have written
	진행형	(to) be writing	(to) have been writing
수동형		(to) be written	(to) have been written

Every student wants *to learn* English.
I believe the man *to have left* the town.
John saw the boy *take* the money.

　분사구와 마찬가지로, 부정사구는 인칭이나 수에 따라 형태가 변하지 않는다. 현재형은 본 동사와 같은 시간 또는 본 동사가 나타내는 시간보다 미래를 가리키고, 완료형은 본동사가 나타내는 시간보다 앞선 시간을 가리킨다.

(a) 본 동사와 같은 시간

현재 시간	I am happy *to meet* you.
과거 시간	I was happy *to meet* you.
미래 시간	I will be happy *to meet* you.

(b) 본 동사의 시간을 뒤따르는 미래 시간

> I had hoped *to see* him soon.
> The man for you *to consult* on that matter is out of the town.
> Everyone is eager *to begin* the work.

(c) 본 동사의 시간을 앞서는 과거 시간

> He is lucky *to have found* such a wonderful wife.
> That poison was strong enough *to have killed* ten people.
> It's better to have loved and lost than never *to have loved* at all.

위의 예에서 완료형 부정사구를 각각 현재형 to find, to kill, to love로 대치해도 적격한 문장이 된다. 완료형이 쓰이면 과거 시간을 특별히 강조하는 의미를 지닌다. 그러나 다음과 같은 예에서는 완료형만이 과거 시간을 나타낸다.

I seem to *have made* a mistake in the address.
He was found to *have lied* about his business experience.

☞ 때로는 완료형이 미래 완료상(예: She will have finished the homework by tomorrow)과 같이 미래 시간의 미래를 나타낼 수도 있다: She expects to have finished the homework by tomorrow. 그러나 위 표현은 She expects to have the homework finished by tomorrow라고 말하는 것이 더 자연스럽다.

2. 원형 부정사구 (bare infinitival phrase)

부정사구는 일반적으로 to를 대동하지만, 다음과 같은 경우에 to 없는 '원형 부정사구'(bare-infinitives)가 쓰인다.

(a) 조동사 do/did와 양상 조동사 can/could, may/might, shall/should, will/would, must, need, dare 다음에 나타난다.

Did you *hear* a noise?
He *can speak* English.
You *needn't go* yet.

☞ 그러나 다음과 같은 경우에는 to-부정사구가 쓰인다.

(1) 조동사 ought와 used 다음에서

You *ought **to** go*.
We *used **to** live* there.

(2) dare와 need가 어휘적 동사로 쓰일 때

You don't *need **to** go* yet.
He won't *dare **to** disobey* his teacher.

(3) be와 have가 명령, 의무 등을 나타내는 준-조동사로 쓰일 경우

You *are **to** go* to the Professor's office at once.
He won't *have **to** be* in my office by 9 o'clock.

(b) 지각동사 (verb of perception): feel, hear, listen to, look at, notice, observe, overhear, see, watch 다음에 나타난다.

I *heard* the whistle ***blow*** a few minutes ago.
She *watched* the passenger ***get*** off the bus.
Th man *saw* the boy ***take*** the money.

(c) 사역동사 (causative verb): have, make와 let(=allow), bid(=request) 다음에 나타난다.

They *had* me ***repeat*** the message.
She *made* the maid ***clean*** all the rooms.
She *bid* the children ***be*** quiet.

☞ 지각동사와 사역동사가 수동형이 되면 to-부정사구를 취한다.

The boy *was seen **to** take* the money.
The maid *was made **to** clean* all the rooms.

(d) had better, had/would rather, had/would sooner, cannot (help) but 등 다음에 나타난다.

You *had better **tell*** him the truth.
I *had/would rather* not ***see*** him.

I *cannot (help) but **agree*** to his terms.

☞ help 동사는 to-부정사구와 원형 부정사구를 둘 다 취할 수 있다.

He *helped* the old woman *(to)* ***cross*** the street.

(e) 유사-분열문(pseudo-cleft sentence)과 그 변이형 구문에서 주격 보어 또는 주어로 쓰인다. 주격 보어인 경우에는 to를 쓸 수도 있다.

What we need most is *(to)* ***have*** a good rest.
All I did was *(to)* ***hit*** him on the head.

(f) 두 개의 부정사구가 and, or, except, but, rather, but, than, as, like와 같은 접속어로 결합될 때, 두 번째 부정사구가 종종 원형 부정사구로 나타난다.

I'd like *to have lunch now **and** go to work*.
He has nothing *to do **except** watch TV*.
I prefer *to stay at home **rather than** take a walk under the sun*.

3. 부정사구의 용법

부정사구는 문장 내에서 명사적, 형용사적, 부사적으로 쓰일 수 있다.

1. 명사적 용법: 부정사구는 주어, 보어, 목적어, 동격절로 쓰일 수 있다.

(a) 주어: 주어 위치의 부정사구는 일반적으로 문장 뒤로 외치(extraposition)되는 것이 더 자연스럽다. 이 경우에 원래 부정사구가 있던 위치에는 허사 it가 나타나며, 우리는 이것을 it-구문이라고 부르겠다.

To see his children again will make him very happy.
*For you **to come*** to the meeting is absolutely necessary.

It will make him very happy ***to see*** his children again.
It is absolutely necessary *for you **to come*** to the meeting.

(1) 특히 서술적 형용사를 갖는 it-구문에서 부정사구의 주어는 전치사구의 목적어로 나타나며, 이 때 전치사는 for 또는 of가 쓰인다.

It is difficult *for me to do* that.
It was foolish *of you to have* done that.
It's impolite *of/for you to keep* avoiding him.

for만을 취하는 형용사	for 또는 of를 취하는 형용사	of만을 취하는 형용사
advantageous	foolish	generous
advisable	natural	good (=kind)
beneficial	(im)polite	intelligent
delightful	(im)proper	kind
difficult	right	magnificent
easy	strange	nice
essential	stupid	unworthy
good (=beneficial)	(us)wise	
hard	wrong	
important		
necessary		
pleasant		
possible		
relevant		
satisfactory		
useless		
worthwhile		

☞ 위와 같은 문장에서 전치사구, 즉 부정사구의 주어가 생략될 수 있다. 이 경우에 주어는 전칭적(generic)으로 이해될 수도 있고, 상황적 맥락에서 주어를 추리할 수 있다.

<u>전칭적 주어</u>
It's not good *(for anyone) to know* too much.
It's more blessed *(for people) to give* than to receive.

<u>상황적 주어</u>

To do such a thing will only cause trouble.
The doctor left instructions *to change the bandages every day.*

(2) 형용사 다음에 나타나는 for-구는 부정사구의 주어로 해석되기도 하고, 형용사의 수식어로도 해석될 수 있다.

It is easy *for me to do that.*
For me to do that is easy.　　　　　　　　　　[부정사구의 주어]
To do that is easy *for me.*　　　　　　　　　　[형용사의 수식어]

(3) 이에 반하여 형용사 다음에 나타나는 of-구는 일반적으로 형용사의 수식어로 해석된다.

It is *foolish of you* to do that.

따라서 이 두 문장을 읽을 때도 띄어 읽는 위치가 다르다. For-구의 경우에는 형용사와 for 사이를 띄어 읽고, of-구의 경우에는 to 앞에 휴지가 온다.

It is foolish ǀ *for you* to do that.
It is foolish *of you* ǀ to do that.

또한 두 번째 칸의 형용사가 술어인 문장에서 부정사구가 주어로 쓰이면, of-구만이 사용된다.

To do that was foolish *of you/*for you.*

(b) 보어: 부정사구는 주격 보어로 쓰일 수 있다.

The best thing would be *for you to tell* everybody.

☞ 부정사구는 유사-분열문 또는 그 변이형 구문에서 보어로 가장 많이 쓰인다.

What we need most is **(to) have** a good rest.
All I did was **(to) hit** him on the head.

(c) 목적어: 부정사구는 동사의 직접 목적어로 쓰일 수 있다.

제 3 장 동사와 보충어

(1) 주절의 주어가 부정사구의 주어로 해석되는 경우: afford, agree, arrange, ask, beg, claim, condescend, consent, decide, deserve, desire, determine, expect, fail, forget, hope, learn, manage, mean, need, offer, prepare, pretend, promise, refuse, resolve, seek, struggle, tend, wait, want, wish 등.

You must *learn* ***to*** *work hard and* ***to*** *save money.*
I should *like* ***to*** *have been told the result earlier.*

☞ attempt, begin, commence, continue, decline, endure, hate, hesitate, intend, like, love, plan, prefer, propose, regret, start, try 등은 부정사구와 동명사를 둘 다 목적어로 취할 수 있다. 이에 대해서는 3장 1.3절을 보라.

(2) 주절의 목적어가 부정사구의 주어로 해석되는 경우: advise, allow, beg, cause, command, condemn, compel, convince, dare, defy direct, enable, encourage, entitle, forbid, force, impel incite, instruct, invite, obligate, order, permit, persuade, remind, request, require, tell, urge 등

Her husband *advised* ***her*** *to invite the boss.*
The man *forced* ***the boy*** *to stay home.*

(3) (2)의 문장은 다음의 문장과 외형은 같지만 그 구조는 다르다.

Her husband *likes* ***her*** *to invite the boss.*

여기에는 assume, believe, (can't) bear, expect, dislike, find, like, love, prefer, think, want, wish 등이 속한다.

☞ advise-형 문장에서는 목적어와 부정사구가 독립된 성분이지만, like-형 문장에서는 목적어와 부정사구가 하나의 성분이다. 따라서 이 두 문장 형태는 다음과 같은 차이점을 보인다.

ⓐ like-형 문장에서는 목적어와 부정사구를 대명사가 대치할 수 있다.

Her husband *likes* her to invite the boss, and her children *like that* too.

*Her husband *advised* her to invite the boss, and her children *advised that* too.

ⓑ like-형 문장은 의사-분열문으로 변형할 수 있지만, advise-형 문장은 불가능하다.

What her husband *likes* is *for her to invite the boss.*
*What her husband *advised* was *for her to invite the boss.*

ⓒ like-형 문장은 의미 변화 없이 목적어와 부정사구를 수동형으로 바꿀 수 있지만, advise-형 문장은 수동형이 가능한 경우에도 그 의미가 바뀐다.

Her husband *likes* the boss to be invited by her.
Her husband *advised* the boss to be invited by her.

ⓓ like-형 문장은 허사 there가 목적어 위치에 오는 것을 허용하지만, advise-형은 허용하지 않는다.

We *like there* to be a full attendance in the concert.
*We *advised there* to be a full attendance in the concert.

ⓔ advise-형은 목적어가 주절의 주어가 되는 수동문을 허용하지만, like-형은 허용하지 않는다. 이 경우에 동작주를 표현하는 by-구가 반드시 나타날 필요는 없다.

*She *is liked* (by her husband) to invite the boss.
She *was advised* (by her husband) to invite the boss.

☞ like-형 동사 중에 assume, believe, find, expect, think 등은 advise-형과 같이 수동문이 가능하다.

We *expected* John to win the prize.
John *was expected* to win the prize.

(4) arrange, not care, hope, intend, mean, pray, plan, prepare, cannot stand, wish 등의 동사에서는 부정사구 앞에 for-구를 삽입할 수 있으며, 이 경우에 for의 목적어가 부정사구의 주어로 이해된다.

He *intended* for the children to come to church with him.
She didn't *care* for him to see her while she was sick.

(5) ask, consider, decide, discuss, explain, find out, forget, guess, hear, inquire, know, learn, observe, perceive, remember, say see, show, teach, tell, think, understand, wonder 등의 동사는 부정사구 의문문을 목적어로 취할 수 있다.

I don't *know* what to do next.
Show him how to do the exercise.
I *wonder* whether to pay now (or not).

(d) 동격절: 다음의 예에서 부정사절은 주어 명사구의 동격절로 사용되고 있다.

Your ambition, **to become** a farmer, requires energy and perseverance.

☞ 가장 흔한 형태의 동격절은 동사 또는 형용사의 명사형 다음에 따라오는 부정사구라고 할 수 있다 (5장 7절을 보라). 이러한 명사로는 다음과 같은 것들이 있다: ability, advantage, advice, ambition, anxiety, arrangement, attempt, certainty, challenge, choice, claim, competence, decision, desire, determination, endeavor, expectation, hope, impatience, intention, motivation, necessity, order, permission, plan, promise, proposal, recommendation, refusal, reluctance, request, requirement, resolution, struggle, suggestion, temptation, tendency, warning, wish 등

His decision to move to Busan was made a long time ago.
~ The decision that he would move to Busan was made a long time ago.

We were surprised at **her reluctance** to accept any money for her work.
~ We were surprised at the fact that *she was reluctant to accept any*

money for her work.

2. **부사적 용법:** 부정사구는 부사적으로 쓰일 수 있으며, 다른 부사구와 마찬가지도 전체 문장, 동사, 형용사 또는 다른 부사를 수식할 수 있다.

(a) 문장 수식어: 문장을 수식하는 부정사구로는 두 가지가 있다.

(1) 화자가 말하고자 하는 주제에 대해서 논평하는 경우

To tell the truth, I don't understand him at all.

☞ 다른 부정사구로는 다음과 같은 것들이 있다: to speak honestly, strange to say, to be honest, to make things worse, to use a common expression 등.

(2) 앞의 표현과 뒤 표현을 연결하는 역할

To cut a long story short, you had better apologize for your behavior.

☞ to change the subject, to return to our subject, to begin with, to conclude, to take a simple example, to mention a few examples 등.

(b) 동사 수식어: 동사를 수식하는 부정사구를 그 의미에 따라 분류하면 다음과 같다.

(1) 목적 (purpose)

He *came* to New York (***in order***) ***to look*** for a job.
We *eat **to live**;* we should not *live **to eat***.

(2) 조건 (condition)

He will do anything ***to have*** the chance to see her again.
(. . . if he may have the chance to see her again.)

I would have given my life ***to have*** saved hers.
(. . . if I could have saved her.)

☞ 조건 부정사구는 목적 부정사구로 해석될 수도 있다.

(3) 결과 (result)

He finally *won* his lawsuit only(,) ***to find*** out that his lawyer would get most of the money.
He returned home(,) ***to find*** his wife ill in bed.

(4) 원인 (cause)

He *rejoiced **to see*** his old friends again.
She *blushed **to hear*** herself praised by the teacher.

(c) 형용사 수식어

I'm *sorry **to see*** you leave.
The music is too *hard for me **to play*** correctly.

☞ 부정사구를 취하는 형용사로는 다음과 같은 것들이 있다: able, apt, bound, careful, certain deserving, eligible, fortunate, likely, lucky, proud, ready, sorry, worthy 등.

(1) 다음의 형용사들은 for-구를 취할 수 있다: afraid, anxious, eager, easy, fit, glad, happy, hard, possible, suitable 등.

We are all *glad **for you** to come*.
English is *easy **for me** to study*.

(2) easy, hard, difficult 등 몇몇 서술적 형용사는 부정사구의 목적어를 주어로 취하는 구문을 구성한다.

John is *easy to please*.
=It is *easy to please John*.
Mathematics is *difficult for me to study*.
=It is *difficult for me to study mathematics*.

(d) too 또는 enough와 더불어 형용사 또는 부사 수식

  (1) 형용사 수식

    She is *too **intelligent*** to be deceived by such a lie.
    The boat is ***large*** *enough* to hold 100 people.

  (2) 부사 수식

    It's raining *too **hard*** for me to go out.
    We can't get the theater ***quickly*** *enough* to see the play from the beginning.

3. 형용사적 용법: 부정사구는 선행하는 명사구 또는 대명사를 수식할 수 있다.

  (a) 수식 받는 명사구/대명사가 부정사의 주어로 이해되는 경우

    He is not ***a person*** to let little things disturb him.
    (. . . a person who would let little things disturb him.)

    Is there ***anyone*** to take care of these children?
    (. . . anyone who can take care of these children?)

    She has ***no one*** to help her. (. . . no one who can help her.)

  ☞ 특히 복합 부정대명사가 이러한 부정사구의 주어로 많이 나타난다.

  (b) 수식 받는 명사구/대명사가 부정사의 목적어로 이해되는 경우

    He is ***a good man*** for you to know.
    (. . . a good man who you should know.)

    The next question to consider was the crucial one.
    (The next question that we should consider. . .)

  (c) 수식 받는 명사구/대명사가 부정사구에 있는 전치사의 목적어로 이해되는 경우

He has **nothing** to complain about.
Tell me **the person** to show my samples to.

☞ 이런 관점에서 의문 대명사를 포함하는 의문 부정사구는 부정사구의 형용사적 용법의 대표적인 예의 하나라고 할 수 있다. 여기서 특히 유의할 점은 부정사구의 수식을 받는 의문사는 부정사구의 목적어 또는 전치사의 목적어로만 이해된다는 사실이다.

I don't know **what** to do next.
(. . . what I should do next.)

Please tell me **who** to meet at the station.
(. . . who I should meet at the station.)

He tried to remember **what** to look for.
(. . . what he should look for.)

☞ 수식 받는 명사구가 부정사구에 포함된 전치사구의 목적어인 경우에 명사구와 수식하는 부정사구 사이에 관계대명사가 올 수 있다. 이 경우 전치사는 관계대명사 앞에 반드시 와야 한다.

He needs some money **with which** to travel.
(. . . some money to travel with/(which) he can travel with.)

*He needs some money which to travel with.

She found a pretty vase **in which** to put the flowers.
(. . . a pretty vase to put the flowers in/
(which) she can put the flowers in.)

*She found a pretty vase which to put the flowers in.

☞ wh-어 뒤에 오는 부정사구는 자신의 주어를 명시적인 for-구로 자신 앞에 가질 수 없다.

*Tell me *who *for him* to meet at the station.*
(☞ Tell me who he should meet at the station.)

*He tried to remember *what *for me* to look for.*
(☞ He tried to remember what I should look for.)

*She found a pretty vase *in which *for me* to put the flowers.*
(☞ She found a pretty vase in which I could put the flowers.)

3.3.2.2 분사구 (participial phrase)

1. 분사구의 형태

분사구를 문장의 구조와 비교하면 문장의 술부(predicate)에 해당하며 그 형태는 -ing형과 -ed형이 있다.

Having finished all his work, he left his office.
Anyone *applying to this school* must take a difficult entrance examination.
We drove along the road *covered with snow*.

위의 예에서 볼 수 있듯이 주절에 있는 대명사나 명사구가 분사구의 주어 역할을 한다. 앞의 두 문장에서는 각각 대명사 he와 anyone이, 뒷 문장에서는 전치사의 목적어인 명사구 the road가 각각 분사구의 주어 역할을 한다.

2. 분사구의 용법

분사구의 용법을 형용사적 용법, 부사적 용법 그리고 서술적 용법 세 가지로 분류하여 생각해 보기로 하겠다.

(a) 형용사적 용법: 분사는 형용사와 마찬가지로 명사 앞이나 뒤에 와서 명사구를 수식할 수 있다.

Don't disturb *the **sleeping** baby*.
= Don't disturb the baby *who is sleeping*.

Look at *the baby **sleeping** in the cradle*.

= Look at the baby *who is sleeping in the cradle*.

He issued *a **written** statement*.
= ?He issued a statement *which is written*.

He received *a letter **written** in English*.
= He received a letter *which was written in English*.

이 경우에 분사구를 관계절로 바꾸어 써도 그 의미에는 거의 차이가 없다. 이러한 이유에서 종종 명사구 뒤에 오는 분사구를 관계절의 축약형으로 간주한다. 일반적으로 현재분사형인 -ing형은 '능동적' 의미를 나타내고 과거분사형인 -ed형은 '수동적' 의미를 나타낸다. 따라서 boring : bored, interesting : interested, frightening : frightened, exciting : excited, tiring : tired, surprising : surprised 등 쌍을 이루는 분사형을 혼동하지 않도록 조심할 필요가 있다.

I thought *the lecture was **interesting***.
I was ***interested** in the lecture*.

The party *was very **boring***.
So, most of the guests went home early because they *felt **bored***.

It has been *a very **tiring** day*.
It made *everybody **tired***.

☞ 그러나 다음과 같은 경우에는 비록 -ed형이라 할지라도 수동적 해석을 받지 않는다.

the *escaped* prisoner
the *departed* guests
the *retired* general
a *grown* boy
fallen rocks
faded curtains

(b) 부사적 용법: 우리가 흔히 접속사 + 주어 + 정형 동사구의 구조를 써서 나타내는 부사절을 접속사와 주어를 생략하고 -ing형의 분사구를 써서 나타낼 수 있다. 따라서 우리가 접속사를 포함하는 부사절 대신에 분사구를 사용하려면 분사구가 지니는 '접속사적 의미'와 '분사구의 주어'를 문맥에서 쉽게 찾을 수 있어야 한다.

(1) 일반적으로 주절의 주어가 분사구의 주어로 이해되며, 문맥에 의해서 결정되는 분사구의 접속사적 의미는 시간, 이유, 조건, 결과, 양보, 동시 또는 연속 상황 등을 가리킨다.

Writing something on a card, he handed it to her. [시간]
(= When/After he wrote . . . .)

Having lived in America in his youth, he can speak English very well. [이유]
(= As/Because/Since he has lived . . . .)

Born in better times, he would become a great scientist. [조건]
(= If he were born . . . .)

It rained all the time, *completely ruining our holiday.* [결과]
(= . . . so that it completely ruined our holiday.)

Admitting what you have said, I still don't believe it. [양보]
(= Although I admit what you have said, . . .)

Walking along the street, I ran across an old friend of mine. [동시 상황]
(= While I was walking . . . .)

Our train started from Seoul at 6:30 pm., *arriving here at 10:00 pm.*
[연속 상황]
(= . . . and arrived there at 10:00 pm.)

☞ 위 예에서 -ed형의 분사구가 나타난 것은 수동형 being born에서 being이 생략되었기 때문이다. 특히 분사구가 문두에 나타나면 주절의 주어가 분사구의 주어로 이해되는 것이 규칙이다 (*Looking out of the window,* she saw a breath-taking view.). 따라서 *Looking out of the window,* a breath-taking view was seen.은 잘못된 표현이다. 그러나 주절이 허사 it이나 there로 시작할 경우, 이 규칙이 위반되는 경우가 나타난다.

***Being** French,* it's surprising that she's such a terrible cook.
***Having** so little time,* there was not much that I could do.

만약 분사구의 접속사적 의미를 문맥에서 찾기가 어렵다고 생각될 경우에는 접속사를 표현해 주는 것이 옳다.

She turns on the radio ***when** doing the housework.*
***Although** hired as a bookkeeper,* she also does secretarial work.
***Since** agreed on by the majority,* this measure will be carried out.
***If** carefully done,* the experiment should be very successful.

(2) 절대절 (absolute clause): 앞에서도 지적했듯이 주절의 주어가 분사구의 주어가 되는 것이 보통이지만, 분사구는 주절과 다른 독립적인 주어를 가질 수 있으며 우리는 이러한 구문을 독립 분사구 또는 절대절이라고 부른다.

*The elevator **being** out of order,* everyone had to walk.
(= Because the elevator was out of order, . . .)

The boy came running into the room, *his face and hands **covered** with mud.*
(. . . while his face and hands were covered with mud.)

*Nobody **having** any more to say,* the meeting was closed.
(= Because nobody had any more to say, . . .)

*With his wife **(being)** sick in the hospital,* he is taking care of the children alone.

☞ 종종 with가 절대절의 주어 앞에 나타나는데 with 없이도 위 문장은 성립한다.

(3) 분사구의 주어가 일반적인 we 또는 you를 가리킬 때는 표현되지 않

는다. 이러한 분사구문을 비인칭 독립 분사구라고 부른다.

*Generally **speaking**,* there's little rain in November here.
(= If we speak generally, . . .)

***Judging** from his expression,* he's in a bad mood.
(= When we judge from his expesssion, . . .)

***Granting** that he is right,* we have nothing to expect from him.
(= Although we grant that . . . .)

(c) 서술적 용법: 분사구의 '서술적 용법'이란 한 마디로 정의하기가 어렵다. 따라서 일단 형용사적으로 쓰이지 않거나 부사적으로 쓰이지 않는 모든 분사구의 용법을 하나로 묶어서 서술적 용법이라는 명칭을 부여하기로 하겠다. 전통적인 영문법서를 보면 분사구의 서술적 용법에는 분사구가 '주격보어'로 쓰이는 경우와 '목적격 보어'로 쓰이는 경우 두 가지가 있다고 기술하고 있다. 그러나 이것이 모든 경우에 적용된다고 말할 수는 없다. 가령 He seemed frightened at the news와 His speech made everyone bored에서는 분사구가 각각 주절의 주어와 목적어와 보어 관계를 갖는다고 말할 수 있지만, He sat there staring at the wall과 I saw John running across the street에서는 분사구가 주절의 주어나 목적어와 보어 관계를 이룬다고 말할 수 없다. 따라서 이러한 구문에서는 분사구가 주절의 주어 또는 목적어와 서술적 혹은 술어적 관계를 이룬다고 하는 것이 더 맞는 말이다.

(1) 주절의 주어와 서술적 관계를 이루는 분사구

We spent our leisure time (in) ***playing** cards.*
She was very busy (in) ***packing** for her trip.*

위의 예에서 분사구는 '방식' 또는 '상황'을 뜻하는 부사구처럼 쓰이고 있다. 또한 전치사 in이 나타날 수도 있는데 이 경우 분사구는 '동명사'로 취급된다.

There is *someone **knocking** at the door.*

위 문장은 'Someone is knocking at the door'와 의미가 같다.

☞ sit, stand, lie 등의 동사는 분사구를 동반할 수 있는데 그 의미는 주어를 수식하는 '비제한적' 관계절과 유사하다.

He just *stood* there **wondering** what to do.
He *lay* **gasping** for breath.

(2) 주절의 목적어와 서술적 관계를 이루는 분사구들: 지각동사 (verbs of perception) behold, feel, hear, listen to, notice, observe, perceive, see, watch, witness의 목적어는 분사구와 서술적 관계를 맺을 수 있다. 이 구문에서는 분사구를 '원형 부정사'로 대치할 수 있다.

We *heard* him **talking** to himself.
(= We heard him talk to himself.)

I *saw* them **running** across the street.
(= I saw them run across the street.)

위의 문장들은 수동형이 가능하며, 원형 부정사가 쓰인 문장을 수동문으로 바꿀 때는 to를 반드시 넣어야 한다.

He *was heard* **talking** to himself.
He *was heard* **to talk** to himself.

They *were seen* **running** across the street.
They *were seen* **to run** across the street.

(3) have동사는 -ing형 분사구를 택하는 경우와 -ed형 분사구를 택하는 경우가 있다. 전자의 경우는 '(~상태로) 두다, (~상태가) 되다'의 의미로 해석되고, 후자의 경우는 '~시키다, ~하게 하다' 또는 '~당하다'의 의미로 해석되는 것이 보통이다. 또한 'have + something + -ed형 분사구' 구문은 'have + someone + 원형 부정사' 구문의 수동형이라고 할 수 있다.

He *had* his wife's portrait **hanging** in his office.

I'll soon *have* your car ***going***.

He *had* his wife's portrait ***hung*** *in his office*.
(= He had someone hang his wife's portrait in his office.)

I *had* my hat ***stolen***.

(4) catch, find, keep, leave, send 따위 동사의 목적어는 -ing형 또는 -ed형 분사구와 서술적 관계를 갖는다.

The police *caught* the young boy ***stealing*** *a car*.

☞ 위 문장에서 분사구를 형용사적 분사구로 분석할 때는 다른 뜻으로 해석된다. 즉, '경찰은 자동차를 훔치는 어린 소년을 잡았다'의 뜻을 지닌다.

3.3.3 동명사 (gerund)

동명사란 그 이름이 말해 주듯이 형태는 동사구이면서 그 기능은 명사적인 특성을 가진 구조다. 다시 말해서 -ing형 동사구 중에서 명사적으로 쓰이는 것을 동명사라고 부른다.

1. 동명사의 형태와 시제

동명사는 다른 동사구와 마찬가지로 어휘적 동사에 단순히 -ing 어미를 붙인 단순형과 조동사 have를 갖는 완료형 그리고 수동형이 있다.

Looking *after the children* requires patience.　　　　　　[단순형]
(= It requires patience to look after the children.)

He will never admit ***having done*** it.　　　　　　　　　　[완료형]
(= He will never admit that he has done it.)

He resents ***being criticized*** by his students.　　　　　　[수동형]
(= He resents that he is criticised by his students.)

(a) 여기서 동명사와 이들이 나타내는 '시간'과의 관계를 잠시 생각해 보

기로 하자. 단순형은 시간에 대해서는 중립적이며 주절 동사의 시제나 의미에 따라 그들이 나타내는 시간이 결정된다. 다음의 세 문장을 비교해 보라.

He *is saving* a lot of money by ***repairing*** the TV set himself.　　[현재 시간]
He *saved* a lot of money by ***repairing*** the TV set himself.　　　[과거 시간]
He *will save* a lot of money by ***repairing*** the TV set himself.　　[미래 시간]

(b) 완료형 동명사는 주절의 동사가 현재나 미래를 나타내면 '현재완료'를 뜻하고, 주절의 동사가 과거를 나타내면 '과거완료'를 뜻한다.

He is denying ***having taken*** any money from the cash register.
(= He is denying that he has taken any money from the cash register.)

He will deny ***having taken*** any money from the cash register.
(= He will deny that he has taken any money from the cash register.)

He denied ***having taken*** any money from the cash register.
(= He denied that he had taken any money from the cash register.)

2. 동명사의 용법

동명사는 명사구와 마찬가지로 주어, 목적어, 전치사의 목적어, 주격보어, 다른 명사의 수식어 등으로 쓰일 수 있다.

Reading *French* is easier than speaking it.　　　　　　　　　　[주어]
(= It is easier to read French than to speak it.)
I've finished ***reading*** *the book that you recommended.*　　　　[목적어]
He's accused of ***smuggling***.　　　　　　　　　　　　　　[전치사의 목적어]
My worst habit is ***smoking***.　　　　　　　　　　　　　　　　[주격보어]
You have to smoke in the ***smoking*** area.　　　　　　　　　[명사의 수식어]

☞ the *smoking* area는 이와 유사한 구조를 가진 the *smoking* man과 혼동해서는 안된다. 첫째, 의미적으로 전자는 '담배를 피기 위한 장소'(= the area for smoking)이고 후자는 '담배를 피는 사람'(= the man who is smoking)이다. [따라서 후자의 예에서 smoking은 형용사적으로 사용된 분사구라고 할 수 있다.

이 둘은 발음상에도 차이가 난다. 전자의 경우에는 주강세가 smoking에 오는데 반하여 (즉, the smoking area), 후자의 경우에는 man에 온다 (즉, the smoking man). 더 예를 들면 다음과 같은 것들이 있다.

the *diving* board : the *diving* girl
a *sleeping* car : a *sleeping* baby
the *dancing* hall : the *dancing* lady
a *resting* room : a *resting* soldier.

3. 동명사의 주어

동명사의 주어는 세 가지 유형으로 분류해서 생각할 수 있다. (1) 주어가 표현되지 않는 경우, (2) 문장의 다른 곳에 있는 표현이 동명사의 주어로 이해되는 경우, 마지막으로 (3) 동명사 내에 주어가 표현되는 경우가 있다.

(a) 주어가 표현되지 않는 경우: 주로 일반적인 현상을 표현할 때 쓰이며 '총칭적' 의미를 지닌 everyone, anyone, people 등의 주어를 가진 것으로 이해된다.

Playing with guns is dangerous.
Fishing in this lake is forbidden.

주어를 가지고 있지 않은 동명사 중에는 문장이 쓰인 맥락에서 주어를 추정해야 하는 경우가 있다.

Going there today isn't wise.
He suggested *eating lunch at the airport*.

위 문장에서 동명사의 주어는 총칭적 의미를 지니는 것이 아니라 그 문장이 쓰인 맥락과 관련이 있는 사람들을 가리킨다.

(b) 주어가 문장의 다른 곳에 나타나는 경우: 이 경우에는 동명사의 주어가 동명사 내에 표현되는 것이 아니라 문장의 다른 위치에 있는 표현이 동명사의 주어로 이해된다.

The soldier was accused of *having betrayed his country*.

We thanked *them* for *making such a generous contribution*.

위의 첫 문장에서는 주절의 주어가 동명사의 주어로 이해되고, 둘째 문장에서는 목적어가 동명사의 주어로 이해된다.

(c) 주어가 동명사 내에 표현되는 경우

ⓐ 동명사 내에서 주어는 원칙적으로 소유격형을 취한다. 그러나 근래에 와서는 목적격형이 구어체에서 많이 사용되고 있다.

The doctor recommended *my/me moving to a drier climate*.
= The doctor recommended me to move to a drier climate.
= The doctor recommended that I (should) move to a drier climate.

We can't understand *their/them having done a thing like that*.
= We can't understand that they did a thing like that.

She was proud of *her son's/her son winning first prize*.
= She was proud that her son won first prize.

☞ 동명사가 주어로 쓰일 때는 동명사의 주어는 항상 소유격형을 취한다.

His/*Him returning the reward money surprised the donor.

ⓑ 동사가 자동사일 경우 종종 주어를 of-구로 표현한다.

*The shouting **of the children*** woke her up.
*The crying **of the baby*** disturbed my sleep.

☞ 위의 두 문장을 다음과 같이 말할 수도 있다.

The children's *shouting* woke her up.
The baby's *crying* disturbed my sleep.

소유격형 주어의 경우는 동명사의 동사적 의미가 강조되는 데 반하여, of-구의 주어의 경우에는 명사적 의미가 강조된다. 따라서 전자를 행위적 명사류(action nominal)라고 부르고 후자를 사실적 명사류(factive nominal)라고 부른다.

ⓒ 수동형 동명사의 경우 주어를 by-구로 표현할 수 있다.

Every man resents *being nagged **by his wife***.
The man denied *having been fired **by his boss***.

(d) 동명사의 목적어: 동명사구가 어떤 표현으로 시작하는가에 따라 다르게 표현된다.

(1) 동명사가 the, a, this, some, any 등과 같은 한정사로 시작될 경우에는 목적어가 of-구로 표현된다.

***The** shooting **of those rare animals** stunned everybody*.
We must stop ***this** killing **of innocent civilians***.

☞ the . . . ing + of-구에서는 완료형이나 수동형 또는 부정형이 허용되지 않는다.

*The having shot of those rare animals stunned everybody.

(2) 한정사가 없거나 소유격형 주어가 있는 동명사의 경우에는 목적어에 아무런 변화가 없다.

*Shooting **those rare animals** stunned everybody*.
*Repairing **the car** will not be expensive*.

*His returning **the money** was a surprise*.
I don't understand *his losing **the purse***.

3.4 경동사 구문

영어에서는 어떤 행위(action)를 동사 대신에 다목적(general-purpose) 동사와 명사를 써서 표현하는 경우가 종종 있으며, 이 경우 대부분의 명사가 연관된 동사와 그 형태가 동일하다. 일명 "경동사"(light verb)라고도 부르는 다목적 동사는 널리 쓰이는 동사로서 다양한 의미를 지니고 있다. 대부분의 경우 명사 앞에 부정관사 a(n)이 나타나며, 대표적인 경동사로는 do, give, go, have, make, take 등이 있다.

He *attempted* to speak to the President.
~ He *made an attempt* to speak to the President.

Could you *clean* the carpet?
~ Could you *give* the carpet *a clean*?

He always *rests* for 30 minutes after lunch.
~ He always *takes a rest* for 30 minutes after lunch.

경동사	행위 명사
do	exercise/a favor/harm
give	a chuckle/a cough/a cry/a kick/a laugh/a push/ a shout/a smile/a scream/a try
go for	a drive/a ride/a run/a sail/a swim/a walk
have	a bath/a chat/a dance/a dream/a drink/a fight/ a lie-down/a look/a quarrel/a rest/a ride/ a shave/a shower/a sleep/a swim/a talk/ a think/a try/a wash/a walk
make	an attempt/an excuse/a journey/a mistake/ an offer/a profit/progress
take	a bath/a break/exercise/a look/a rest/ a shower/a walk

☞ 영어에서 자동사의 단순 시제형이나 부정사형으로 문장이 끝나면 어색하게 들린다. 따라서 다음의 두 문장 형태 중에 두 번째 형이 더 자연스럽다.

I'd like to *drink*.

~ I'd like to *have a drink*.

My parents *walked*.
~ My parents *went for a walk*.

☞ 영국영어에서 have를, 미국영어에서는 take를 취하는 경향이 있다.

She always *takes a bath* before going to bed.
She always *has a bath* before going to bed.

Let's *take a break*.
Let's *have a break*.

제 3 장 동사와 보충어

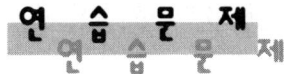

1. 밑줄친 동사의 유형을 주어진 기호를 써서 표시하라: 자동사 = Vint, 연결동사 = Vcop, 단순타동사 = Vmon, 이중타동사 = Vdit, 복합타동사 = Vcom.

   예) I *wonder* whether I've made a mistake.   (Vmon)

1. We decided to accept the plan that you had *described* to us. (   )

2. The boy refused to *admit* stealing my car. (   )

3. What did he *paint* red? (   )

4. The policeman *had* us all empty our pockets. (   )

5. They *consider* our mistakes very serious. (   )

6. He was *seen* climbing the ladder. (   )

7. *Compare* the first sentence with the second one. (   )

8. She *seems* devoted to her research. (   )

9. The man *placed* his briefcase on the desk. (   )

10. The sun *rises* late in the east during the winter. (   )

11. What does it *look* like? (   )

12. She has *asked* a great favor of me. (   )

13. We haven't *regarded* the man as our leader. (   )

14. I *left* his dinner on the table. (   )

15. The teacher *stop* them smoking in the class. (   )

16. I will *leave* you your dinner in the oven. (   )

17. John was *expected* to win the race. (   )

18. The police *informed* me of the car accident. (   )

19. John quickly *disappeared* from the scene. (   )

20. Someone have just *handed* this message to me. (   )

Ⅱ. 밑줄친 동사가 진행형이 가능한 동적동사로 쓰이면 "D"를, 진행형이 불가능한 정적 동사로 쓰이면 "S"를 써넣어라.

   예) Feel the stove. Does it feel hot? (D) (S)

1. Tell me whether the food tastes too salty. ( ) ( )

2. Would you like to taste the wine? ( ) ( )

3. He thinks that you know the answer? ( ) ( )

4. I can't remember who he met. ( ) ( )

5. You will land soon. Please fasten your seat belt. ( ) ( )

6. I heard the baby crying all night. ( ) ( )

7. As they grow older, they stop growing their own vegetables in the backyard. ( ) ( )

8. He has forgotten everything you told him. ( ) ( )

9. As soon as I know, I will telephone you. ( ) ( )

10. We must consider carefully how to cross the river. ( ) ( )

III. 문맥에 맞도록 괄호 속에 주어진 동사를 부정사구 또는 동명사구로 바꾸어라.

　　예 He arranged (meet) her at the bus stop. (to meet)
　　　　We missed (see) you at the meeting. (seeing)

1. The farmers risk (lose) their crops if it doesn't rain soon. (　　　)

2. She enjoys (play) the piano. (　　　)

3. He expects us (finish) the work today. (　　　)

4. We appreciated your (help) us last night. (　　　)

5. After their quarrel, they stopped (talk) to each other. (　　　)

6. I must remember (mail) these letters. (　　　)

7. The students refuse (submit) their homework. (　　　)

8. He always avoids (discuss) the subject. (　　　)

9. The car accident caused her (lose) her eyesight. (　　　)

10. He can't afford (buy) a new house. (　　　)

11. He forgot (mail) the letter his wife gave him yesterday. (　　　)

12. We regret (inform) you that we no longer publish the book you have ordered.
　　(　　　)

13. I finished (read) the book a few days ago. (　　　)

14. I can't help (feel) sorry for him. (　　　)

15. He was invited (lecture) on the subject of world famine. (　　　)

16. The old couple decided (go) to the restaurant again. (　　　)

17. The boy denied (behave) improperly at the meeting. (　　　)

18. The teacher asked them (turn off) the radio. (　　　)

19. Do you mind (leave) the office now? (　　　)
20. I hope you learn (be) patient with the children. (　　　)

IV. 아래 주어진 용어에서 적절한 것을 골라 빈칸에 넣어라 (어떤 용어는 두 번 이상 사용된다).

stative	number	participial	adjunct
finite	gerund	nonfinite	tense
-ed form	complement	lexical	dynamic
modal	progressive	subjunctive	indicative

1. Copular verbs take either subject (ⓐ　　　) or subject-oriented (ⓑ　　　).

2. Unlike a (ⓐ　　　) verb, a (ⓑ　　　) verb does not have a (ⓒ　　　) form and cannot be used in an imperative sentence.

3. A (ⓐ　　　) verb must be marked for (ⓑ　　　) and mood, and may show overt concord with its subject in person and (ⓒ　　　).

4. In the sentence *I suggest he go*, the second verb is in (ⓐ　　　) mood, while the first one is in (ⓑ　　　) mood.

5. Infinitival phrases and (ⓐ　　　) phrases are called (ⓑ　　　) verb phrases, because they are not marked for (ⓒ　　　) and mood,

6. English verbs are classified into (　　　) verbs and auxiliary verbs.

7. Among the four classes of English auxiliary verbs, only the (　　　) auxiliary verbs cannot be used in a nonfinite verb phrase.

8. There are two types of participial phrase: *-ing* form and (　　　).

9. We call the *-ing* form a (　　　) if it is used as a noun phrase.

10. The *-ing* form *diving* in *the diving man* is used as a participle, while *diving* in *the diving board* is used as a (　　　).

V. 적절한 분사형으로 바꾸어라.

　　예 Not (know) anyone in town, he felt very lonesome.　(knowing)

1. He's glad to have been (work) with you.　(　　　)

2. He's said to have been (invite) to the meeting.　(　　　)

3. (Have, finish) all his homework, he went to see the movie.　(　　　)

4. The politician decided to issue a (write) statement about his recent scandal.　(　　　)

5. You shouldn't disturb the (sleep) baby.　(　　　)

6. I thought it's going to be an (interest) lecture.　(　　　)

7. The police are chasing an (escape) prisoner.　(　　　)

8. (Fall) rocks blocked the road between Seoul and Choonchun.　(　　　)

9. (Bear) in the 19th century, he would have made a great general.　(　　　)

10. John saw the old man (walk) in the park.　(　　　)

11. I had my house (paint) last year.　(　　　)

12. (Arrive) late home at night, they found that the house had been broken into.　(　　　)

13. The committee made a decision to use the money (donate) by the millionaire for scholarship.　(　　　)

14. He drove around the block (look) for a place to park.　(　　　)

15. The jewelry (steal) from our neighbor's house was found by the police.　(　　　)

VI. 괄호에 주어진 동사를 비실제적 현재와 과거 조건문이 되도록 바꾸어라.

  예) If you (study) <u>studied</u> harder, you (pass) <u>would pass</u> the test. (현재)
  If you (study) <u>had studied</u> harder, you (pass) <u>would have passed</u> the test. (과거)

1. If he (love) _____ her, he (not behave) _____ so rudely. (현재)
   If he (love) _____ her, he (not behave) _____ so rudely. (과거)

2. If I (have) _____ a lot of money, I (help) _____ the poor. (현재)
   If I (have) _____ a lot of money, I (help) _____ the poor. (과거)

3. We (play) _____ the tennis, if we (have) _____ the rackets. (현재)
   We (play) _____ the tennis, if we (have) _____ the rackets. (과거)

4. If I (be) _____ in your place, I (accept) _____ the job. (현재)
   If I (be) _____ in your place, I (accept) _____ the job. (과거)

5. If I (not be) _____ busy, I (go) _____ to the movies with you. (현재)
   If I (not be) _____ busy, I (go) _____ to the movies with you. (과거)

VII. 다음 문장을 경동사 do, give, go for, have, make, take를 써서 다시 써라.

  예) He *exercises* for his health every day.
  He <u>*takes/does exercise*</u> <u>for his health every day.</u>

1. I pushed him out of the room.
   _____.

2. Let's talk about your plans for the trip.
   _____.

3. When he was young, he journeyed through Africa for a year.
   When he was young, _____.

4. We drove to the countryside for sightseeing.
   _____.

5. The general attempted to overthrow the democratic government.
   _____.

6. He has to shave twice every day.
   _____.

7. He greatly mistook of thinking he could solve the problem.
   _____.

8. She was so angry that she kicked him at the stomach.
   She was so angry that _____.

9. They fought over the financial problems of the club.
   _____.

10. We were surprised that his project progressed so smoothly.
    We were surprised that _____.

제 4 장
조동사와 시제

4.0 조동사의 특징

문장을 구성하는 성분들의 **품사**(parts of speech) 중에서 어느 것 하나 중요하지 않은 것이 없지만 영어를 매우 잘 배운 사람들 중에서 조동사를 정확히 구사하는 사람이 흔치않다. 영어에서 조동사는 통사적으로 매우 중요한 역할을 할 뿐만 아니라, 그들이 지니는 다양한 뜻과 미묘한 의미적 차이는 그 구별이 매우 까다롭다. 예를 들어 must, have to, should, ought to, need 등은 모두 **의무**(obligation)를 뜻하면서도 미묘한 의미적 차이를 보인다. 우리는 여기서 이러한 점들을 좀더 명백히 배우게 될 것이다. 조동사의 정상적인 위치는 주어와 어휘적 동사 사이가 된다.

문장 = 주어 + **조동사** + 동사구

영어에서 조동사(auxiliary verb)는 다음과 같은 점에서 어휘적(lexical) 동사와 통사적으로 뚜렷하게 구별된다.

1. 조동사는 의문문에서 주어 (subject)와 도치될 수 있다.

   Can he *speak* English?
   Is John *coming* to Korea next year?
   Have you *seen* the play?
   What *did* you *buy*?

   *Speaks he English?

   ☞ 어휘적 동사와는 달리 조동사는 부가 의문문에 나타날 수 있다.

   She *can speak* English, *can't* she?
   The man *left* for Busan, *didn't* he?

2. 조동사는 문장을 부정문으로 만들어 주는 단어인 not를 그 자신의 바로 뒤에 가질 수 있다.

   He *cannot* speak English.
   John *is not* coming to Korea next year.
   You *have not* seen the play.
   *He speaks not English.

   ☞ 어휘적 동사 바로 다음 not이 직접 오는 경우가 다음의 경우에 가능하다. He expected not to see the play에서 not는 앞에 있는 동사 expected가 아니고 뒤에 오는 부정사 to see를 부정하고 있다. 그리고 I saw not the play but the film에서도 마찬가지로 not는 뒤에 오는 명사구 the play와 관계가 있다. 따라서 위 문장은 It was not the play but the film that I saw의 뜻을 갖는다.

3. 조동사는 여러 유형의 생략 구문에서 동사구를 대신해서 나타날 수 있다.

   You *have seen* the play, and so *have* I.
   *He *speaks* English, and so *speaks* she.

   Can he *speak* English?
   Yes, he *can*.

No, he *can't*.

4. 문장이 부정이 아니라 긍정이라는 것을 강조할 때 조동사에 주강세를 준다.

Won't you try again? Yes, I *will* try again.
He must speak to the teacher. He *did speak* to him.

4.1 조동사의 종류

학자에 따라 약간 다르지만 조동사는 일반적으로 세 가지 종류로 분류된다.

기본 조동사 (primary auxiliaries): have, be, do
양상 조동사 (modal auxiliaries): can/could, may/might, shall/should, will/would, must, ought (to), used (to), dare, need
준 조동사 (semi-auxiliaries): have to, had better 등

4.1.1 기본 (primary) 조동사

do, have, be가 여기에 속한다. 기본 조동사의 특징은 이들과 같은 형태의 어휘적(lexical) 동사가 있다는 점이다. 따라서 기본 조동사는 다른 어휘적 동사와 마찬가지로 위치에 따라 굴절하게 된다. 다음 문장에서 do, have, be가 어휘적 동사로 쓰이고 있다.

I haven't *done* much, I'm afraid.
He must *be* the man that I have been looking for.
Did you *have* any difficulty getting here?

1. **do** (does, did): 가장 대표적인 조동사로서 그 자체로는 아무런 뜻을 가지고 있지 않으며, 단지 조동사를 필요로 하는 곳에 나타나서 통사적 역할을 한다. 기본형 do 이외에 3인칭 단수 현재형 does와 과거형 did가 있다.

3인칭 단수 현재형인 does를 제외하면, do와 did는 모든 형태의 주어와 두루 쓰인다.

주어	현재형	과거형
I/we/you/they	do	did
he/she/it	does	did

(a) do는 조동사를 갖지 않은 문장을 의문문으로 만들거나 부정할 때 쓰인다.

Do you like mathematics?
He *didn't* like mathematics.
He likes mathematics, *doesn't* he?

(b) do 조동사는 비정형절 (nonfinite clause), 즉 분사구나 부정사구 내에는 나타날 수 없다.

Not liking (*Doing* not like) mathematics, he gave it up.
Not to go (*To do* not go) to the conference would be shameful.

(c) do는 조동사가 없는 문장의 동사를 강조할 때 쓰인다.

John *did say* that he would be here at nine.

(d) 조동사가 없는 문장에서 도치가 일어나면 do 조동사가 주어 앞에 삽입된다.

Never did he think that the book would be finished.

2. **have** (has, had): have 조동사는 과거분사형 동사와 결합하여 완료상 (perfective aspect)을 나타낸다. 기본형 have 외에 3인칭 단수 현재형 has와 과거형 had가 있다.

John *has been* asking too many questions.
Have you *seen* the movie?
He *had finished* his homework before I arrived.

(a) do 조동사와 마찬가지로 3인칭 단수 현재형인 has를 제외하면 have와 had는 모든 형태의 주어와 두루 쓰인다.

주어	현재형	과거형
I/we/you/they	have	had
he/she/it	has	had

(b) 영국식 영어에서는 have가 어휘적 동사로서 쓰일 때도 그 뜻이 소유 (possession)를 나타내면 조동사처럼 사용될 수 있다.

I *haven't* any books. (= I *don't* **have** any books.)
Have you any money? (= *Do* you **have** any money?)

☞ 그러나 have 동사가 '먹다, 마시다, 받다, 경험하다' 등 동적인 (dynamic) 뜻으로 쓰일 때는 do 조동사를 쓰는 것이 좋다.

Does he **have** coffee with his breakfast?
I *didn't* **have** any difficulty getting here.

3. **be:** be 조동사로 쓰이든 어휘적 동사로 쓰이든 상관없이 언제나 앞에서 언급한 조동사의 특성을 지닌다. be 동사는 시제와 주어의 인칭, 수에 따라 다양한 형태를 취한다.

주어	현재형	과거형
I	am	was
he/she/it	is	was
you/we/they	are	were

Were you a student ten years ago?
There ***aren't*** many different ways to do it.

(a) be 동사는 동사의 -ing 분사형과 결합하여 진행상(continuous aspect)을 나타내고, 동사의 -ed 분사형과 결합하여 수동태(passive voice)를 나타낸다.

He *was looking* for his car key
The fence *was damaged* by the storm.

(b) be 동사를 가진 명령문을 강조하거나 부정할 때는 do 조동사가 쓰인다.

Do be quiet.
Don't be silly. (*Be not silly.)

4.1.2 양상 (modal) 조동사

양상 조동사에는 can, could, may, might, shall, should, will, would, must, ought to, used to, need, dare가 있으며 항상 동사의 원형과 결합한다.

You *may borrow* my car for a week.
He *will speak* to us on environmental problems.

1. 기본 조동사와는 달리 양상 조동사는 3인칭 단수 현재형이 없을 뿐만 아니라 부정사 구문에 나타날 수 없으며 또한 분사형이 없다.

   *He *mays* leave the room now.
   *I want you to *can* go with us.

2. ought to와 used to: 이 조동사들을 부정할 때는 'not'를 'to' 바로 앞에 놓는다.

   You *ought not to* smoke so much.
   He *used not to* smoke so much.

3. used to의 경우에는 do 조동사를 사용할 수도 있다. 따라서 다음의 두 표현이 모두 가능하며 항상 과거형으로만 쓰인다.

   He *didn't use to* smoke so much.
   He *didn't used to* smoke so much.
   *He *doesn't use to/used to* smoke so much.

의문문의 경우에 영국식 영어에서는 Used he to smoke so much?도 나타나지만 do를 쓰는 것이 가장 무난하다.

Did he *use to* smoke so much?
Did he *used to* smoke so much?

☞ 그러나 did. . . used to는 천한 말씨로 간주되기 때문에 피하는 것이 좋다. 특히 부가 의문에서는 do를 써야 한다.

He *used to* smoke so much, *didn't* he?
*He used to smoke so much, usedn't he?

4. **need와 dare**: 이 조동사들은 의문문과 부정문에서만 조동사로 사용될 수 있다.

He *needn't* go now.
Need he go now?
*He *need* go now.

He *daren't* leave the car.
Dare he leave the car?
*He dare leave the car.

☞ 여기서 부정문이라 함은 not가 나타나는 문장만을 지칭하는 것은 아니다. 명시적으로나 또는 함축적으로 부정적 의미를 지닌 표현이 문장의 다른 부분에 나타나는 경우에도 need와 dare는 조동사로 쓰일 수 있다.

He *need do* it only under these circumstances.
He *need have* no fear.
No soldier *dare disobey* my order.

☞ need와 dare는 또한 어휘적 동사로도 쓰일 수 있으며 이 경우에는 to-부정사를 택한다.

He *needs* *to* *go* now.
He *doesn't* *need* *to* *go* now.
They *dare* *to* *disobey* my order.
They *don't* *dare* *to* *disobey* my order.

4.1.3 조동사와 부정소 not의 축약 (contraction)

조동사와 관련된 축약에는 두 가지가 있다. 하나는 조동사가 축약하여 주어와 결합하는 것이고, 다른 하나는 부정소 not이 -n't로 축약하여 선행하는 조동사와 결합하는 것이다.

He will apply for the job.
~ *He'll* apply for the job.   [조동사의 축약]

He *will not* apply for the job.
~ He *won't* apply for the job.   [부정소의 축약]

축약형은 문장 내에서 하나의 단어처럼 행동한다.

Are you *not* coming to the meeting in the afternoon?
Aren't you coming to the meeting in the afternoon?

1. 조동사의 축약

비축약형	축약형	발음
I am	I'm	[aɪm]
I have	I've	[aɪv]
I will/shall	I'll	[aɪl]
I had/would	I'd	[aɪd]
you are	you're	[jər/juər]
you have	you've	[juːv]
you will	you'll	[yuːl]
you had/would	you'd	[yuːd]
he is/has	he's	[hiːz]
he will	he'll	[hiːl]
he had/would	he'd	[hiːd]
she is/has	she's	[ʃiːz]
she will	she'll	[ʃiːl]
she had/would	she'd	[ʃiːd]
it is/has	it's	[ɪts]
it will	it'll	[ɪtl]
it had/would	it'd	[ɪtəd]
we are	we're	[wɪər]
we have	we've	[wiːv]
we will/shall	we'll	[wiːl/wɪl]
we had/would	we'd	[wiːd]
they are	they're	[ðeər]
they have	they've	[ðeɪv]
they will	they'll	[ðeɪl]
they had/would	they'd	[ðeɪd]

☞ 조동사 do(does, did)와 be 동사의 과거형인 was, were 그리고 (will, would를 제외한) 대부분의 양상 조동사에는 축약형이 없다. shall은 사용상의 제약 때문에 축약형이 제한적으로 나타난다.

he did → *he'd   I was → *I's   you were → *you're

2. not의 축약

비축약형	축약형	발음
do not	don't	[dəʊnt]
does not	doesn't	[dʌznt]
did not	didn't	[dɪdnt]
am not	ain't/aren't	[eɪnt]/[ɑrnt]
is not	isn't	[ɪznt]
are not	aren't	[ɑrnt]
was not	wasn't	[wɔnt]
were not	weren't	[wəːrnt]
have not	haven't	[hævnt]
has not	hasn't	[hæznt]
had not	hadn't	[hædnt]
cannot	can't	[kænt]
could not	couldn't	[kʊdnt]
may not	mayn't	[meɪnt]
might not	mightn't	[maɪtnt]
will not	won't	[wəʊnt]
would not	wouldn't	[wʊdnt]
shall not	shan't	[ʃænt]
should not	shouldn't	[ʃʊdnt]
must not	mustn't	[mʌsnt]
ought not (to)	oughtn't (to)	[ɔːtnt]
used not (to)	usedn't (to)	[juːsnt]
need not	needn't	[niːdnt]
dare not	daren't	[deərnt]

☞ can not은 일반적으로 글을 쓸 때 cannot으로 붙여 쓴다.

☞ ain't는 일반적으로 비표준어로 간주되며, 종종 is/are/have/has+not의 축약형으로도 쓰인다.

*I **ain't** going.*
*We **ain't** coming.*
*They **ain't** got it.*

그러나 구어에서 ain't가 종종 부가의문문에서 am not의 축약형으로 쓰인다.

*I'm right, **ain't** I?*

특히 영국영어에서는 ain't 대신에 aren't가 종종 쓰인다.

*I'm right, **aren't** I?*
***Aren't** I lucky?*

☞ 영어에서 많은 경우 부정문은 두 가지 축약형이 가능하다.

*You **are not** a comedian.*
*~ **You're not** a comedian.*
*~ You **aren't** a comedian.*

3. **축약형의 사용:** 축약은 강세를 받지 않는 조동사나 부정소에서 일어난다.

   (a) I *wíll* see you tomorrow.
   (b) I will *nót* see you tomorrow.

   (a) 문장에서 조동사 will에 강세를 주어 말하고, (b) 문장에서 not에 강세를 주어 말하려고 하면, 우리는 이들을 축약할 수 없다. 따라서 일반적으로 문장 강세가 오는 문장 끝 위치에는 축약된 조동사가 올 수 없다.

   'Am I late?'
   'Yes, *you are/*You're*.'

   She is taller than *he is/*he's*.

   그러나 -n't와 결합한 조동사는 자신의 음절에 강세가 올 수 있기 때문에 문장 끝에 올 수 있다.

'Is she pretty?'
'No, she *isn't/is nót.*'

'Will you come to the party?'
'No, *I won't.*/Yes, *I will*/*I'll.*'

4.1.4 준-조동사

마지막으로 be 또는 have 동사로 시작하는 준-조동사(semi-auxiliary)에는 be about to, be going to, be to, have to, have got to, had better 등이 있다.

1. **be about to**: 동사의 원형과 결합하며 '막 . . .을 하려고 하다'의 뜻으로 쓰인다.

   Don't go out now — we'*re about to have* dinner.

2. **be going to**: 동사의 원형과 결합하며 '. . . 할 작정이다, . . . 할 것이다'의 뜻으로 쓰인다.

   I'*m going to write* to John.
   It'*s going to rain* soon.

3. **be to**: 동사의 원형과 결합하며 '계획, 의무, 운명, 희망' 등을 의미한다.

There *is to be* an official inquiry.	[계획]
Everyone *is to hand in* his paper immediately.	[의무]
He *was* never *to see* his home again.	[운명]
If he'*s to succeed*, he must work harder.	[희망]

4. **had better**: had better에서 had는 비실제적 과거로서 현재와 미래 시간을 나타내며 항상 동사의 원형과 결합한다. have better는 불가능하다.

   You *had better go* home now.
   He *had better start* tomorrow.

*You have better go home now.

(a) 부정형에서 not는 better 다음에 온다.

You **had better not** miss the last train.

(b) had better는 흔히 축약형 -'d better가 널리 쓰인다.

You'**d better** stay here.
You'**d better** not wake me up, when you come in.

☞ 비슷한 의미의 would rather(= would prefer to)가 있으며 항상 동사의 원형과 결합한다.

I'**d rather** have a glass of beer.
Would you **rather** stay here or go home?

☞ 다른 사람이 무엇을 하기를 원하거나 또는 하지 않기를 원할 때 'would rather + 주어 + 과거시제/과거완료형' 구문을 사용할 수 있으며, 의미는 현재 혹은 미래를 나타낸다.

I'**d rather** you **went** home now.
My wife **would rather** we didn't see each other any more.
I'**d rather** you hadn't visited Mr. Johnson.

had rather가 전에는 같은 뜻으로 종종 사용되었으나, 현재에는 사라지고 있다.

5. **have got to**: have to와 뜻이 같으며 구어체에서 흔히 쓰인다. 과거형 *had got to는 없다.

I'**ve got to** go now. (= I have to go now.)
*I **had got to** go now.

6. **have to**: 영국식 영어에서 have to의 have가 조동사처럼 사용되기도 한다.

따라서 다음의 두 유형의 표현이 다 가능하다.

Have you *to* leave?
Do you *have to* leave?

You *haven't to* leave.
You *don't have to* leave.

4.2 조동사의 결합

영어에서 어휘적 동사는 조동사를 하나도 대동하지 않고 나타날 수도 있고 최대로 4개의 조동사와 함께 나타날 수도 있다. 조동사들은 언제나 어휘적 동사 앞에 나타나며, 그 순서는 항상 **양상 조동사/do+완료상 have+진행상 be+수동태 be**이다.

The doctor *examined* the patient.　　　　　　　　　　[조동사가 없음]
He *may have been being examined* by the doctor.　　[모든 조동사가 나타남]

주어	양상 조동사	완료상 조동사 (의 원형)	진행상 조동사 (의 -ed형)	수동태 조동사 (의 -ing형)	동사 (의 -ed형)	
He	may	have	been	being	examined	by the doctor

4.2.1 (조)동사의 형태

앞 절에서 논의했듯이 영어의 조동사는 항상 뒤따르는 (조)동사가 특유의 형태를 취할 것을 요구한다. 양상 조동사나 기본 조동사 do 다음에는 반드시 (조)동사의 원형이 오고, 완료조동사 have와 수동 조동사 be 다음에는 (조)동사의 -ed 분사형이 오며, 진행상 조동사 be 다음에는 (조)동사의 -ing 분사형이 온다.

1. 양상 조동사/do 조동사 + (조)동사 원형

   The doctor *can/may/will/must* (not) *examine* the patient.
   The doctor *did* (not) *examine* the patient.

2. 완료 조동사 have + (조)동사의 -ed 분사형

   The doctor *has examined* the patient.
   The patient *hasn't been examined* by the doctor.

3. 진행 조동사 be + (조)동사의 -ing 분사형

   The doctor *is* (not) *examining* the patient.

4. 수동 조동사 be + 동사의 -ed 분사형

   The patient *is* (not) *examined* by the doctor.

4.2.2 조동사의 중복

앞에서 언급했듯이 두 개 이상의 조동사가 함께 나타날 수 있다.

1. 양상 조동사 + 완료 조동사 + 진행 조동사/수동 조동사 + (어휘적 동사)

   The doctor *may have been examining* the patient.
   The patient *may have been examined* by the doctor.

2. 양상 조동사 + 진행 조동사/수동 조동사 + (어휘적 동사)

   The doctor *may be examining* the patient.
   The patient *may be examined* by the doctor.

3. 완료 조동사 + 진행 조동사/수동 조동사 + (어휘적 동사)

   The doctor *has been examining* the patient.

The patient *has been* examined by the doctor.

4. 진행 조동사 + 수동 조동사 + (어휘적 동사)

The patient *is being* examined by the doctor.

4.2.3 운용소 (operator)

운용소란 문장을 여러 가지 형태로 바꾸는 데 필요한 조동사를 가리킨다. 조동사가 없는 문장을 의문문이나 부정문을 만들려면 운용소로 조동사 do를 삽입한다. 조동사가 하나만 있는 문장에서는 그 조동사가 운용소가 되며, 두 개 이상의 조동사가 나타날 경우에는 첫 조동사가 운용소가 된다. 운용소는 4장 0절에서 논의한 조동사의 특징을 보인다.

The doctor *examined* the patient.
~ *Did* the doctor examine the patient?
~ The doctor *didn't* examine the patient.

The doctor *may* have examined the patient.
~ *May* the doctor have examined the patient?
~ The doctor *may not* have examined the patient.

4.3 조동사의 의미

우리는 지금까지 조동사의 통사적 특성을 간단히 살펴보았다. 우리는 여기서 어쩌면 영어를 외국어로 배우는 우리에게 가장 어렵다고 할 수 있는 **조동사의 뜻**에 대해서 알아보기로 하겠다. 특히 우리는 양상 조동사(modal auxiliary verbs)가 지니는 뜻을 중점적으로 생각해 보겠다. 양상 조동사는 일반적으로 함께 쓰이는 어휘적 동사가 나타내는 행위 또는 상태에 대한 화자(speaker)의 심적 태도를 표현한다. 예를 들어, it may rain이라는 문장을 생각해 보자. 화자는 이 문장을 통해서 '비가 오다'(it rains)라는 명제가 나타내는 현상이 일어날 '가능성' (possibility)이 있다고 생각하고 있음을 청자에게 전달하고 있다.

1. 능력 (ability): can, could

can과 could는 일반적 능력을 나타내는 가장 대표적인 조동사이며, 유사한 의미를 가진 다른 표현으로는 be able to가 널리 사용된다. 부정적 표현으로는 be unable to가 있다.

I *can/am able to read* English, but I can't/am unable to speak it.[현재의 능력]
I *will be able to speak* French in a few months.   [미래의 능력]
My grandfather ***could/was able to** speak* ten different languages. [과거의 능력]

I'*m **unable to/can't** figure out* what she wants.

(a) be able to는 can과 같은 양상 조동사가 나타날 수 없는 부정사구나 분사구 또는 다른 조동사와 함께 쓰일 수 있다.

I expect you *to **be able to** get* there on time.
My wife enjoys ***being able to** take* a swim every day.
What *have* you ***been able to** find out*?
He *might **be able to** help* you.

☞ be able to는 일반적으로 수동문에서 can 대신에 쓰이지 않는다.

This book *can be translated.*
*This book *is able to be translated.*

(b) can은 hear, see, smell, feel, taste 등의 감각동사와 결합하면 현재진행의 의미를 지닌다. 이 경우에 can 대신에 be able to를 쓰는 것은 부자연스럽다.

I *can see* Mary coming up the stairs.
*I'm seeing Mary coming up the stairs.

Can you *hear* somebody knocking at the door?
*Are you hearing somebody knocking at the door?

☞ 'know how to'의 의미로는 can을 사용하는 것이 좋다.

Can you *drive* a car?
= Do you *know how to drive* a car?

(c) can/could는 follow, remember, understand 등의 동사와 결합하면, 그 의미를 상실한다.

I ***can't understand*** what you're talking about.
= I *don't understand* what you're talking about.

Nobody ***can*** *follow* what he's saying.
= Nobody *follows* what he's saying.

I ***can*** *remember* your grandfather.
= I *remember* your grandfather.

(d) could have + 동사의 과거분사형: 이 구문은 실현되지 않은 과거의 능력, 즉 '할 수 있었으나 실현되지 않은 사건'을 말할 때 사용된다.

She ***could have*** *married* a millionaire, if she wanted to.
I ***could have*** *lent* you some money. Why didn't you ask me?

따라서 부정문은 반대로 실현될 수 없었던 상황을 의미한다.

She ***couldn't have*** *married* a millionaire, even if she wanted to.
I ***couldn't have*** *lent* you any money, even if you asked me.

(e) can/could + have + 동사의 과거분사형은 또한 어떤 일이 일어났을지도 모른다는 화자의 짐작을 말할 때도 쓰인다.

'Tom has disappeared! Where ***can*** he ***have*** *gone*?'
'He ***could have*** *gone* to the beach.'

(f) cannot/can't help + 동사의 -ing형과 cannot/can't help but + 동사의 원형: '...을 하지 않을 수 없음'을 표현할 수 있다.

I know she doesn't like me, but I *can't help liking* her.
We *couldn't help overhearing* what you said.
I *can't help but wonder* where I should go next.

2. 가능성 (possibility): may, can

가능성을 뜻하는 대표적 조동사는 may이다. can, should, must도 다양한 등급의 가능성을 뜻하며, 맥락에 따라 단순한 가망성에서 강한 개연성(probability)까지 표현하게 된다. 우리는 여기서 may와 can은 가능성을 가리키는 조동사로, may, should, must는 개연성을 가리키는 조동사로 분류하여 논의하기로 하겠다.

(a) can은 가능성이 거의 확실할 경우에 쓰이고 may는 가능성이 반반일 경우에 흔히 쓰인다.

Anybody *can make* mistakes.
John *may make* mistakes.

'누구든지 실수를 저지를 수 있다'는 것은 우리가 모두 인정하는 사실임으로 첫 문장에 may는 적합하지 않다. 그러나 두 번째 문장에서 John이 실수할 확률은 반반이다. 따라서 두 번째 문장은 John may not make mistakes의 뜻도 가지고 있다.

(b) 가능성을 뜻하는 can과 may의 또 한 가지 차이점은 전자는 소위 '이론적 가능성'(theoretical possibility)을 나타내는 반면에(1의 첫 문장도 실제로 이러한 의미를 지니고 있다), 후자는 '사실적 가능성'(factual possibility)을 나타낸다. 다음의 두 문장을 비교해 보라.

The road *can be blocked*.
= It *is possible to block* the road.

The road *may be blocked*.
= It *is possible that* the road is blocked.

can은 어떤 사건이 이론적으로 발생할 가능성을 시사하는 데 반해서, may는 어떤 사건이 실제로 발생했거나 미래에 발생할 가능성을 나타낸다. 이 경우 대체로 can이 들어 있는 문장은 it is possible to-부정사로 바꾸어 쓸 수 있으며, may가 들어 있는 문장은 it is possible that-절/it may be that-절이나 possibly/perhaps 따위의 부사를 써서 바꾸어 쓸 수 있다.

Even expert drivers *can make mistakes*.
= It is possible for even expert drivers to make mistakes.

You *may be right*.
= It *is possible that* you are right.
= It *may be that* you are right.
= *Possibly/Perhaps* you are right.

(c) could는 '이론적' 또는 '사실적' 가능성을 모두 나타낼 수 있다.

I *could write* a poem.
= It is possible for me to write a poem.

The road *could be blocked*.
= It is possible that the road is blocked/It is possible to block the road.

(d) might는 may와 거의 같은 뜻으로 쓰이지만 약간 '망설임'의 뜻을 지니며, '사실적 가능성'을 나타내려고 할 때 may보다 더 흔히 쓰인다.

There *might be* some complaints.
= It is possible that there are some complaints.

(e) may/might/could + have는 '과거의 가능성'을 나타낸다. 다음의 문장을 비교해 보라.

Something *can/may/could/might go* wrong.   [현재 또는 미래]
= It is possible that something is/will be wrong.

Something *may/could/might have gone* wrong.   [과거]
= It is possible that something went wrong.

☞ 이 구문은 또한 일어나지 않은 현상을 말할 수도 있다.

    If she had been so rich, I *might have* married her.

(f) may는 '가능성'을 뜻하는 의문문에는 쓰이지 않는다.

    Can/Could/Might she still *be* at the station?
    *May she still *be* at the station?
    = Is it possible that she is still at the station?

    Could/Might she *have missed* the train?
    *May she *have missed* the train?
    = Was it possible that she missed the train?

3. 개연성 (probability): may, should, must

개연성이란 어떤 현상의 발생에 대한 확실성의 정도를 뜻한다. 이러한 의미에서 볼 때 may는 불확실성(uncertainty)을 뜻하고, should는 상당한 정도의 개연성 즉, 어떤 현상의 발생이 예상(expectation)될 때 사용되며, must는 사건 발생이 거의 확실(certainty)할 때 쓰인다. 가령, 어떤 사람이 한 시간 전에 출근을 했다고 하지 (He left home an hour ago.).

    He *may/might be* at the office by now.   [불확실]
    He *should be* at the office by now.   [예상]
    He *must be* at the office by now.   [확실]

(a) 학자에 따라 이 경우의 must는 '논리적 필연성'(logical necessity)을 뜻한다고 말한다. 여기서 필연성이란 화자가 말한 명제가 필연적으로 사실이라(true)거나 적어도 사실이 될 가능성이 매우 높다는 뜻이므로 이런 의미의 must를 여기서 논하기로 하겠다.

    There *must be* some mistake.
    John *must be* tired.

(b) 일반적으로 부정문(negative)과 의문문(interrogative)에서는 must가 이러한 뜻으로 사용되지 않는다. 대신 조동사 can이 그 공백을 채워 준다.

다음의 두 문장을 비교해 보라.

John ***must not*** *be* tired.
John ***cannot*** *be* tired.

여기서 must not은 의무(obligation)의 반대인 금지(prohibition)를 뜻하고, cannot는 개연성이 없음을 뜻한다.

(c) '과거의 개연성'(past probability)은 may/might/should/must + have를 써서 나타낸다.

He ***may have*** *arrived* at the office by now.
He ***should have*** *arrived* at the office by now.
He ***must have*** *arrived* at the office by now.

should have가 과거의 개연성을 나타낼 경우 때때로 '예상'이 실현되지 않을 경우가 있다. 이 경우에 should have는 was supposed to(. . . 하기로 되어 있었다)의 뜻을 갖는다.

He ***should have*** *arrived* last night, but his train was delayed.

(d) 물론 may, should는 미래(future)의 개연성을 나타낼 수 있으나, must는 이런 뜻으로는 쓰이지 않는다. 가령, 어떤 사람이 지금 출근을 한다고 (He is leaving home now) 생각하자.

He ***may/might*** *get* to the office in half an hour.
He ***should*** *get* to the office in half an hour.
*He must get to the office in half an hour.
(이 경우에 must는 의무 (obligation)의 뜻을 지닌다.)

종종 should 대신에 ought to가 쓰이기도 한다.

4. 허가 (permission): may, can, might, could

허가를 뜻하는 대표적인 조동사는 may지만, 지금은 구어체에서 can이 더 널리 쓰이고 있다. 과거형인 might와 could는 현재형에 비해 '공손'의 뜻이 가미되어 있으며, 이러한 뜻은 might가 더 강하다.

You *may/can* borrow my bicycle if you wish.
Might/Could I *borrow* your car? Yes, you *may/can*.

☞ might나 could를 써서 허가해 줄 것을 요청했다고 해도 일반적으로 현재형인 may나 can을 써서 대답하는 것이 좋으며 may가 아주 흔히 쓰인다.

(a) may와 can은 허가와 관계가 없는 단순한 요청을 할 때도 쓰일 수 있다. 가령, 목이 말라서 물을 마시려고 하는데 누가 수도꼭지를 막고 서 있다고 하자. 그럴 때 우리는 보통 이렇게 말한다.

May/Can I *have* a drink of water?

(b) 상대방에게 단순한 요청을 할 때에는 may를 쓰지 않고 can을 쓴다.

Can/Could you *cash* this check, please?

(c) 평서문에서 might와 could는 과거 즉, was permitted의 뜻만을 갖는다.

In those days, anyone *might/could enroll* for this course.

(d) 간접 화법에서도 might와 could는 과거만을 가리킨다. 다음을 비교해 보라.

John's mother says that he *may/can go* with us.
John's mother said that he *might/could go* with us.

5. 의무 (obligation): must, should, ought to, have to

이 조동사들은 정도의 차이는 있지만 모두 어떤 행동의 수행이 관련된 사람이나 대상의 의무(duty) 내지 이익(advantage)이 된다고 생각될 때 쓰인다. 다음의 예문을 비교해 보자.

You *should/ought to do* your homework every day.
You *must/have to do* your homework every day.

(a) 일반적으로 ought to가 should보다 그 뜻이 약간 강하기는 하지만 첫 문장에서 문장의 내용을 행동으로 옮길 것인가 안 옮길 것인가는 청자

(hearer)의 자유 선택에 달려 있다. 그러나 두 번째 문장의 경우에는 문장의 내용을 행동으로 옮기는 것을 거부할 여지를 청자에게 허용하지 않는다. 따라서 자연현상의 일부로 우리가 회피할 수 없는 행동이나 강력한 의무감이나 도덕심을 느끼는 행동에 대해서는 must나 have to를 쓴다.

We *must/have to eat* in order to live.
You *must/have to obey* the law.
I *must/have to keep* my word.

(b) must가 have to에 비해 일반적으로 약간 강한 뜻을 풍기지만 거의 같은 뜻으로 쓰인다고 해도 무방하다. 그러나 이들의 부정형은 그 뜻이 달라진다. 다음의 두 문장을 비교해 보라.

He *mustn't go* there alone. (It is too dangerous.)
He *doesn't have to go* there alone. (Someone will go there with him.)

must not은 어떤 행동을 취하지 말 것을 요구하는 데 반해서, do not have to는 어떤 행동을 취할 필요가 없음을 뜻한다. 따라서 must not은 특히 주어가 2인칭일 경우에 어떤 행위를 금지(prohibition)하는 뜻을 갖는다.

You *mustn't smoke* near the gasoline tank.

(c) should와 ought to의 과거형인 should have와 ought to have는 어떤 행위가 실현되지 않았다는 의미를 함축하고 있다.

John *should have gone* to the dentist yesterday.

그러나 그 질문형과 부정문은 어떤 행위가 실현되었다는 의미를 함축한다.

Should John *have gone* to the dentist yesterday?
John *shouldn't have gone* to the dentist yesterday.

(d) 의무를 뜻하는 must는 과거형이 없으며, have to의 과거형 had to가 대신한다.

I *had to see* my cousin yesterday.
He told me that I *had to do* it.

4.4 조동사의 특수 의미

1. will과 shall과 미래시간

(a) will과 shall은 영어에서 단순히 미래(future) 시간을 나타내는 데 가장 흔히 쓰이는 조동사이다. will과 그 축약형인 'll은 모든 인칭의 주어와 함께 쓰일 수 있지만, shall은 (특히 영국 영어에서) 일인칭 주어와만 함께 쓰일 수 있다. 영국영어에서는 I will/shall, we will/shall을 거의 의미적 차이 없이 사용하지만, 미국 영어에서는 shall을 미래시간의 뜻으로 거의 사용하지 않는다. 이때 우리말의 가장 가까운 번역은 '...할/일 것이다'다.

We *will/shall need* money next week.
He *will be* here in half an hour.
Will you *need* any help?
No doubt I'*ll see* you tomorrow.
= No doubt I *shall see* you tomorrow.

(b) 특히 구어체에서 미래시간을 나타내는 표현으로는 be going to가 있다. 그러나 be going to의 뜻을 자세히 살펴보면 다음의 두 가지 뜻으로 쓰인다.

첫째는 '현재의 의도에 대한 미래의 수행'으로서 다음과 같은 문장에서 나타난다.

When *are* you *going to get* married?
The manager *is going to close* the store early tonight.

둘째 be going to는 '현재의 원인이 초래할 미래의 결과'를 뜻하기도 한다.

It's ***going to*** rain.
She's ***going to*** *have* a baby.

위 문장들에서 이미 '의도'나 '원인'이 말하는 시간에 형성되어 있는 것을 전제로 하고 있기 때문에, will과는 달리 be going to는 조건문 (conditional sentence)의 주절에는 일반적으로 쓰이지 않는다.

*If you leave now, you're never *going to regret* it.
If you leave now, you'***ll*** never *regret* it.

(c) 현재 진행형(present continuous)도 미래의 사건을 나타낼 수 있는데, 주로 이미 정해진 '예정 사항'이나 '계획' 또는 '프로그램'을 뜻한다.

I'***m going to*** *take* the children to the zoo (on Sunday).
The plane *is **taking off*** at 5:20.

(d) if, unless 따위로 시작하는 조건절 또는 as soon as, before, when, after 등으로 시작하는 시간절(temporal clause)에서는 동사의 현재형이 미래 시간을 나타낸다.

What *will* you *say* if I ***marry*** my boss?
*What *will* you *say* if I *will marry* my boss?

All the guests ***will be*** drunk before they ***leave***.
*All the guests *will* be drunk before they *will* leave.

(e) arrive, come, leave, land 따위와 같이 과도적(transitional) 뜻을 지닌 동사도 진행형과 마찬가지로 현재형이 미래의 뜻을 나타낼 수 있다.

The plane ***takes off*** at 20:30 tonight.
The plane *is **taking off*** at 20:30 tonight.

(f) 그 외에 미래를 나타내는 표현으로는 be to와 be about to와 같은 준 조동사가 있다. be to는 미래의 계획을 뜻하며, be about to는 가까운 미래 (near future)를 뜻한다.

Their daughter *is **to be** married* soon.

There's *to be* an official inquiry.

The train *is about to leave*.

I'*m about to read* your essay.

(g) will과 shall은 또한 '의지'(volition)를 나타낸다. 이때 '의지'는 말하는 사람의 '의지'를 나타낼 때도 있고 주어의 '의지'를 나타낼 때도 있다.

I'*ll be* a good boy for the future.
We *shall let* you know our decision.

위 문장에서는 주어가 일인칭이므로 말하는 사람, 동시에 주어의 '의도'(intention)를 나타낸다. 그러나 다음 문장들을 살펴보자.

He'*ll help* you if you ask him.
You *shall do* exactly as you wish (whatever I say).
Will you *have* another cup of coffee?

위 문장에서는 말하는 사람이 주어의 '의향'(willingness)을 전해 주거나 주어의 '의향'에 대해서 질문하고 있다.

(h) will과 shall은 또한 말하는 사람의 '결심'(determination), 주어의 '의무'(obligation) 또는 '고집'(insistence)을 뜻하기도 한다.

He *shall be punished*, because he has been most rude.
You *shall do* as I say.
He *will do* it whatever you say.
= He insists on doing it whatever you say.

(i) shall은 주어가 일인칭인 의문문에서 상대방, 즉 듣는 사람의 의사 또는 허락을 묻거나 상대방에게 어떤 것을 권유하는 뜻을 나타낸다.

Shall I *remain* here until 3 o'clock?
Shall we *go out* for a walk?
= Let's go out for a walk.

(j) will은 종종 어떤 대상의 '습관적' 또는 '독특한' 행동이나 속성을 뜻한다. 이 경우에는 will을 빼고 동사의 현재형을 써도 그 의미의 차이가

거의 없다.

He'*ll talk* for hours if you give him the chance.
= He *talks* for hours if you give him the chance.
Oil *will float* on water.
= Oil *floats* on water.

2. would와 should

(a) would와 should는 간접 화법 구문에서 각각 will과 shall의 과거형으로 나타난다.

John said, "He'*ll* (= *will*) *come* to the meeting."
John said that he'*d* (= *would*) *come* to the meeting.

(b) would와 should는 현재 또는 과거의 사실과 상반되는 if-조건절을 가진 문장의 주절에 항상 나타난다.

If I had enough money, I *would/should take* a vacation.
If I had had enough money (last year), I *would/should have taken* a vacation.

(c) should는 주장, 요구, 제안, 명령 등을 뜻하는 동사(ask, demand, propose, recommend, suggest, urge 등)나 가치판단을 뜻하는 형용사(a pity, essential, important, natural, necessary, surprising 등) 뒤에 오는 종속절에 쓰인다.

The committee urged that the work *should be finished* as soon as possible.
It is important that the work *should be finished* as soon as possible.

위 문장에서 조동사 should를 빼고 동사의 원형을 쓸 수도 있으며, 이 경우를 가정법이라고도 부른다.

(d) should는 종종 부정사적(infinitival) 목적어절이나 형용사절의 대체형 구문에 나타난다.

We must ask our host how we *should dress* for dinner.
= We must ask our host how to dress for dinner.
The person who you *should see* is away on vacation now.

= The person to see is away on vacation now.

(e) should는 if-절이 if it happens that...의 뜻을 나타낼 때 쓰인다.

If I *should see* him, I'll let you know.
= If I happen to see him, I'll let you know.

(f) should는 for fear(that)이나 lest로 시작하는 종속절에 나타난다.

He is studying hard for fear that/lest he *should fail*.

(g) would는 과거의 습관적 행동을 나타낸다.

He'*d/would go* to the park every day.

위 문장은 이런 점에서 다음의 두 문장과 거의 뜻이 같다.

He went to the park every day.
He used to go to the park every day.

(h) would는 if-절 내에서 be willing to(...할 생각이 있다)의 뜻으로 쓰인다.

I could do so, if I *would*.

would와 could를 맞바꾼 I would do so, if I could(할 수만 있다면 그렇게 할 텐데)와 비교해 보라.

(i) would는 소원(wish)이나 욕망(desire)을 뜻한다.

If you *would be* happy, be good.
I *would/should appreciate* receiving your check.

(j) would는 약간 오래된 용법이긴 하지만 would(that)만으로 I wish의 뜻을 나타낼 수 있다.

Would that I could leave this wicked world.

(k) would는 rather나 sooner와 결합하여 prefer(오히려...하는 편이 낫다)의 뜻으로 쓰인다.

I *would rather stay* home than go to the movies.

I *would sooner die* than do it.

3. may와 might

이들은 '가능성, 허락, 개연성'의 의미 외에 다음의 뜻으로도 쓰인다.

(a) may는 소원(wish)을 뜻하며 이 경우 may가 항상 주어 앞에 온다.

May all your dreams *come* true.
May he *rest* in peace.

(b) 목적을 나타내는 부사절에 나타날 수 있다.

I'm saving money so that I *may go* to Europe next summer.
He worked hard in order that he *might succeed*.

(c) 양보를 나타내는 부사절 내에 나타날 수 있다.

He *may be* poor (= Although he is poor) but he is honest.
Whatever *might happen*, he was determined to do it.

(d) might는 '비난' 또는 '유감'의 뜻으로 사용되기도 한다.

You *might try* to be more careful.

4. used to

이 조동사는 과거의 습관을 뜻하며 그러한 습관이 현재까지 지속되고 있지 않다는 뜻을 함축하고 있다.

When I was young, I *used to play* tennis very often (but now I don't).
I didn't *use to get* tired when I played tennis (but I do now).

그러나 '과거의 습관'을 나타내는 다음의 두 표현은 그 습관이 현재까지 지속되는지 않는지에 대해서는 아무런 말을 하고 있지 않다.

When I was young, I *would play* tennis very often.
When I was young, I *played* tennis very often.

지금까지 우리는 조동사의 통사적 특성과 대표적인 의미를 개략적으로 알아보았다. 여기서 논의한 것 외에도 조동사에 대해서 말할 것이 많으며 지금까지 학계에서 연구된 것만을 개략적으로 논하기만 해도 매우 두꺼운 책을 한 권 쓸 수 있다.

☞ used to-부정사 구문은 be used to -ing형 분사구문과 그 의미가 다르다. 후자는 '. . .에 익숙하다'는 뜻으로 쓰인다.

I *didn't use to drive* a big car.
I *wasn't used to driving* a big car.

4.5 시제 (tense)

영어에서 시제란 원래 동사의 두 가지 형태를 구별하기 위해 설정한 문법적 범주(grammatical category)다. be 동사를 제외하면 영어의 모든 동사는 시제에 따라 두 가지 형태를 갖는다(실제로는 현재형이 두 개이므로 세 가지 형태를 갖는다).

현재시제형: work/works
과거시제형: worked

I/You/We/They **work** 8 hours a day.
He/She/It **works** 5 days a week.
I/You/We/He/She/They **worked** as a lifeguard last summer.

두 개의 시제는 두 개의 상, 즉 진행상(continuous aspect)과 완료상(perfective aspect)과 결합하여 각각 4개의 다양한 동사 결합체를 구성한다.

4.5.1 현재시제 (present tense)

현재시제는 진행상과 완료상과 결합하여 다음과 같은 4가지 동사 복합체를 구성한다.

단순현재: I *work.*/He *works.*
현재진행: I *am working.*/He *is working.*
현재완료: I *have worked.*/He *has worked.*
현재완료진행: I *have been working.*/He *has been working.*

1. 단순현재 (simple present tense)

영어 동사의 단순현재형은 원칙적으로 아무런 어미가 붙지 않은 동사의 원형이지만, 주어가 3인칭 단수일 경우에는 -(e)s 어미가 붙는다.

I/You/We/They/The men **work.**
The man/He/The girl/She/It **works.**

(a) 형태: 영어에서 동사의 3인칭 단수 현재형은 다음과 같이 만든다.

(1) -s, -z, -ch, -sh, -x로 끝나는 동사에는 -es 어미를 붙인다.

kiss : kiss**es**   buzz : buzz**es**   catch : catch**es**
rush : rush**es**   fix : fix**es**

(2) 자음+y로 끝나는 동사는 -y를 -i로 바꾼 후에 -es 어미를 붙인다.

cry : cr**ies**   reply : repl**ies**   hurry : hurr**ies**
buy : buy**s**   play : play**s**   destroy : destroy**s**

(3) 그 외의 동사에는 -s 어미가 붙는다.

call : call**s**   wait : wait**s**   promise : promise**s**

☞ 위의 법칙에서 벗어난 단어는 다음 세 가지가 있다.

have : has   do : does   go : goes

(b) 발음: 동사의 3인칭 단수 어미의 발음은 명사의 복수 어미의 발음과 같다 (5장 2.1절을 보라). 예외적으로 says는 [seɪz]가 아니라 [sez]로 발

음되고, does는 [duz]가 아니라 [dʌz]로 발음된다.

(c) 용법

(1) 영구적인 상황이나 현상을 말할 때

The sun *rises* on the east.
Water *freezes* at zero degrees Celsius.
Seoul *stands* on the Han River.
Jane *works* for an insurance company.

(2) 규칙적이거나 습관적인 행위나 현상을 말할 때

He *plays* golf every Wednesday.
I *go* to bed at 10 o'clock.
He *walks* to work every day.

(3) 현재 시각에 일어나고 있는 상황이나 행위를 기술할 때는 현재진행형을 사용하지만, 진행형이 없는 정적동사(3장 2절)의 경우에는 현재형을 사용한다.

He *loves* you.
I *like* the wine very much.
We all *understand* your trouble.

(4) 현 시점에서 이미 정해진 미래의 상황이나 행위를 말할 때

Next year the Spring Semester *begins* on March 2.
Flight 007 *takes* off at 12:45 p.m.

(5) 어떻게 할 것인가를 말해줄 때

To get to the station, you *go* straight on the traffic lights, and then *turn* left.
Please *wait* outside the store, until the manager arrives.

(6) 일련의 사건을 언급하거나 연극 또는 이야기를 요약해서 말할 때

I *open* the window, I *look* around the backyard, and I *see* this man.

(He's wearing a black hat . . .)
I *take* a bowl first, *put* two cups of flour into it, and *mix* it with water.
In Act I, Hamlet *meets* the ghost of his father. The ghost *tells* him. . .

(7) 말로서 우리의 행위를 표현할 때

I *promise* not to smoke again.
I *agree* with you.

(8) 시간 부사절과 조건 부사절이 미래 시간을 의미할 때, 단순 현재시제형을 쓴다.

The party will be over by the time we *get* there.
What will he do when he *leaves* school?

2. 현재진행 (present continuous)

(a) 형태

(1) 현재진행형은 현재형 be 동사와 -ing형 동사를 결합하여 표현한다. be 동사의 현재형은 주어의 인칭(person)과 수(number)에 따라 다른 형태를 취한다.

1인칭 단수: *I am working*.
2인칭 단수: *You are working*.
3인칭 단수: *He/She/It/The boy/Mary/The machine is working*.

1, 2, 3인칭 복수: *We/You/They/The boys are working*.

☞ be 동사는 축약형(contracted form)을 가지며 일상 대화에서는 주로 축약형을 사용한다.

I'*m* working.
You'*re* working.
He'*s* working.
We'*re* working.

제 4 장 조동사와 시제

(2) 동사에 -ing 어미를 붙일 때 몇 가지 유의할 점이 있다.

    ⓐ -e로 끝나는 동사에는 -e를 삭제한 다음 -ing를 붙인다.

        argue : argu**ing**   change : chang**ing**   come : com**ing**
        develope : develop**ing**   hope : hop**ing**   make : mak**ing**

    ⓑ 주강세를 받는 단모음 다음에 단자음으로 끝나면 자음을 반복한 다음 -ing 어미를 붙인다.

        admít : admít**ting**   occúr : occúr**ring**   refér : refér**ring**

    ⓒ 단모음 + 단자음으로 끝나는 모든 단음절 동사는 단모음에 주강세가 오기 때문에 ⓑ의 법칙을 따른다.

        get : get**ting**   plan : plan**ning**   run : run**ning**

☞ 그러나 -y, -w, -x로 끝나거나 이중모음이 단자음 앞에 나타나면 ⓑ에 법칙을 따르지 않는다.

        row : row**ing**   say : say**ing**   fix : fix**ing**
        look : look**ing**   rain : rain**ing**   wait : wait**ing**

    ⓓ 단모음과 단자음으로 끝나는 동사라 할지라도 주강세가 마지막 모음에 오지 않으면 자음을 반복하지 않는다.

        bórrow : bórrow**ing**   énter : énter**ing**   vísit : vísit**ing**

☞ 특히 영국영어에서 ⓓ의 법칙에 대한 예외가 -l, -p, -s, -t로 끝나는 단어에서 종종 나타난다. 아래 단어에서 주강세가 첫 음절에 온다.

        bias : biasing/biassing   combat : combating/combatting
        equal : equaling/equalling   focus : focusing/focussing
        handicap : handicapping   kidnap : kidnaping/kidnapping
        travel : traveling/travelling   worship : worshiping/worshipping

ⓔ -ie로 끝나는 동사는 -ie를 -y로 바꾼 다음 -ing 어미를 붙인다.

   die : d**ying**   lie : l**ying**   tie : t**ying**

☞ dye의 현재분사형은 dyeing이다.

ⓕ -c로 끝나는 동사는 -c를 -ck로 바꾼 다음 -ing 어미를 붙인다.

   mimic : mimic**king** panic : panic**king** picnic : picnic**king**

(b) 용법

 (1) 현 시점에 진행되고 있는 행위나 상황을 말할 때

  We're all *waiting* for the department store to open.
  Don't take the newspaper away. I'm still *reading* it.
  What *are* you *doing*? I'm *resting*.

 (2) 비록 현 시점이 아니라 할지라도 현 시점을 중심으로 일어나고 있는 행위나 현상을 말할 때

  I'm *reading* a novel by Lee Moonyul.
  Mr. Lee's *teaching* English and *learning* French.

 (3) 확정된 가까운 미래의 행위를 말할 때

  We're *going* to New York on Sunday.
  Uncle John *is coming* here next week and *is staying* with us until July.
  Are you *doing* anything tonight?

 (4) 변화나 성장을 강조할 때

  The boy's *getting* bigger every day.
  They say the universe *is expanding*, and has been since its beginning.

 (5) feel, hurt, ache와 같은 육체적 느낌을 말할 때는 진행형과 단순 현재형이 큰 의미적 차이 없이 쓰인다.

How *are* you *feeling*?
My head *is aching*.

How do you feel?
My head aches.

3. 현재완료 (present perfect)

(a) 형태

완료 조동사 have와 -ed 분사형 동사를 결합하여 완료형을 만든다. 완료 조동사 have는 3인칭 단수 주어의 경우에는 has가 된다.

I/You/We/They/The boys **have worked**.
He/She/It/The boy/The girl/The machine **has worked**.

(b) 용법

(1) 완료된 행위나 사건이 현 시점과 연관이 있다고 생각할 때

The students *have invited* us to the graduation party.
At last, I*'ve finished* my homework.

(2) up to now, since 1900, so far와 같은 부사구가 있을 때

I*'ve lived* in this city *since I was born*.
Nothing particular *has happened so far*.

(3) 가까운 과거를 의미하는 recently, just, this minute, lately 등의 부사가 있을 때

The telegram *has **just** arrived*.
I *have recently* met him at the seminar.

(4) 과거에서 현 시점 사이에 적어도 한번은 발생한 행위나 사건을 말할 때

Have you *seen* Mary?
Have you ever *been* to Africa?

I don't believe I've ever *heard* about it before.
This is the first time he *has spoken* to me today.
I'm sure you've *met* before.

(5) 최근의 뉴스를 말할 때

The yen *has fallen* against the dollar.
There *has been* an explosion at New York.
President Bush *has had* a talk with Prime Minister Blair.

(6) this/that/it + is + the first/second/only/best/most/worst 구문에서

This is the first time you've *asked* my help.
He's one of the most interesting persons I've ever *met*.
It's the third cup of coffee you've *drunk* this afternoon.

4. 현재완료진행 (present perfect continuous)

(a) 형태: 완료 조동사 have와 진행 조동사 be의 -ed 분사형에 동사의 -ing 분사형을 결합하여 만든다.

I/You/We/They/The boys **have been working**.
He/She/It/The boy/The girl/John **has been working**.

(b) 용법

(1) 과거에 시작되어 현 시점에도 지속되는 행위나 상황을 말할 때

He *has been working* in the garden since 9 o'clock.
We've *been waiting* for you for two hours.
It's *been raining* since Christmas.

How long *have* you *been learning* English?
What *have* you *been doing* in my office?

(2) 과거부터 현 시점에도 반복적으로 일어나는 행위나 사건을 말할 때

I've *been playing* tennis a lot recently.

He's *been visiting* his parents very often.

(3) 장기간 또는 영구적인 것에 대해서는 현재완료형을 쓰고 단기간 또는 일시적인 행위나 상황을 말할 때는 현재완료진행형을 사용한다.

The stone wall *has stood* on the hill for 600 years.
The man *has been standing* at the corner all day.

My parents *have lived* at Busan all their lives.
I've *been living* in Mary's apartment for a month.

4.5.2 과거 시제 (past tense)

과거시제는 진행상과 완료상과 결합하여 다음과 같은 4가지 동사 복합체를 구성한다.

단순과거: I *worked*.
과거진행: I *was working*./We *were working*.
과거완료: I *had worked*.
과거완료진행: I *had been working*.

1. 단순과거 (simple past tense): 영어의 과거시제형에는 규칙형(regular verbs)과 불규칙형(irregular verbs)이 있다. 여기서 규칙동사란 과거형과 과거분사형(past participle)이 (1)에서 논의할 법칙에 따라 구성되는 동사를 가리킨다.

   (a) 규칙동사

   (1) 형태: 규칙동사의 과거형은 다음의 법칙에 따른다.

원형	과거형	과거분사형
work	worked	worked

ⓐ -e로 끝나는 동사는 -d 어미를 붙인다.

conclude : conclud**ed**   decide : decid**ed**   hope : hop**ed**

ⓑ 자음+y로 끝나는 동사는 y를 i로 바꾼 다음 -ed 어미를 붙인다.

cry : cr**ied**   hurry : hurr**ied**   study : stud**ied**

☞ 모음+y로 끝나는 동사에는 -ed 어미를 붙인다.

play : play**ed**   stay : stay**ed**   survey : survey**ed**

ⓒ 주강세를 받는 단모음 다음에 단자음으로 끝나면 자음을 반복한 다음 -ed 어미를 붙인다.

admít : admit**ted**   occúr : occur**red**   refér : refer**red**

☞ 단모음+(w, y, x를 제외한) 단자음으로 끝나는 모든 단음절 규칙동사는 ⓒ의 법칙을 따른다.

bat : bat**ted**   flip : flip**ped**   plan : plan**ned**

그러나 다음을 보라.

row : row**ed**   play : play**ed**   fix : fix**ed**
cook : cook**ed**   rain : rain**ed**   wait : wait**ed**

ⓓ 단모음과 단자음으로 끝나는 동사라 할지라도 주강세가 마지막 모음에 오지 않으면 자음을 반복하지 않는다.

bórrow : bórrow**ed**   énter : énter**ed**   vísit : vísit**ed**

☞ 특히 영국영어에서 ⓓ의 법칙에 대한 예외가 -l, -p, -s, -t로 끝나는 단어에서 종종 나타난다. 아래 단어에서 주강세가 첫 음절에 온다.

bias : biased/biassed   combat : combated/combatted

equal : equaled/equalled   focus : focused/focussed
handicap : handicapped   kidnap : kidnaped/kidnapped
travel : traveled/travelled   worship : worshiped/worshipped

ⓔ -c로 끝나는 동사는 어미가 -ck로 바뀐다.

mimic : mimic**ked**   panic : panic**ked**   picnic : picnic**ked**

ⓕ 그 외의 규칙동사에는 -ed 어미를 붙인다.

help : help**ed**   start : start**ed**   walk : walk**ed**
show : show**ed**   use : use**d**   wonder : wonder**ed**

(2) 발음

ⓐ [-d]나 [-t]로 끝나면 [-ɪd]로 발음된다.

batted [bætɪd]   concluded   decided
regretted   started   waited

ⓑ 모음과 [-d]를 제외한 유성 자음으로 끝나면 [-d]로 발음된다.

failed [feɪld]   cried   rained
showed   used   wondered

ⓒ [-t]를 제외한 무성 자음으로 끝나면 [-t]로 발음된다.

helped [helpt]   hoped   walked
cooked   fixed   laughed

(b) 불규칙 동사: 불규칙 동사에는 여러 가지 유형이 있다. 대표적인 불규칙 동사를 유형별로 나열하면 다음과 같다.

(1) 세 가지 형이 동일한 동사

원형	과거형	과거분사형
bet	bet/betted	bet/betted
cost	cost	cost
cut	cut	cut
hit	hit	hit
hurt	hurt	hurt
let	let	let
put	put	put
quit	quit/quitted	quit/quitted
read [ri:d]	read [red]	read [red]
set	set	set
shut	shut	shut
split	split	split
wed	wed/wedded	wed/wedded
wet	wet/wetted	wet/wetted

(2) 모음에서 차이가 나는 동사

원형	과거형	과거분사형
become	became	become
begin	began	begun
bind	bound	bound
bleed	bled	bled
come	came	come
dig	dug	dug
drink	drank	drunk
feed	fed	fed
fight	fought	fought
find	found	found
get	got	got/gotten
hang	hung	hung
hold	held	held
lead	led	led
light	lit/lighted	lit/lighted
meet	met	met
ring	rang	rung
run	ran	run
shine	shone	shone
shoot	shot	shot
sing	sang	sung
sink	sank	sunk
sit	sat	sat
speed	sped	sped
spin	span/spun	spun
spit	spat	spat
stand	stood	stood
stick	stuck	stuck
strike	struck	struck
swing	swung	swung
swim	swam	swum
understand	understood	understood
win	won	won
wind [waɪnd]	wound [waʊnd]	wound [waʊnd]

(3) 과거분사형이 [-n]으로 끝나는 동사

원형	과거형	과거분사형
arise	arose	arisen
awake	awoke	awaken
be	was/were	been
beat	beat	beaten
bite	bit	bitten
blow	blew	blown
break	broke	broken
choose	chose	chosen
do	did	done
draw	drew	drawn
drive	drove	driven
eat	ate [eɪt]	eaten [iːtn]
fall	fell	fallen
fly	flew	flown
forget	forgot	forgotten
forgive	forgave	forgiven
freeze	froze	frozen
give	gave	given
go	went	gone
grow	grew	grown
hide	hid	hidden
know	knew	known
ride	rode	ridden
rise	rose	risen
see	saw	seen
shake	shook	shaken
show	showed	shown
speak	spoke	spoken
steal	stole	stolen
take	took	taken
tear	tore	torn
throw	threw	thrown
wake	woke	woken
wear	wore	worn
write	wrote	written

(4) 과거형과 과거분사형이 처음 [-d] 또는 [-t]로 끝나는 동사

원형	과거형	과거분사형
bend	bent	bent
bring	brought	brought
build	built	built
burn	burnt	burnt
buy	bought	bought
catch	caught	caught
deal	dealt [delt]	dealt
dream	dreamt [dremt]/ dreamed	dreamt/ dreamed
feel	felt	felt
have	had	had
keep	kept	kept
lay	laid	laid
lean	leant/leaned	leant/leaned
learn	learnt/learned	learnt/learned
leave	left	left
lend	lent	lent
lose	lost	lost
make	made	made
mean	meant [ment]	meant [ment]
pay	paid	paid
say	said [sed]	said [sed]
sell	sold	sold
send	sent	sent
sleep	slept	slept
smell	smelled/smelt	smelled/smelt
spell	spelled/spelt	spelled/spelt
spoil	spoiled/spoilt	spoiled/spoilt
teach	taught	taught
think	thought	thought

☞ lay와 pay는 철자에 있어서는 불규칙동사이지만, 발음에 있어서는 규칙동사다

   lay : laid : laid   pay : paid : paid

(5) 혼동을 일으키는 동사들

ⓐ
원형	과거	과거분사
awake	awaked/awoke	awaked/awoken
wake	waked/woke	waked/woken
awaken	awakened	awakened
waken	wakened	wakened

이들은 자동사와 타동사로서 상호 교환해서 사용될 수 있지만, 이 동사들 중에 wake가 가장 흔히 쓰이며 종종 전치사적 부사 up과 함께 쓰인다.

I *woke* up three times in the night.
Please *wake* me (up) at 5:30.

waken은 문학작품에서 wake 대신 종종 사용된다.

The princess didn't *waken* for a hundred years.
Then the prince *wakened* her with a kiss.

awake와 awaken도 문학작품에서 종종 사용되는 단어로서 감정이나 인식의 각성을 의미할 때 자주 사용된다.

Her letter *awoke* old memories.
Old memories *awoke* in her when she read the letter.
The news *awakened* the country to the danger of war.

ⓑ
원형	과거	과거분사
find	found	found
found	founded	founded

They *found* the lost child.
The room was *found* empty, when they got there.

He *founded* the school in 1970.
Harvard University was *founded* by John Harvard in 1636.

ⓒ	원형	과거	과거분사
	lay	laid	laid
	lie	lay	lain
	lie	lied	lied

I *laid* the newspaper on the table.
A bird *lays* an egg.

The wounded soldiers were *lying* on the battleground.
I'm very tired; I must *lie* down.

It's not good to *lie* to your friend.
You *lied* to me when you said you loved me.

ⓓ	원형	과거	과거분사
	arise	arose	arisen
	raise	raised	raised
	rise	rose	risen

Difficulties will *arise* as we do our job.
I *raised* my finger to my lip as a sign for silence.
The river *rose* high after the heavy rain.

☞ arise는 '(사건, 곤란 등이) 일어나다, 발생하다'라는 뜻으로, rise는 '(해, 달 등이) 뜨다, (fall의 반의어로) 오르다, 상승하다'의 뜻으로 주로 사용된다. 시에서는 가끔 arise가 rise의 의미로 쓰이기도 한다. '아침에 일어나다'라는 뜻으로는 구어체인 get up이 있지만, arise는 시에서 가끔 같은 뜻으로 사용되기도 한다. rise도 좀 딱딱한 표현이지만 get up의 뜻으로 사용된다.

ⓔ 미국영어에서는 burn, dream, lean, learn, smell, spell, spill, spoil, (a)wake 등이 규칙동사로 사용된다. 영국영어에서는 quit와 wet가 규칙동사이지만 미국영어에서는 fit를 포함하여 quit와 wet가 일반적으로 불규칙동사로 사용된다.

(c) 용법

(1) 과거에 발생한 것으로서 현 시점과 단절된 행위, 현상, 사건, 습관 등을 말할 때

Mr. Jones *bought* a new house.
He *spent* all his childhood in Africa.
We *used to* play tennis very often.

(2) 시간이 명시적으로 주어질 때

I *met* Mr. Jones *yesterday*.
There *was* a haunted house on that hill, *when I was a boy*.

(3) 현 상황이 있게 한 원인을 묻거나 말할 때

Who *gave* you that hat?
The Chinese *invented* paper for the first time.
The boy's crying, because John *slapped* him on the cheek.

(4) 기대와 현실의 일치나 불일치를 말할 때

She's not as pretty as I *expected*.
He's much younger than I *thought*.
Please let us go as you *promised*.

(5) 가상적 행위나 상황을 나타내는 if, as if, as though, it is time, if only, wish, would sooner/rather와 함께

If I *dropped* this, it would explode.
He would buy her what she wants, ***if*** he *had* money.
He behaves ***as if*** he *was* the host.
He talks ***as though*** he *knew* everything.
It's time you *went* to bed.
Only if he *didn't* meet her.
I wish I *knew* the answer.
I'd rather/sooner she *went* by train.

2. 과거진행 (past continuous)

(a) 형태

be 동사의 과거형 + 동사의 현재분사형을 결합하여 만든다. be 동사의 과거형은 1인칭 단수와 3인칭 단수 주어와 일치하는 것과 그 외의 주어와 일치하는 것 두 가지가 있다.

I/He/She/It/The boy/The girl/The machine **was working**.
You/We/They/The boys **were working**.

(b) 용법

(1) 시작과 끝이 명확하지는 않지만 과거의 어느 시점에 일정 기간동안 진행된 행위나 사건을 말할 때

It *was getting* darker.
The wind *was growing* stronger.
At 7 o'clock, I *was having* supper.

(2) 과거시제의 동사를 포함하는 시간 절을 포함하는 문장

I *was watching* TV, when you *called* last evening.
When I *arrived*, Tom *was talking* on the telephone.

(3) 과거의 상황을 마음에 그리듯 기술할 때

A warm breath of wind *was blowing* from the south, and a dog *was sleeping* on the porch. A young man *was playing* the guitar and *was singing* to himself. . . .

(4) 간접화법에서 직접화법의 현재진행형을 표현할 때

He said, "I *am staying* at Hotel Lotte."
He said that he *was staying* at Hotel Lotte.

3. 과거완료 (past perfect)

(a) 형태

완료조동사 have의 과거형인 had + 동사의 과거분사형과 결합하여

구성한다.

I/You/He/It/They **had worked**.

(b) 용법

(1) 과거에서 시작하여 과거의 어느 시점에 완료된 것으로 여겨지는 행위나 사건 또는 상황을 말할 때

> When I met him, he *had been* in the army for thirty years.
> I didn't realize that we *had met* before.
> Mary *had* already *left* the city, when I arrived.

(2) 말하는 사람이 과거의 어느 시점에서 옛 것을 말할 때

> (John was fifteen when the story begins.) His mother *had died* two years before, and since then Tom *had lived* alone. . . .

(3) 과거의 두 행위가 일어난 순서를 표현하려고 할 때

> When he *had sung* his song, he sat down.
> They refused to leave until they *had eaten* all the food.

(4) 직접화법의 현재완료나 단순과거시제를 간접화법으로 바꿀 때

> He said, "I*'ve lived* in New York for twenty years."
> He said that he*'d lived* in New York for twenty years.
>
> He said, "I *knew* her well."
> He said that he **had known** her well.

(5) wish, as if, as though, if, only if와 함께

> *I wish* you *hadn't told* him.
> = I am sorry you told him.
> He talks/talked about Rome *as though* he *had been* there himself.
>
> ***Only if*** he *had listened* to his parents!
> *If* he *had seen* you, he would have helped you.

4. 과거완료진행 (past perfect continuous)

(a) 형태

완료조동사의 과거형인 had + be 동사의 과거분사형인 been + 동사의 -ing 분사형을 결합하여 구성한다.

*I/You/He/It/They **had been working***.

(b) 용법

(1) 과거 어느 시점까지 지속되고 있는 것으로 사료되는 행위나 상황을 말할 때

We *had been living* at a country house, before we moved in the apartment.
When I found her, it seemed that she *had been crying* for several hours.

(2) 장기적이거나 영구적인 상황에 대해서는 단순 완료형을 쓰고, 일시적인 상황에 대해서는 완료진행형을 쓴다.

I was very tired because I *had been standing* still for a long time.
She lived in an old mansion that *had stood* on the hill for about 500 years.

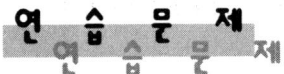

연습문제

I. 선행하는 조동사와 형태가 일치하도록 괄호 속에 주어진 동사를 고쳐라.

　[예] They are (open) <u>opening</u> the store right now.

1. She has (choose) _____ a fine young man as her husband.

2. The couple were (argue) _____ when I met them.

3. Everybody should (arrive) _____ before the conference begins.

4. Were the politician (permit) _____ to leave the country?

5. Are the dishes still (lie) _____ on the table?

6. All the windows of the building were (clean) _____ yesterday.

7. He would (appreciate) _____ if you keep quiet.

8. I have (mislay) _____ my suitcase somewhere.

9. She has (bring) _____ her children with her.

10. He didn't (do) _____ anything to help her.

II. 괄호 속에 주어진 조동사와 동사를 형태를 바꾸어 적절한 순서로 배열하라.

　[예] They (be, leave, will) <u>will be leaving</u> for Busan tomorrow afternoon.

1. He (have, will, leave) _____ the town long before we get there.

2. If I (be, have, offer) _____ the gift, I would have refused it.

3. I (have, must, sleep, be) _____ so soundly that I didn't hear the alarm.

4. He (live, be, have) _____ in the same house all his life.

5. Mr. Lee (have, should, go) _____ to the dentist, but he was too busy.

6. We (not, go, better, had) _____ to the movies, because it's raining very hard.

7. He told me that he (would, go, have, rather) _____ to prison than betray his friend.

8. She was reading the book which (have, give, be) _____ to her last Christmas.

9. If he had studied harder, she (have, could, pass) _____ the exam.

10. The man (have, ought, be, to, punish) _____ yesterday because of the damage he caused.

III. 문맥에 가장 적절한 양상 조동사를 골라라.

　　예 You (ⓒ) eat less if you wants to lose weight.
　　　ⓐ can　　　ⓑ will　　　ⓒ should　　　ⓓ could

1. If he were here now, the problem (　) be solved easily.
   ⓐ could　　　ⓑ will　　　ⓒ must　　　ⓓ may

2. She (　) have been in a great hurry because she left all the dishes on the table.
   ⓐ could　　　ⓑ will　　　ⓒ must　　　ⓓ may

3. (　) I help you carry those packages?
   ⓐ Will　　　ⓑ May　　　ⓒ Must　　　ⓓ Need

4. You ( ) not leave the door unlocked when you leave the house.
   ⓐ could   ⓑ will   ⓒ may   ⓓ should

5. I ( ) leave the party early last night, because I felt a bad headache.
   ⓐ had better   ⓑ had to   ⓒ must   ⓓ could

6. I can't find my umbrella anywhere; I ( ) have left it on the bus.
   ⓐ could   ⓑ will   ⓒ must   ⓓ can

7. Prof. Lee is busy now, but he ( ) be able to see you in a few minutes.
   ⓐ should   ⓑ could   ⓒ must   ⓓ can

8. We couldn't find the children; they ( ) have been kidnapped yesterday.
   ⓐ can   ⓑ might   ⓒ should   ⓓ will

9. The jury ( ) decide that she is really innocent even though there is much circumstantial evidence against her.
   ⓐ dare   ⓑ may   ⓒ must   ⓓ will

10. If I had known your address, the card ( ) sent to you at once.
    ⓐ will have been   ⓑ could be being
    ⓒ must have been   ⓓ would have been

IV. 밑줄친 부분과 의미가 가장 가까운 표현을 골라라.

   예) We have permission to leave the office as soon as we have finished our work. ⓓ
       ⓐ could   ⓑ will   ⓒ must   ⓓ can

1. He knows how to repair computers. ( )
   ⓐ can   ⓑ may   ⓒ must   ⓓ should

2. If you are willing to come with us, we shall be delighted. ( )
   ⓐ could   ⓑ will   ⓒ must   ⓓ may

3. He is advised to see the doctor as soon as possible. (　)
   ⓐ is used to　　ⓑ is to　　ⓒ had better　　ⓓ has to

4. You are allowed to park your car here today. (　)
   ⓐ may　　ⓑ will　　ⓒ must　　ⓓ used to

5. He had a habit of sitting in that chair for hours. (　)
   ⓐ might sit　　ⓑ had got to sit　　ⓒ would sit　　ⓓ ought to sit

6. It is possible for even monkeys to fall from trees. (　)
   ⓐ Even monkeys can　　ⓑ Even monkeys may
   ⓒ Even monkeys might　　ⓓ Even monkeys are able to

7. Perhaps he will be waiting at the station when we arrive. (　)
   ⓐ could　　ⓑ will　　ⓒ might　　ⓓ shall

8. You are prohibited from smoking inside the building. (　)
   ⓐ must not　　ⓑ cannot　　ⓒ will not　　ⓓ should not

9. Are you able to finish your homework without my help? (　)
   ⓐ Are you willing　　ⓑ Are you to　　ⓒ Must you　　ⓓ Can you

10. It is possible that what you told us is true. (　)
    ⓐ What you told us can be　　ⓑ What you told us might be
    ⓒ What you told us should be　　ⓓ What you told us must be

Ⅴ. 괄호 속에 있는 동사를 문맥에 맞게 단순현재형, 현재진행형, 현재완료형으로 바꾸어라.

1. I (believe) nothing he tells me. _____

2. Be quiet! I (try) to concentrate. _____

3. I (never meet) your friend John before. _____

4. 'Do you know what the book is about?'

'No, I (not read) it yet.' _____

5. He (take) the medicine the doctor prescribed. _____

6. Water (boil) at 100° C. _____

7. Don't take the magazine away. I still (read) it. _____

8. They (play) tennis every Sunday. _____

9. I just (find) the gloves I lost two days ago. _____

10. I (meet) him at 6 o'clock this afternoon. _____

VI. 괄호 속에 있는 동사를 문맥에 맞게 단순과거형, 과거진행형, 과거완료형으로 바꾸어라. 축약형을 사용하지 말라.

1. We (spend) our holiday in Hawai'i last year. _____

2. He asked us to be quiet. He ((a) try) to hear what the lady ((b) say).
   (a) _____   (b) _____

3. When I got there, everyone (already leave) the party. _____

4. More people have taken holidays abroad since the government (raise) the foreign allowance to tourists. _____

5. When Queen Victoria ((a) die) in 1901, she ((b) reign) for over sixty years.
   (a) _____   (b) _____

6. Who was that girl you ((a) talk) to when I ((b) pass) you in the street?
   (a) _____   (b) _____

7. What ((a) go on) in your house when I ((b) call) on you last night? I ((c) ring) the bell three times, but you ((d) not answer) the door.
   (a) _____   (b) _____
   (c) _____   (d) _____

8. We hardly ((a) recognize) each other, because we ((b) not meet) since we were quite young.
   (a) _____   (b) _____

9. When I ((a) leave) the airport, John still ((b) talk) to the customs official. He ((c) seem) to be having some difficulty over his passport.
   (a) _____   (b) _____
   (c) _____

10. If he (love) her, he would marry him.   _____

VII. 괄호 속의 동사를 가장 적절한 형태의 시제형으로 바꾸어라.

1. I wish you ((a) let) me know you would ((b) not be able) to come to dinner. I would certainly ((c) not go) to all this trouble if I ((d) know).
   (a) _____   (b) _____
   (c) _____   (d) _____

2. It ((a) look) as if the stove ((b) burn) on all night. I must ((c) forget) to switch it off before I ((d) go) to bed last night.
   (a) _____   (b) _____
   (c) _____   (d) _____

3. I know I ought to ((a) write) to you before, but I ((b) be) so busy recently that I ((c) not have) time for writing letters. I would ((d) telephone) you instead, but I ((e) forget) your address.
   (a) _____   (b) _____
   (c) _____   (d) _____
   (e) _____

4. It's a great pity you ((a) not come) to Danyang with us last Saturday. As ((b) never see) the cave before, it would ((c) be) a new experience for you.
   (a) _____   (b) _____

(c) _____

5. 'Mr. Lee ((a) not work) here for two years. ((b) Be) you sure you ((c) get) the right name?'

'Quite sure. He ((d) telephone) me only yesterday, and I would certainly ((e) not come) here if he ((f) not ask) me to.'

(a) _____   (b) _____
(c) _____   (d) _____
(e) _____   (f) _____

제 5 장
명사구: 명사와 그 수식어

5.0 명사구 (noun phrase, NP)

명사구는 일반적으로 그 핵인 명사와 이를 수식하는 표현으로 구성되며, 동사구와 더불어 문장을 구성하는 두 요소 중의 하나가 된다. 명사구는 문장 내에서 주어, 직접/간접 목적어, 전치사 목적어, 주격/목적격 보어, 동격구, 호격구 등으로 쓰인다.

The walls are painted white.	[주어]
The man liked *his new house*.	[직접 목적어]
He bought *his wife* a Christmas present.	[간접 목적어]
He deposited the money in *the bank*.	[전치사 목적어]
Mr. Smith is *an intelligent teacher*.	[주격 보어]
The committee elected Mr. Jones *chairman*.	[목적격 보어]
Mr. Bush, *president of the club*, gave a speech.	[동격구]
Mr. Kim, please come in.	[호격구]

명사를 수식하는 표현은 명사 앞에 올 수도 있고 뒤에 올 수도 있는데, 우리는 편의상 전자를 **선행 수식어**(premodifier)라고 부르고 후자를 **후행 수식어**(postmodifier)라고 부르기로 하겠다.

선행 수식어	명사 머리어	후행 수식어
the handsome	*boy*	*who is standing in the corner*

5.1 명사 (noun)

위의 예에서도 볼 수 있듯이 명사는 명사구의 머리어 또는 핵(head)으로서 명사구의 중요한 속성인 수(number), 성(gender), 격(case) 등을 결정한다. 명사는 다른 품사와는 달리 단수형과 복수형이 있으며 (book~books) 관사(article)를 가질 수 있는 것이 (예: the book~a book) 특징이다. 그러나 모든 명사가 이러한 속성을 가지고 있는 것은 아니다. 예를 들어, money, homework, harm, chess와 같은 명사는 복수형을 가지고 있지 않으며 부정관사(indefinite article)를 취할 수 없다 (예: *a harm/*a chess). 명사들 간의 이러한 차이를 설명하기 위하여 일반적으로 명사를 **고유명사**(proper noun)와 **보통명사**(common noun)로 분류한다.

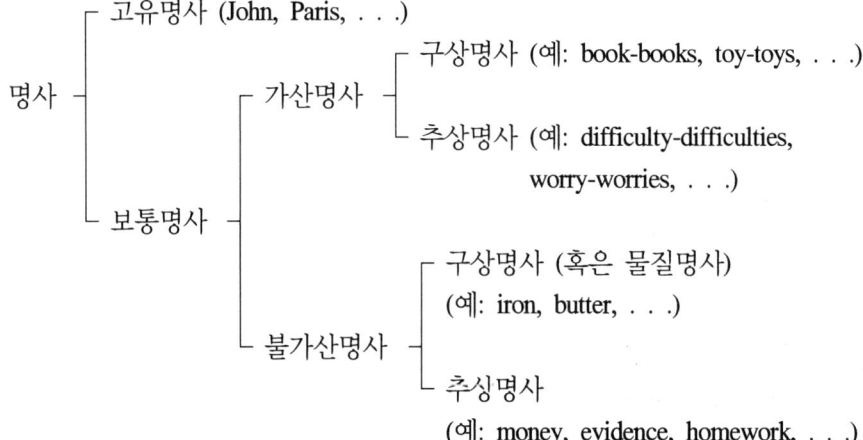

5.1.1 고유명사 (proper noun)

고유명사는 그 명칭이 말해 주듯이 일반적으로 이 우주 공간에 유일하게 존재하는 것으로 간주되는 고유의 대상을 가리킨다. 따라서 인명, 지리적 명칭, 국가명, 잡지명, 신문명 등이 여기에 속하지만, 일정한 주기에 따라 반복해서 나타날 수 있는 대상인 공휴일, 월명, 요일명 등도 고유명사에 속한다. 고유명사는 보통명사와는 달리 특별한 경우를 제외하고는 관사를 취하지 않으며 항상 **대문자**로 시작된다. 그러나 이것은 고유명사의 일반적 성향으로서 예외가 많다. 예를 들어 '우주, 해, 지구, 달, 세계' 등은 우주에 하나밖에 없는 존재이지만, 보통명사로서 쓰일 수 있으며, 이 경우에는 항상 정관사(definite article)와 함께 쓰인다 (예: the universe, the sun, the earth, the moon, the world). 그러나 태양계의 혹성의 하나로 말할 때는 관사 없이 대문자로 표기한다 (예: Mercury(수성), Venus(금성), Earth(지구), Mars(화성)).

5.1.2 보통명사 (common noun)와 가산성 (countability)

고유명사가 아닌 명사는 모두 보통명사에 속한다. 보통명사는 **가산명사**(count noun)와 **불가산명사**(non-count noun)로 나눌 수 있는데, 가산명사란 셀 수 있는 것으로서 **복수형**이 있는 명사이며, 불가산명사란 셀 수 없는 것으로서 복수형이 없는 명사를 가리킨다. 많은 경우에 명사의 가산성을 예측하는 것이 가능하지만 때로는 그 구별이 쉽지 않다. 예를 들어 house는 가산명사이고 water는 불가산명사라는 것을 쉽게 알 수 있지만, 영어에서 journey는 가산명사이고 (I wish you have a good journey) travel은 불가산명사라는 것을 (Information on travel in Korea is available at the hotel) 구별하기란 그리 쉽지 않다. 일반적으로 가산명사는 개체의 집합으로 정의하고, 불가산명사는 하나의 덩어리(mass)로 정의하지만 이 구분도 모호한 면이 많다. 우리가 추수하는 작물의 경우를 살펴보자. bean(s), pea(s), grape(s), potato(es) 등은 가산명사이지만, corn, rice, wheat, barley 등은 불가산명사다. 흔히 가산명사로 잘못 생각하는 명사와 상응하는 가산명사를 몇 가지 제시하면 다음과 같다.

불가산명사	가산명사
accommodation	a place to live
advice	a piece of advice
baggage	a piece of baggage; a case/trunk/bag
bread	a piece/loaf of bread; a loaf; a roll
chess	a game of chess
chewing gum	a piece of chewing gum
equipment	a piece of equipment; a tool
evidence	a piece of evidence
furniture	a piece/article of furniture
information	a piece of information
luggage	a piece of luggage; a case/trunk/bag
money	a note; a coin; a sum
poetry	a poem
rubbish	a piece of rubbish
travel	a journey/trip

5.2 명사의 수 (number)

영어의 명사에는 일반적으로 단수형(singular)과 복수형(plural)이 있다. 영어에서 명사가 단수형이냐 복수형이냐를 우리가 따지는 것은 단순히 '보통 가산명사'(common count noun)가 단수형과 복수형을 둘 다 가질 수 있다는 데만 있지 않다. 여러분들이 잘 알다시피 문장의 주어가 삼인칭 단수 명사구이고 동사의 시제가 현재이면 동사 끝에 -es 또는 -s 어미를 붙여야 한다. Be 동사의 경우는 이것이 인칭의 차이와 과거시제에까지 이어진다 (예: am~are~is (현재시제), was~were (과거시제)). 따라서 영어에서 명사(구)가 단수형인가 혹은 복수형인가는 문법적인 문장을 쓰는 데 매우 중요하다.

The girl arrives today. [단수 주어]
The girls arrive today. [복수 주어]

영문법에서 우리가 명사의 수를 고려해야 하는 또 다른 이유는 명사구를 대명사(pronoun)로 대치할 때 나타난다. 즉, 단수 대명사 he/she/it는 단수 명사구만을 선행사로 가질 수 있으며, 복수 대명사 they는 복수 명사구만을 선행사로 가질 수 있다.

The boy did ***his*** best to solve the problem.
The boys did ***their*** best to solve the problem.

5.2.1 단수형과 복수형

복수형을 만드는 방법에는 규칙적인(regular) 방법과 불규칙적인(irregular) 방법 두 가지가 있다.

1. 규칙적 복수형

규칙적 방법에 따르면 복수형은 단수형에 -s 또는 -es 어미를 붙여 만들며, 어미는 결합하는 명사의 마지막 음에 따라 [-ɪz]나 [-z] 또는 [-s]로 발음된다.

bus-bus*es*	hand-hand*s*	book-book*s*
bush-bush*es*	table-table*s*	cup-cup*s*
peach-peach*es*	toy-toy*s*	hat-hat*s*
[-ɪz]	[-z]	[-s]

(a) [-ɪz]로 발음되는 경우: -s, -x, -z, -ch, -sh로 끝나는 명사로서 마지막 음이 치찰음 [s, z, ʧ, ʤ, ʒ, ʃ]로 발음 될 경우. 그러나 -ch로 끝나는 단어가 [k]로 발음될 경우에는 -s를 붙이며 (예: monarch-monarch*s*, stomach-stomach*s*), 복수 어미의 발음도 [-s]로 발음된다.

(b) [-z]로 발음되는 경우: 명사의 마지막 음이 유성음(즉, 모든 모음과 유성 치찰음을 제외한 모든 유성자음 [b, d, g, m, n, l, r, v, ð, ŋ])으로 끝나는 경우

(c) [-s]로 발음되는 경우: 명사의 마지막 음이 무성음(즉, 무성 치찰음을

제외한 모든 무성자음 [p, t, k, f, θ])으로 끝나는 경우

☞ 철자상의 차이는 있지만 –s 또는 –es 어미가 붙는 경우가 영어에는 명사의 복수형 외에도 세 가지가 더 있으며, 이들은 모두 위에서 논의한 발음 법칙을 따른다.

유형＼발음	[-ɪz]	[-z]	[-s]
소유격 명사	James's	the boy's	Mark's
3인칭 단수 현재 동사	catches	runs	likes
is와 has의 축약형	the match's	the man's	it's

☞ 규칙적 복수형의 철자상의 유의 사항: 복수 어미를 붙이는 데는 몇 가지 유의할 점이 있다.

(a) -es 복수형: 단수형에 -es를 붙여 복수형을 만든다.

(1) -s, -x, -z, -ch, -sh로 끝나는 명사로서 발음이 치찰음 [s, z, tʃ, dʒ, ʒ, ʃ]로 발음 될 경우

  glass-glasses   box-boxes
  church-churches   dish-dishes

(2) 자음+y로 끝나는 명사는 y를 i로 바꾼 다음 그 뒤에 -es를 붙인다.

  baby-babies country-countries lady-ladies

그러나 모음+y로 끝나는 명사에는 -s를 붙인다.

  boy-boys donkey-donkeys day-days

(3) -f(e)로 끝나는 단음절 명사의 경우 f를 v로 바꾼 다음 그 뒤에 -(e)s를 붙인다.

  knife-knives   leaf-leaves
  wife-wives   thief-thieves

그러나 다음절 단어를 포함하여 단순히 -s를 붙이는 복수형도 있다.

belief-beliefs   sheriff-sheriffs
chief-chiefs   staff-staffs

다음 단어들은 -fs형과 -ves형 둘 다 가능하다.

dwarf-dwarfs-dwarves   hoof-hoofs-hooves
scarf-scarfs-scarves   wharf-wharfs-wharves.

(4) -o로 끝나는 명사 중에 어떤 것들에는 -es를 붙인다. 그러나 모음+o로 끝나는 단어와 음악과 관련이 있는 단어를 비롯하여 어떤 단어에는 -s를 붙인다. 어떤 단어들은 두 가지 형을 모두 허용한다.

단수	복수 (-es)	단수	복수 (-s)
hero	heroes	radio	radios
echo	echoes	zoo	zoos
negro	negroes	concerto	concertos
potato	potatoes	piano	pianos
tomato	tomatoes	soprano	sopranos
		solo	solos
cargo	cargo(e)s	photo	photos
mosquito	mosquito(e)s	commando	commandos
volcano	volcano(e)s	zero	zeros

(b) -th로 끝나는 단어 중에 복수어미가 붙으면 무성음 [θ]가 유성음 [ð]로 바뀌는 것이 있다.

mouth [mauθ]-mouths [mauðz]
youth [ju:θ]-youths [ju:ðz]

그러나 다음 단어들은 [-θs]와 [-ðz]가 둘 다 가능하다.

baths   oaths   paths   truths   wreaths

☞ house[haʊs]는 복수어미가 붙으면 houses[haʊzɪz]로 발음된다.

2. 불규칙 복수형

(a) -en를 붙이거나 단수형의 모음을 바꾸는 방법이 있다.

단수	복수
child	children
ox	oxen
brother	brothers/brethren
man	men
woman	women
mouse	mice
foot	feet
goose	geese
tooth	teeth

(b) 외래어의 복수형: 많은 외래어들이 원래의 복수형을 유지하고 있다.

단수형	복수형	예
-us	-i	stimul*us*-stimul*i*, radi*us*-radi*i*
-a	-ae	formul*a*-formul*ae*, larv*a*-larv*ae*
-um	-a	medi*um*-medi*a*, strat*um*-strat*a*
-is	-es	analys*is*-analys*es*, cris*is*-cris*es*
-on	-a	criteri*on*-criteri*a*, phenomen*on*-phenomen*a*
-ex/ix	-ices	append*ix*-append*ices*, vort*ex*-vort*ices*

☞ 외래어 중에는 원래의 복수형과 더불어 규칙적인 복수형이 쓰이는 경우가 자주 나타난다: appendixes, formulas, mediums, radiuses.

(c) 복수형 단수명사: -s로 끝나는 명사로 특별한 경우를 제외하고는 단수로 쓰이는 명사로는 다음과 같은 종류가 있다.

news, means, crossroads, headquarters
measles, mumps 등 [병명]
linguistics, mathematics 등 [학문명]

billiards, darts 등 [놀이명]
Athens, Naples [고유명사]

(d) 단수형 복수명사: 형태는 단수형이면서 복수의 뜻으로 쓰이는 명사(구)들을 몇 가지 예를 들면 다음과 같다.

John has *20 cattle* on his farm.
Many clergy were present.

☞ 이외에도 police, people, vermin 등이 있으며, '정관사 + 형용사' 구조가 사람을 가리킬 때는 항상 복수로 쓰인다.

Only *the brave deserve* the prize.
The rich are not always happy.

☞ '정관사+형용사' 구조가 추상적인 뜻을 가지면 단수로 쓰인다 (the beautiful (아름다움), the evil (악), the good (선)).

(e) 단수형 단-복수명사: 여기에 속하는 명사를 일명 집합명사(collective noun)라고도 부른다. 구성원의 집단을 강조할 때는 단수로 쓰이고 집단의 구성원을 강조할 때는 복수로 쓰인다. 여기에 3가지 종류가 있다.

(1) 특수 목적의 집단: army, bank, choir, class, club, committee, crew, family, firm, government, herd, jury, orchestra, party, public, school, staff, team, union 등.

This team is/are going to lose the game.
The committee was/were discussing the proposal.

(2) 사회적 계급: aristocracy, bourgeoisie, elite, intelligentsia, proletariat 등이 있으며 정관사와 함께 쓰이는 것이 일반적이다.

(3) 고유명사: the Arab League, (the) Congress, the Kremlin, the Papacy, the United Nations, the United States 등.

(f) 항상 복수로 쓰이는 명사

binoculars, clothes, glasses, goods, groceries, jeans, pants, pajamas, regards, remains, scissors, shorts, spectacles, thanks, trousers 등.

(g) 단수형과 복수형이 같은 명사

aircraft, spacecraft, offspring, dice, sheep, fish, deer

☞ -ese 또는 -ss로 끝나는 국민을 가리키는 고유명사는 단복수형이 같다.

| Burmese | Chinese | Japanese | Lebanese |
| Portuguese | Vietnamese | Swiss | |

(h) -'s를 붙이는 복수형: 문자, 시대, 약자를 복수로 만들 경우 종종 쓰인다.

He spelt 'necessary' with two *c's*.
I loved *the 1960's/the 1960s*.
There are too many *Ph.D.'s/Ph.D.s* graduating every year.

☞ 공식적인 글에서 축약형을 반복함으로써 복수를 표시한다.

p ('page') : *pp* ('pages')
c ('copy') : *cc* ('copies')
f ('the following unit') : *ff* ('the following units')

(i) 복합명사의 복수: 일반적으로 복합명사의 마지막 요소에 -s 접미사를 붙인다.

baby-sitter*s*　　　　bedroom*s*　　　　grown-up*s*
onlooker*s*　　　　good-for-nothing*s*

(1) 동사+부사에서 도출된 명사+부사형 복합명사의 경우에는 복수 접미사가 명사에 붙는다.

looker*s*-on　　　　passer*s*-by　　　　runner*s*-up

(2) 명사+전치사구형 복합명사의 경우에는 복수 접미사가 명사에 붙는다.

fathers-in-law   sons-in-law   sisters-in-law
grants-in-aid

☞ 어떤 표현은 두 가지 복수형을 가지며, 어떤 표현은 두 성분 모두가 복수가 된다.

court-martials ~ courts-martial
woman doctor ~ women doctors

5.2.2 불가산명사와 부분사 (partitives)

우리는 부분사를 사용하여 불가산명사에도 가산성(countability)을 부여할 수 있다. 부분사에는 모든 불가산명사와 두루 쓰이는 일반(general) 부분사와 특별한 명사와만 결합할 수 있는 특수(special) 부분사가 있다.

1. 일반 부분사: a piece of, pieces of, a bit of, bits of

    a *piece* of/a *bit* of/some *pieces* of/three *pieces* of . . . + bread/butter/information/evidence/advice/news. . .

2. 특수 부분사: 결합하는 명사가 제한된다.

    a *bar* of chocolate/soap
    a *blade* of grass
    a *block* of ice
    a *bunch* of flowers
    a *cup* of coffee/tea
    a *glass* of water/whiskey/beer
    a *loaf* of bread
    a *lump* of coal/sugar
    a *pack* of cigarettes/cards
    a *sheet* of paper/stamps

a *slice* of bread/cheese/cake/meat/paper
a *stick* of dynamite/chalk
a *suit* of clothes

☞ a grain of, a breath of, a scrap of 등은 부정적(negative) 표현과만 쓰인다.

There's *not a grain of* truth in his claims.
There has*n't* been *a breath of* air all day.

☞ 명사에 따라서는 가산과 불가산명사 두 범주에 모두 속하는 것이 있으며, 이들은 일반적으로 의미의 차이를 보인다.

We had *chicken* for dinner.
There were many *chickens* in the yard.

This is a poem of great *beauty*.
She is a great *beauty*.

Do you have any *coffee*?
Could I have two *coffees*?

We have plenty of *time*—don't hurry.
Did you have a good *time* last night?

He doesn't have enough *experience* for the job.
We had a really strange *experience* in the mountain.

5.3 명사의 성 (gender)

불어나 독어와는 달리 영어에서 명사의 성은 자연의 성(sex)과 거의 일치한다. 따라서 단어의 의미를 알면 그 단어의 성을 구별하는 것이 어렵지 않다. 문법에서 명사의 성을 구별 짓는 가장 큰 이유는 영어에 남성(masculine) 대명사 he와 여성(feminine) 대명사 she가 있기 때문이다.

1. 성이 대조되는 명사

남성: father, son, uncle, brother, man, king, bull, monk
여성: mother, daughter, aunt, sister, woman, queen, cow, nun

2. 특별한 어미로 남성 명사와 여성 명사가 구별되는 경우

남성	여성
police*man*	police*woman*
English*man*	English*woman*
French*man*	French*woman*
act*or*	act*ress*
bride*groom*	bride
duke	duch*ess*
heir	heir*ess*
hero	hero*ine*
host	host*ess*
prince	princ*ess*
steward	steward*ess*
waiter	waitr*ess*
widow*er*	widow

(a) 많은 명사들은 남성과 여성에 공히 쓰인다.

　　doctor, nurse, secretary, student, teacher

☞ 이러한 단어들을 성적으로 구별해야 할 필요가 있을 경우에는 복합어를 사용한다.

　　female student, *male* nurse, *woman* doctor (복수형: women doctors)

(b) chairman, spokesman 등의 단어는 남여에 공히 사용되었으나 여성 명사 chairwoman, spokeswoman이 새로이 도입되었고, 남성과 여성을 공히 가리키는 chairperson, spokesperson이 널리 사용되고 있다.

(c) man과 mankind는 전통적으로 전 인류를 지칭하는 단어였다. 따라서 인류 최초로 달에 발을 디딘 Neil Armstrong은 다음과 같이 말했다.

That's one small step for a *man*, one giant leap for *mankind*.

어떤 사람들은 man과 mankind의 이러한 용법을 성차별적이라고 하여, 대신에 people, humanity, the human race와 같은 표현을 쓸 것을 주장한다. 따라서 man-made fabrics 대신에 synthetic fabrics를 점점 더 많이 사용하는 것도 성차별적 용법이라는 비난을 피하려는 것이라고 할 수 있다.

☞ 같은 맥락에서 여성의 결혼 여부를 나타내는 Mrs.와 Miss 대신에 남성의 Mr.에 상응하는 ([mɪz]로 발음되는) Ms.라는 표현이 1950년대에 등장했다.

(d) 사람들은 때때로 자동차, 배, 국가 등을 여성으로 지칭하기도 한다.

John bought a new *car*. *She*'s running beautifully.
The *ship* couldn't move, because *she*'s struck a rock.
Korea increases *its/her* trade with China every year.

5.4 명사의 격 (case)

다음 장에서 공부하게 될 대명사와는 달리 영어의 명사는 (전통적으로 소유격(possessive case)이라고 부르는) 속격(genitive case)형을 제외하고는 문장의 어느 위치에 나타나든 그 형태가 모두 동일하다. 다음의 예를 비교해 보라.

He likes *her*.
She likes *him*.

The man likes *the woman*.
The woman likes *the man*.

위의 예에서 볼 수 있듯이, 대명사는 주격(nominative case)형과 목적격(objective case)이 다르지만, 명사(구)는 주어 위치에 오든 목적어 위치에 오든 동일한 형태를 취한다.

1. **단수명사의 속격:** 단수명사의 속격형은 -'s 어미(아포스트로피 에스라고 읽는다)를 붙여 만든다.

    the boy's hat   *Bill's* coat
    the cook's apron   *Charles's* daughter

    (a) -s로 끝나는 외래명에는 일반적으로 아포스트로피만 붙인다.

    Socrates' philosophy   *Moses'* Ten Commandments

    비록 외래명이 아닐지라도 -s로 끝나는 유명인의 이름에는 아포스트로피만 붙일 수도 있다.

    Dickens'(s) novels   *Keats'(s)* poems   *James'(s)* works

    그러나 보통 사람의 이름 다음에는 일반적으로 -'s가 붙는다.

    Mr. Burns's car   *Ross's* house

    ☞ 속격어미 -'s의 발음은 5.2.1에서 논의한 복수 명사의 발음과 같다.

    (b) *for . . . -'s sake*구의 속격형: 치찰음으로 끝나는 보통명사 다음에는 아포스트로피만 붙고, 그 밖의 보통명사와 고유명사에는 -'s 어미가 붙는다.

    for goodness' sake   *for peace'* sake
    for God's sake   *for Jones's* sake

    (c) 복합명사와 구에도 -'s 어미를 붙여 속격을 만들 수 있다.

    someone else's coffee   *in an hour or so's* time
    his father-in-law's letter   *my wife-to-be's* raincoat
    the Queen of England's crown   *the President of France's* visit

    ☞ John and Mary's car는 두 사람이 하나의 자동차를 공동으로 소유하고 있음을

의미하고, John's and Mary's cars는 두 사람이 따로 자동차를 소유하고 있음을 의미한다.

2. **복수명사의 속격**: -s 복수어미를 가진 명사에는 아포스트로피만을 붙이고, 그 외의 명사에는 -'s 어미를 붙인다.

    the girls' dresses   *the students'* friends
    the children's toys   *a women's* hospital

☞ 복수어미 –s를 복합어 끝에 갖지 않는 복합명사는 속격형을 만들 수 없다.

    father-in-law   fathers-in-law   *fathers-in-law's
    baby-sitter   baby-sitters   baby-sitters'

3. **속격의 의미와 용법**

  (a) 속격의 의미: X's Y의 구조를 가진 명사구에서 머리어인 명사(Y)는 자신을 수식하는 속격명사(X)와 다양한 의미관계를 갖는다.

    (1) 소유관계

      Mr. Lee's shoes   Mr. Lee owns this pair of shoes.

    (2) 주어-보어관계

      the soldier's courage   The soldier is courageous.

    (3) 주어-동사관계

      the President's decision   The President decided . . .

    (4) 목적어-동사관계

      the prisoner's release   . . . released the prisoner.

    (5) 근원관계

      Professor Lee's letter   The letter is from Professor Lee.

(6) 정의관계

Children's clothes	The clothes are designed for children.
a women's university	A university is open for women.

(b) 속격의 용법: 우리는 X's Y의 구조를 같은 의미를 가진 the Y of X의 구조로 바꿔 쓸 수 있다.

every teacher's role ~ the role *of every teacher*
the poor people's welfare ~ the welfare *of the poor people*

두 구조 중에 어느 것을 사용할 것인가에 대해 몇 가지 조건을 생각해 보자.

(1) 다음의 조건은 절대적인 것이 아니며 단지 X's Y의 구조가 선호되는 조건이다.

ⓐ X가 사람, 동물, 기관 등을 가리킬 경우

my aunt's birthday   ***Mary's*** hands   ***the girls'*** teacher
a bird's nest   ***the government's*** policy   ***the audience's*** response

ⓑ X와 Y가 소유관계를 가질 경우

my teacher's house   ***a mosquito's*** eye   ***Mr. Hefner's*** mansion

ⓒ X가 사물을 가리킬 경우에는 일반적으로 속격이 사용되지 않지만, 시간이나 거리 또는 장소를 의미하는 명사의 경우 속격을 사용한다. 이 표현들에는 상응하는 the Y of X이 없는 경우가 있다.

We postponed *next **Friday's** meeting* (= the meeting next Friday).
The soldiers haven't had ***a moment's*** rest (= a rest for a moment).
A bullet passed by at least at ***a yard's*** distance (= at a distance of a yard) from where I stood.
This is ***the city's*** tallest building (= the tallest building in the city).

☞ 종종 고정된 표현에서 속격형이 사용된다.

at arm's length (팔을 뻗으면 닿는 곳에)   a needle's eye (좁은 문)
(save) one's skin (무사히 도망치다)   a pin's head (매우 작은)
bull's eye (표적의 중심)   sheep's eyes (추파)

☞ ship's는 다양한 단어들과 결합할 수 있다.

a ship's cabin   *the ship's* captain   *the ship's* doctor

ⓓ 주어-동사 관계를 가질 경우 속격을 사용할 수 있으나 of-구도 또한 자연스러운 표현이다.

The train's arrival/***The*** arrival ***of the train*** has been delayed.
The nation's development/***The*** development ***of the nation*** depends on her economic policy.

☞ X가 주어이고 Y가 동사이며 Z가 목적어인 X's Y of Z 구문이 가능하다 (5장 7절을 보라).

The enemy's destruction of the city.
← The enemy destroyed the city.

Newton's discovery of the laws of motion.
← Newton discovered the laws of motion.

ⓔ Y가 집, 상점, 병원, 회사, 교회 등을 가리킬 때 종종 생략될 수 있다.

We spent our summer vacation at ***Peter's***.
Old St. Paul's was burnt down in 1666.
She went to ***the baker's*** to pick up a loaf of bread.

☞ 같은 맥락에서 Y의 의미를 맥락에 의해 알 수 있을 경우 Y를 생략할 수 있다.

The car is ***John's*** (= John's car).
Whose passport is that? It is ***Mary's***.

4. 이중 속격 (double genitive): John's picture는 'John이 소유하고 있는 사진'이라는 의미와 'John이 찍힌 (즉, John이 picture의 목적어로 이해되는) 사진'이라는 의미를 지닌다. 이러한 중의성을 피하기 위해서 우리는 후자의 의미만을 지닌 표현으로 a picture of John이라는 표현을 쓰고, 전자의 의미만을 지닌 표현으로 이중 속격구문인 a picture of John's라는 표현을 사용한다. 따라서 a picture of John's는 one of John's pictures와 같은 의미를 갖는다. Y of X's 구조에서 X는 특정의 사람에 국한되며, Y는 단수인 경우에 **소유격 한정사**를 제외한 한정사의 수식을 받아야 하며 복수인 경우에 수식어 없이도 쓰일 수 있다.

(한정사 + 수식어) + 명사(Y) + of + 소유격(X' s)

I gave John *an old jacket of **my brother's***.
This is *that picture of **Mr. Baldwin's*** that we're talking about.
His illness is *no fault of **the doctor's***.

We share the apartment with *friends of **John's***.
She donated *some rare books of **her late husband's*** to the library.

☞ *the friend of Kim's는 Kim's friend가 있으므로 불가능하지만, 제한적 관계절과 같은 수식을 받으면 가능하다.

The company decided to hire **the friend of Mr. Kim's** *that we met in Busan*.

☞ X와 Y의 관계를 강조할 때는 종종 소유격이 생략된다.

Mary is *a cousin of the President*. ('대통령의 여러 사촌들 중의 한 사람'이라는 것보다 '대통령의 사촌'이라는 것을 뜻한다.)
Mr. Smith is *a friend of my father*.

5.5 선행 수식어 (premodifier)

　명사구는 제한된 경우를 제외하고는 반드시 명사를 그 머리어로서 가지며, 명사구의 머리어인 명사는 자신의 앞과 뒤에 수식어(modifier)를 가질 수 있다. 명사를 앞에서 수식하는 표현을 '선행 수식어'(premodifier)라고 부르고, 뒤에서 수식하는 표현을 '후행 수식어'(postmodifier)라고 부른다. 먼저 우리는 여기서 선행 수식어에 대해서 생각해 볼 것이며, 선행 수식어는 한정사 선행어(predeterminer), 한정사(determiner), 제한적 수식어(attributive modifier)로 나누어 생각하는 것이 편리하다.

선 행 수 식 어			머 리 어
한정사 선행어	한 정 사	제한적 수식어	
all	*the*	*intelligent*	students

5.5.1 한정사 (determiner)

　가장 대표적인 한정사는 관사(article)이며, 관사 외에 한정사에는 소유격(possessive), 의문사(interrogative), 지시사(demonstrative), 양화사(quantifier)가 있다. 다음 도표는 이들이 가산명사, 불가산명사와 어떻게 결합하는가를 보여준다.

한정사의 유형		가산명사		불가산명사
		단수	복수	단수
관사	정	the pen	the pens	the coffee
	부정	a pen	pens	coffee
소유격		my pen John's pen	my pens John's pens	my coffee John's coffee
지시사		this pen that pen	these pens those pens	this coffee that coffee
양화사		some pen any pen no pen	some pens any pens no pens several pens enough pens	some coffee any coffee no coffee enough coffee
		every pen each pen either pen neither pen one pen another pen		
의문사		what pen which pen whose pen whatever pen whichever pen	what pens which pens whose pens whatever pens whichever pens	what coffee which coffee whose coffee whatever coffee whichever coffee

☞ 우리가 위의 도표에서 여러 범주의 표현들을 '한정사'라는 범주로 묶은 것은 이들이 같은 위치에 함께 나타날 수 없기 때문이다. 따라서 다음과 같은 표현은 영어에서 허용되지 않는다.

*a the book *our some friends *each these books
*his enough pen *any whose pens *my this house

☞ 관사 등 몇몇을 제외하고 대부분의 한정사가 대명사로 쓰일 수 있기 때문에, 이들에 대한 설명이 대명사 부분과 중복되는 경우가 있다는 점에 유의하기 바란다.

1. 관사 (article)

위의 도표에서 볼 수 있듯이 영어에는 부정관사(indefinite article) a/an과 정관사(definite article) the가 있다. 부정관사는 어떤 부류나 집단에 속하는 하나의 불확정 구성원을 의미한다. 이런 의미에서 부정관사는 확정된 대상을 가리키는 정관사와 대조를 이루며, 나아가서 관사를 포함하여 어떠한 한정사도 없는 영의 관사(zero article)와도 대조를 이룬다.

☞ 자음으로 시작하는 단어 앞에서는 부정관사 a가 쓰이고, 모음으로 시작하는 단어 앞에는 an이 쓰인다.

  a [ə]: *a* book, *a* union, *a* young girl
  an [ən]: *an* idea, *an* hour, *an* honest man

☞ 자음으로 시작하는 단어 앞에서는 정관사 the가 [ðə]로 발음되고, 모음으로 시작하는 명사 앞에서는 [ði]로 발음된다.

  the [ðə]: *the* book, *the* university, *the* young girl
  the [ði]: *the* idea, *the* hour, *the* honest man

2. 고유명사와 관사

  (a) 고유명사와 영의 관사

    (1) 인명

      직함과 함께 쓰이는 경우: Dr. Zhibago, General MacArthur, President Kennedy
      직함이 없이 쓰이는 경우: John Smith, Mary O'connor, Bill, Shakespeare

  ☞ 아버지, 어머니 등도 유일한 존재로서 관사가 없이 고유명사처럼 쓰인다 (예: Father/Daddy/Dad is here. Mother/Mommy/Mom will come on Saturday.). 고유명사도 보통명사처럼 부정관사나 복수형을 가질 수 있는데, 이 경우에는 뜻이 달라진다 (예: a Shakespeare (섹스피어와 같은 작가), Shakespeares (섹스피

어와 같은 작가들)). '가문'을 뜻할 때는 복수형이 되고 정관사를 취한다 (예: the Lees, the Smiths).

(2) 지리적 명칭

ⓐ 대륙: Asia, (North) America, (Central) Australia

☞ the Americas (미대륙), the Arctic (북극권), the Antarctic (남극권) 등에서는 관사를 취한다.

ⓑ 국가: England, (North) Korea, (modern) Brazil

☞ the Congo, the Netherlands (단수 취급), the Sudan, the Balkans = the Balkan States (발칸 제국) 등에서는 정관사를 쓴다.

ⓒ 도시: (downtown) Seoul, (ancient) Rome

☞ the Hague, the Bronx, the Chicago I like (시카고에서 내가 좋아하는 부분) 등에서는 정관사를 쓴다.

ⓓ 호수: Lake Michigan, Salt Lake
　　산: Mount Everest, Mont Blanc, Mount Baekduw

☞ 명칭+(궁성, 사원, 거리, 광장, 시설, 기구 등의) 보통명사로 이루어진 고유명사에도 일반적으로 관사가 쓰이지 않는다.

Changduk Palace, Oxford Street, Fifth Avenue, Times Square, Kennedy Airport, Central Park, London University, Sogang University, Incheon International Airport.

(3) 공휴일명, 월명, 요일명

Christmas (Day), Easter (Sunday), Independence Day

January, February . . .
Monday, Tuesday . . .

☞ 이들은 모두 제한적 수식어를 동반하면 정관사를 필요로 한다: during the Easter of that year, in the next January, on the first Sunday of September.

(4) 잡지명, 정기 간행물 명칭

Time, Newsweek, English Language Teaching

☞ the Reader's Digest는 관사를 동반한다.

(b) 고유명사와 정관사

(1) 지리적 명칭

the Soviet Union, the United States of America	[연방 국가]
the Republic of Korea, the Kingdom of Thailand	[보통명사 + of + 국가]
the City of Seoul, the City of New York	[보통명사 + of + 도시]
the Taebaek Mountains, the Rockies	[산맥]
the Philippine Islands, the West Indies	[군도]
the Great Lakes, the Finger Lakes	[호수군]
the Mississippi (River), the Pacific (Ocean), the Suez (Canal), the Sahara (Desert), the Korean Strait	[강, 바다, 운하, 사막, 해협]

(2) 공공 기관, 건물, 시설 명칭

ⓐ 대학: the University of Hawaii, the University of Notre Dame

☞ Harvard University, Sogang University에서처럼 대학명이 먼저 나타나면 관사를 쓸 수 없다.

ⓑ 건물: the Empire State Building, the Civic Auditorium

☞ Carnegie Hall, King Sejong Cultural Center 등에서는 관사를 쓰지 않는다.

ⓒ 호텔, 박물관, 다리, 도서관: the Ambassador Hotel (= Hotel Ambassador), the London Museum, the Golden Gate Bridge, the Library of Congress

(3) 신문명: the New York Times, the Chosun Ilbo, the Economist

(4) 역사적 사건이나 기간: the Yi Dynasty, the Renaissance, the French Revolution, the Korean War

3. 보통명사와 관사 (article)

보통명사와 관사의 결합 관계 자체는 매우 간단하다. 부정관사(indefinite article) a/an은 불가산명사나 복수형 명사와 함께 쓰일 수 없다. 이에 반하여 단수 가산명사는 항상 관사와 함께 쓰이며, 정관사는 모든 형태의 명사와 함께 쓰일 수 있다.

	가산명사	불가산명사
단수형	the pen a pen *pen	the ink ink *inks, *an ink
복수형	the pens pens	

그러나 관사의 실제적인 용법은 영문법에서 가장 배우기 어려운 부분으로서 어떠한 영문법에서도 이 문제를 간단명료하게 완전히 설명하고 있지 못하다. 여기서도 극히 일반적인 몇 가지 법칙에 대해서만 논하기로 하겠다.

(a) 보통명사와 부정관사 (a/an)

(1) 부정관사는 어떤 부류나 집단에 속하는 하나의 불확정 구성원이나 부류 또는 집단 전체를 가리킬 수 있다.

***A* dictionary is *a* book** that tells us about the meanings of words.

There are no easy ways of learning *a foreign language*.

(2) 부정관사는 특히 be 동사 다음에 오는 직업을 가리키는 명사와 함께 쓰인다.

He's *a doctor*. (*He's doctor.)
I'm *an engineer*. (*I'm engineer.)

(3) 처음으로 언급되는 대상에는 부정관사를 쓴다. 그러나 같은 대상을 다시 언급하게 되면 정관사 the를 쓴다.

The old lady bought *a beautiful boat*.
But *the boat* needs some repairing.

An old man and *a young lady* lived in that house.
The lady sold the house, as soon as *the old man* passed away.

(4) 부정관사 a/an은 'one'을 의미하므로 'two, three, . . .' 등과 대조를 이룬다.

He ordered *a* glass of beer and *two* cups of tea.
We lived in Seoul for *a* year/*five* years.

☞ 일반적으로 숫자 앞에서 one 대신에 부정관사 a를 쓴다: a half, a dozen, a hundred.

(5) 수량이나 빈도를 나타내는 표현에서 부정관사 a/an은 'per, every'(. . . 마다)의 의미를 갖는다.

She takes a shower *once **a** day/twice **a** week/six times **a** year*.
= She takes a shower *once **per** day/twice **per** week/six times **per** year*.
= She takes a shower *once **every** day/twice **every** week/six times **every** year*.

We pay *a thousand dollars **a** month* for the apartment.
She eats *an apple **a** day* for her skin.
The boat is travelling *fifty miles **an** hour*.

☞ 간격(interval)이 두 단위 이상일 경우에는 every만을 사용한다.

I see her *(once)* ***every*** *two months/three weeks/ten days.*
There'll be a meeting *twice **every** six months.*
Change the oil ***every*** *5,000 kilometers.*

☞ 'every + 기수'를 'every + 서수'로 바꾸어 쓸 수 있다.

I see her *(once)* ***every*** ***two** months/**three** weeks/**ten** days.*
~ I see her *(once)* ***every* second** *month/**third** week/**tenth** day.*

John visits us *every **two** days.*
= John visits us *every **second** day.*
= John visits us *every **other** day.*

John visits us *every **second/other** Sunday.*

☞ every는 종종 부사적 표현과 결합할 수 있다.

every now and then/again   *every* so often
every once in a while   *every* here and there

(6) 부정관사는 수량을 나타내는 명사와 함께 나타난다.

***a** bit* (of), ***a** great/good deal of*, ***a** few (of)*, ***a** good/great many*, ***a** little (of)*, ***a** (good/great/large) number (of)*, ***a** lot (of)* 등

A rat ate just ***a** bit* of cheese.
A number of employees protested against their poor working conditions.
A great many people took the street to support the new law.

☞ a bit, a little 등은 정도부사로 쓰일 수 있다.

John felt *a bit* tired after he took a walk.

(7) 부정관사는 유형을 의미하는 kind와 type 그리고 piece, cup 등 부분사와 함께 쓰인다 (5장 1.3절을 보라).

a kind of chair (*a kind of a chair)
a type of car (*a type of a car)
a piece of cheese
a cup of coffee

(b) 보통명사와 정관사 (the)

(1) 맥락에 의해 혹은 이미 앞에서 언급됨으로써 청자가 어느 대상을 가리키는지를 알고 있다고 생각될 경우 정관사를 쓴다.

I am going to have a date with *the girl*. [데이트할 여자가 누구인지 알고 있다고 생각할 경우]
I am going to have a date with *a girl*. [데이트할 여자가 누구인지 모르고 있다고 생각할 경우]
We have two children: a boy and a girl. *The boy* is six and *the girl* is three.

(2) 우리 주위의 상황에서 어느 대상인가를 알 수 있는 경우 정관사를 쓴다.

He parked *the car* in *the garage*.
She's in *the kitchen*.
John's talking to his son in *the living room*.
We talked about *the weather*.
My parents like *the sea*.

(3) 화자가 수식어를 써서 특정 대상을 가리킬 경우 정관사를 쓴다.

Who's *the man over there with John*?
Did you bring *the book that I lent you*?
He's *the president of the Yacht Club*.

(4) 우주의 유일한 존재로 여겨지는 것을 보통명사로 표현할 경우 정

관사를 쓴다.

the sun   *the* moon   *the* world
the stars   *the* earth   *the* police

(5) 최고 (superlative), 최초 (first), 다음 (next), 마지막 (last), 동일한 것 (same), 유일한 것 (only)도 일반적으로 하나밖에 없기 때문에 정관사와 함께 쓰인다.

She's ***the* oldest** in my family.
We live in ***the* same town**.
When is ***the* first airplane** to San Francisco?

(6) 영화, 연극, 언론매체에는 일반적으로 정관사를 쓴다.

We go to ***the* movies/*the* theatre** every week.
(참고: We go to *a* movie every week. *We go to *the* movie every week.)
They will support the freedom of ***the* press**.
What's on ***the* radio** this evening?

(7) 사람이나 동물에 대해서 일반적으로 말할 때 종종 정관사를 쓴다.

***The* Koreans** are very creative and diligent.
***The* tiger** is the most ferocious animal on land.
When the economy is bad, ***the* poor** are suffering most.

(8) 발명품 또는 악기에는 일반적으로 정관사를 쓴다.

Can you imagine life without ***the* mobile telephone** and ***the* computer**?
They say that ***the* violin** is more difficult to play than ***the* piano**.

(9) the + 비교급 ... the + 비교급

***The* harder** you work, ***the* more successful** you will be.

(c) 보통명사와 영의 관사 (zero article)

명사는 일반적으로 관사 또는 다른 한정사를 대동한다. 관사나 다른 한정사 없이 쓰이는 명사 앞에 우리는 영의 관사(zero article)가 있다고 가정한다.

(1) 복수 명사 앞에 영의 관사가 나타날 수 있다.

He's speaking with *visitors*.
(참고: He's speaking with a visitor.)

(2) 불가산명사 앞에 영의 관사가 쓰인다.

I like to drink *black coffee*.
The wall around Seoul is made of *stone*.

(3) 사람이나 동물 또는 사물을 일반적으로 언급할 때 종종 영의 관사가 쓰인다.

Children usually like *dogs* better than *cats*.

(4) 어떤 사람의 역할이나 직능을 표현할 때 그리고 그 사람이 그 역할이나 직능을 수행하는 유일한 사람일 경우 종종 영의 관사가 정관사 the를 대치할 수 있다.

John is *(the) captain* of the soccer team.
Bill was elected *(the) secretary* of the club.
Elizabeth II has been *(the) Queen* of England since 1952.

(5) 시간이나 사철을 나타내는 명사에는 일반적으로 영의 관사가 사용된다.

We keep a light on at *night*.
They like to travel by *day/night*.
I expect to meet her at *noon*.
Spring has come.
It's already *fall*.

☞ 그러나 다음과 같은 표현에서는 정관사가 쓰인다.

in ***the*** *morning/evening*, during ***the*** *day/night*

In *(the) summer*, it rains a lot in Korea.

(6) 아침, 점심, 저녁식사 표현에는 일반적으로 영의 관사가 쓰인다.

What did you have for *breakfast/lunch/dinner*.

☞ 특정의 식사일 경우에는 관사를 쓸 수 있다.

We have had *a wonderful dinner*.

(7) 장소를 나타내는 몇몇 전치사구에서 영의 관사가 쓰인다.

The boy is in *bed/class/prison*.
The children are at *church/college/home/school*.
The girl went to *bed/class/prison/church/college/school/work*.

☞ 영국영어와 미국영어에 차이가 있다.

The boy is in *hospital*/at *university*.	[영국영어]
The boy is at ***the*** *hospital*/at ***the*** *university*.	[미국영어]
The girl went to *hospital*/to *university*.	[영국영어]
The girl went to ***the*** *hospital*/to ***the*** *university*.	[미국영어]

☞ home은 go, come과 직접 결합한다.

He *went home* late.
She *came home* early.

(8) 교통수단과 통신수단을 표현하는 by-구에서는 영의 관사가 쓰인다.

We plan to go to Busan *by car/bus/train/boat/air*.
Please contact me *by phone/fax/e-mail*.

(9) '명사 + 전치사 + 명사' 구조의 관용구에서 명사는 일반적으로 영의 관사를 취한다.

arm in *arm*　　　　*day* by *day*　　　　*eye* to *eye*
face to *face*　　　*hand* in *hand*　　　*piece* by *piece*
step by *step*　　　from *head* to *toe*　from *top* to *bottom*

4. 양화사와 of-구문

every를 제외한 양화사는 모두 of-구문을 취할 수 있다. 이 경우 양화사는 한정사로 쓰인 것이 아니라 대명사로 쓰인 것이다. 이 문제는 대명사를 논할 때 더 자세히 생각해 볼 기회가 있겠다. 이 경우 no는 none으로 바꿔야 한다.

Enough (of the) cake was left to satisfy her.
Some/Any (of the) children can do that.
Either/Neither of the books will do.
= *Either/Neither book* will do.
**Either/Neither books* will do.

None of the boys will attend the meeting.
= *No boys* will attend the meeting.
**None boys/*No of the boys* will attend the meeting.

Every student will participate in the seminar.
**Every of the students* will participate in the seminar.
Each student will participate in the seminar.
= *Each of the students* will participate in the seminar.

☞ 대명사가 전치사 of의 목적어로 나타나면 of-구문을 반드시 써야 한다.

Enough of it (*Enough it) was left to satisfy her.
Any of them (*Any them) can do that.
Either of them (*Either it/them) will do.
None of them (*None them/*No them) will attend the meeting.
Every one of them (*Every them) will attend the meeting.

☞ everyday는 '일상의, 평소의'의 의미를 지닌 형용사로서 부사인 every day와 구

분된다 (every의 다른 용법에 대해서는 5장 5.1절을 보라).

Swimming is an important part of her *everyday* life.
She likes to go swimming *every day*.

5. 한정사와 명사의 속성

위의 한정사들이 모든 종류의 명사와 자유롭게 결합할 수 있는 것은 아니다. 우리는 앞에서 관사와 보통명사의 관계를 설명하기 위해서 보통명사를 가산명사와 불가산명사로 분류했었다. 이 분류는 다른 한정사와 보통명사의 결합 관계를 설명하는 데도 요긴하게 쓰인다.

(a) many는 복수가산명사와, much는 불가산명사와만 함께 쓰인다. 명사가 한정사(a, the, my, this 등)를 가지면 of-구를 사용한다.

He doesn't have *many friends*.
He doesn't drink *much wine*.

I don't know *many of his friends*.
It's practically impossible to see *much of a country* in a week.

(b) 구어체에서 many와 much는 주로 부정문과 의문문에 쓰인다. 긍정문의 경우에는 many와 much가 수식하는 명사구가 주어로 쓰이거나, how, too, as, so 등과 함께 쓰일 때를 제외하면, 일반적으로 다음의 표현들을 대신 사용한다.

much: a lot of, lots of, plenty of, a good/great deal of, a large amount of
many: a lot of, lots of, plenty of, a large number of

Many friends have visited me when I was in the hospital.
When I write, I make *too many spelling mistakes*.

Much snow has fallen.
He has *too much* homework to do.
Take *as much* as possible.

When I write, I make *a lot of/lots of* spelling mistakes.
(*?*When I write, I make *many* spelling mistakes.)

He drinks *a large amount of* wine.
(*?*He drinks *much* wine.)
We have had *plenty of* snow.
(*?*We have had *much* snow.)

There's *a lot of/lots of/a great deal of* traffic on the street.
There're *a lot of/lots of/a large number of* cars on the street.

☞ many와 much의 대응어들은 dollars, pounds, hours, years, kilometers, miles 와 같은 계측의 단위(unit of measure)를 나타내는 단어와는 일반적으로 사용되지 않는다.

He's been driving for *many/*lots of* hours from the start.
He lives *several/*plenty of* kilometers from the city.

☞ 맥락에서 알 수 있을 경우 대응어는 명사 없이 사용될 수 있다.

'How much rice did you buy?' 'I bought *plenty*.'
He paid *a lot* (of money) to buy the car.

☞ a lot과 a great deal은 부사적으로 사용될 수 있다.

On Sundays we walk and swim *a lot*.
He seems to care about our safety *a great deal*.

(c) 부정관사 a(n)와 양화사 중에 each, every, either, neither는 단수 가산명사만을 수식할 수 있다.

Every student (*Every students) will contribute to the fund.
Neither story (*Neither stories) is true.

☞ a와 every를 제외하고 '. . . of + 한정사 + 복수(대)명사' 구문이 가능하다. a와 every에 대해서는 'one of'와 'every one of'를 사용한다.

　　The students don't like *either of them/the English teachers*.
　　She met *each of the boys* for their promotion.
　　One of the students missed the class.
　　Every one of the students attended the conference.

(d) 복수 지시사 these와 those는 복수 가산명사만을 수식할 수 있다.

　　Do you know what *those people* are looking for?
　　These ear-rings are my wife's.

(e) 단수 지시사 this와 that는 단수 가산명사와 불가산명사와 함께 쓰일 수 있다.

　　He is going to paint *that house* with *this paint*.

(f) 강세를 받지 않는 some([səm]으로 발음되며 '얼마(간)의, 다소의'의 뜻을 가짐)과 any('아무 것도, 조금도, 어떤') 그리고 enough는 복수 가산명사, 불가산명사와 함께 쓰일 수 있다.

　　I want *some books/money*.
　　I don't have *any books/money*.
　　I don't have *enough books/money* to join the club.

(g) 정관사 the와 모든 소유격 한정사와 의문사 그리고 no와 강세를 받는 some([sʌm]으로 발음되며 '어떤, 무슨, 누군가의, 어딘가의', 사람/물건에 따라서는 '~도 있다'의 뜻을 가짐)과 any는 ('누구든지, 어느 것이든지, 얼마든지'의 뜻을 가짐) 모든 명사들과 함께 쓰일 수 있다.

　　Mr. Lee wants *his coffee* hot.
　　Which dictionary/dictionaries do you recommend?
　　He went to *some place* in Africa.
　　Some people do not like that sort of thing.

Any help is better than *no* help.

5.5.2 한정사 선행어 (predeterminer)

한정사 선행어는 명사의 선행 수식어의 일종으로서 한정사 앞에 나타날 수 있는 것이 그 특징이다. 우리는 한정사 선행어를 문법적 그리고 의미적 특성에 따라 네 종류로 나눌 수 있다.

all, both, half
배가사: once, twice, double, three times, ...
분수: a third, a half/half a, a quarter, three-sevenths, ...
기타: what, such, many

1. all, both, half

이 한정사 선행어들은 의미적 이유 때문에 양화사 한정사나 의문사 한정사 앞에 올 수 없으며, 일반적으로 관사, 소유격 한정사 그리고 지시사와 함께 쓰인다. 이 경우에도 그 결합이 자유스러운 것이 아니라 한정사 선행어와 한정사 그리고 한정사 선행어와 명사 사이에는 엄격한 제약이 있다.

| ***all** some books | ***both** no books | ***half** which coffee |
| **all** the books | **both** his sons | **half** this coffee |

(a) **all**: all은 모든 명사와 결합할 수 있으며, 부정관사와 양화사 그리고 의문사를 제외한 모든 한정사 앞에 올 수 있다.

The man spent *all his life* looking for the lost city.
I still remember names of *all the students* in the 2003 English grammar class.
She poured *all (the) ink* into the sink.

☞ all은 셋 이상을 가리키고 both는 둘을 가리킨다.

I'll take *all three balls*.

*I'll take *all* two balls.
I'll take **both** balls.

☞ all이 관계절과 결합할 경우에 'everything'을 의미하기도 하고, 경우에 따라서는 '더 이상 바라는 것이 없다'든가 '유일한 사건'을 뜻하는 부정적 의미를 갖게 된다. 다음을 비교해 보라.

He gave up **all** *(that)* he had.
He gave up *everything*.
*He gave up *all*.

All he wants is enough money to buy a meal.
All *that happened* was that I mistakenly stepped on her foot.

☞ all은 형용사, 부사, 전치사를 강조하는 부사로 쓰일 수 있다.

He's **all** *wet*, because he took a walk in the rain.
She lives **all** *alone*, after her husband died two years ago.
He told me **all** *about the accident*.

☞ all과 whole: all은 일반적으로 단수 구상 가산명사(singular concrete count noun)와는 함께 쓰지 않는 것이 좋으며, 대신에 '**of-구문**'이나 '**한정사 + whole**' 구문을 사용하는 것이 좋다.

*I haven't read **all** *the book* yet.
I haven't read **all** *of the book* yet.
I haven't read *the **whole** book* yet.

all과 whole은 단수 불가산명사와 함께 사용될 수 있다.

He spent *his **whole** life/**all** (of) his life* to look for the lost civilization.

☞ all이 단수 시간 명사와 함께 쓰일 때는 정관사 the를 생략해도 좋다.

She spent ***all** ((of) the) morning/day/week* at home.
She spent *the **whole** morning/day/week* at home.

(b) **half**: half는 모든 명사와 결합할 수 있으며, (양화사와 의문사를 제외한) 모든 한정사 앞에 올 수 있을 뿐만 아니라 반드시 한정사를 동반해야 한다.

She gave me ***half** a pumpkin pie.*
I wasted ***half** my life* for nothing.
She spilt ***half** the ink* on the floor.
*She spilt ***half** ink* on the floor.

☞ half가 부정관사와 결합할 때 미국식 영어에서는 종종 부정관사와 어순이 뒤바뀌기도 한다.

The baby slept just for ***half** an* hour/*a **half*** hour.

(c) **both**: both는 복수 가산명사와만 결합할 수 있으며 부정관사 a(n)와 양화사와 의문사를 제외한 한정사와 결합할 수 있다. both 바로 다음에서 정관사 the는 생략될 수 있으며 그래도 의미는 변하지 않는다.

***Both** my brothers* went to Europe.
***Both** (the) students* passed the test.

☞ both. . . not은 일반적으로 쓰지 않으며 대신 neither를 쓴다:

*Both the students didn't pass the test.
Neither of the students passed the test.

(d) all, both, half 모두 of-구문을 허용하며, of 다음에 오는 명사구는 반드시 정관사나 지시사 또는 소유격 한정사를 포함해야 한다. 양화사의 경우와 마찬가지로 of 다음에 대명사가 오면 of-구문이 의무적으로 쓰인다.

She used ***all** (of) the meat* (****all** of meat*) to prepare the banquet.

I introduced ***both*** *(of)* ***Mary's students*** (****both of students***) to my boss.
He spent ***half*** *(of)* ***his time*** (****half of time***) arranging books.
All of them (****all them***) are planning to climb the mountain.

☞ *all of meat, *all of students 등은 불가능하지만 all meat, all students는 가능하다. 이 경우는 '총칭적' (generic) 의미를 가지며 '특정의' (specific) 대상을 가리키는 all the meat, all the students와 의미적으로 대조를 이룬다. 또한 all, both, half는 모두 대명사로서 독립적으로 쓰일 수 있다 (6장을 보라).

All/Both/Half passed the test for driver's license.

(e) all과 both는 다음 예에서 볼 수 있는 것처럼 주어 명사구 다음으로 이동할 수 있으며, 조동사가 있으면 조동사 뒤로 이동한다. 주어가 대명사일 경우에는 의무적으로 이동해야 한다.

*The students **all** attended the graduation ceremony.*
= ***All*** *(of) the students* attended the graduation ceremony.

*The professors **both** missed the concert.*
= ***Both*** *((of) the) professors* missed the concert.

*They **all/both** visited China.*
= ***All/Both*** *of them* visited China.
****All/Both** they* visited China.

*The students will **all/both** attend the concert.*
*Those apples were **all/both** rotten.*
*We can **all/both** play golf.*

2. 배가사 (multiplier)와 빈도 (frequency)

배수나 빈도를 나타내는 표현으로는 once, twice, (드물게) thrice와 double, treble, quadruple 그리고 '기수 + times' 등이 있다.

(a) 이들은 복수 가산명사, 불가산명사 그리고 '수'(number)나 '양'을 뜻하는 단수 가산명사 앞에서 배수를 표현한다.

She exerted *twice/double* her normal strength to lift the refrigerator.
My wife earns *treble/three times* my salary.
The young boy eats about *four times the amount* that she usually eats.

☞ 이들은 of-구문을 허용하지 않으며 수식하는 명사 바로 뒤로 넘어갈 수도 없다.

*My wife earns *treble/three times* of my salary.
*My salary *treble/three times* is earned by my wife.

(b) once, twice, three/four. . . times 등은 한정사 a, every, each, (드물게) per 와 결합할 경우 빈도를 뜻하게 된다. 그러나 double, treble, quadruple은 빈도를 나타낼 수 없다 (5장 5.1절을 보라).

She took a bath *once/twice a day*.
They visit their parents *four times each* year.
I go to the movies at least *twice every three weeks*.

*She took a bath *double/treble a day*.

3. 분수 (fraction)

half와 quarter를 제외하면 영어에서 분수는 먼저 기수(cardinal number)를 쓴 다음 서수(ordinal number)를 써서 나타낸다. 기수의 수가 둘 이상이면 뒤따라 나오는 서수가 복수형이 된다는 점에 유의하라. 분수는 모든 명사와 결합할 수 있으며 또한 of-구문을 허용한다. 기수와 서수 사이에 종종 하이픈(-)이 사용되며, 특히 분수가 수식어로 사용될 때 그러하다.

$1/2$: a half
$1/4$: a quarter/a fourth
$1/8$: one eighth
$3 \, 3/4$: three and three quarters

$1/3$: a third/one third
$3/4$: three quarters/three fourths
$3/8$: three eighths
$5/68$: five *over* sixty-eight
　　　　five sixty eighths

I have wasted almost *two(-)thirds* (*of*) my life.

About ***three(-)sevenths*** *(of)* the students failed the test.

He ran a ***three-quarter*** mile in 10 minutes.

☞ '1/2'은 one second라고 하지 않고 뒤따라오는 명사에 따라 half a(n), a half, (the) half of라는 표현을 쓴다.

    half a dozen   ***a half*** share   ***(the) half of*** her fortune

☞ 3/4 hour는 'three quarters of an hour/a three-quarter hour'로, 7/10 mile은 'seven tenths of a mile/a seven-tenth mile'로 읽는다.

4. 기타

(a) what/many/such가 부정관사 a 앞에 나타날 수 있다.

    What *a* surprise!
    He's ***such*** *a* nice boy!
    Many *a* man has tried and failed.

☞ 'many a + 단수 가산명사'는 의미적으로는 복수이지만 단수 동사를 필요로 한다.

    Many a man **have tried and failed.*

(b) 한정사와 한정사 선행어 앞에 전체 명사구를 수식하는 부사 강화어 (intensifier)인 even, just, only 등이 올 수 있다.

    Even *a child* can do it.
    He interviewed ***only*** *the students* that I recommended.
    I have ***just*** *half a/a half tank of gasoline* left.

5.5.3 제한적 수식어 (attributive modifier)

한정사와 머리어인 명사 사이에 오는 수식어를 제한적 수식어라고 부른다. 제한적 수식어는 나타나는 순서에 따라 때때로 '한정사 후속어'(post-determiner)라고도 부르는 '수사'(numeral)와 형용사 수식어(adjectival modifier) 그리고 명사 수식어(noun modifier)로 분류된다.

한정사	제한적 수식어			명사
	수사	형용사 수식어	명사적 수식어	
our	last	young	history	teacher

1. 수사 (numeral)

수에는 '차례를 나타내는' 서수(ordinal number)와 '수를 나타내는' 기수(cardinal number) 그리고 '막연한 수 또는 양을 나타내는' 양화사(quantifier)가 있다. 이들의 결합에는 엄격한 제약이 있다 (수사에 대해서는 7장을 보라).

(a) 서수: 순서를 뜻하는 서수는 항상 한정사와 함께 쓰이는 것이 특징이며, 기수 또는 양화사와의 결합 여부에 따라 둘로 나눌 수 있다. first, next, last, (an)other, following 등은 기수 또는 (뒤따라 나오는 명사가 복수 가산명사일 경우) 양화사 few와 결합할 수 있지만, second, third, tenth, ... 따위는 이러한 결합을 허용하지 않는다.

*Mary's **first** two English teachers were very good.*
*These **last** few days have been very busy.*
*The **other** four men said they would consider my offer.*
(*my second three English teachers, *the tenth few days)

☞ another는 어원적으로 an + other이므로 다른 한정사가 앞에 올 수 없으며 (이러한 이유로 another를 한정사로 분류한다), 바로 뒤에 둘 이상을 뜻하는 기수가 오지 않는 한 항상 단수명사와만 함께 쓰인다.

*Please give me **another** cup of coffee.*
*He will stay in Seoul for **another** three more weeks.*

(b) 기수: 수를 뜻하는 기수는 양을 나타내는 양화사와 함께 쓰일 수 없다.

따라서 *two few, *five many, *three plenty, *one little 따위의 표현은 허용되지 않는다.

Give me *one good reason* for your decision.
All (the) four brothers are sailors.

(c) 양화사: 대표적인 양화사로는 many, much, few, little, several이 있으며, 수량을 뜻한다는 점에서 a lot of, lots of, plenty of, a good/great deal of, a number of 등도 함께 다루는 것이 좋다. 양화사는 그들이 수식할 수 있는 명사의 종류에 따라 다음과 같이 나누어 생각할 수 있다.

(1) **many/few/a few/a number of/several** + 복수 가산명사
much/little/a little/a great deal of + 불가산명사

He has *few (= not many) friends* and *little* money.
He has *a few (= some) friends* and *a little (= some) money*.

A large number of people were here last night.
John got *a great deal of* sympathy but *little* help.

(2) **plenty of/a lot of/lots of** + 복수 가산명사 또는 불가산명사

He has *lots of* friends and *plenty of* money.

☞ other는 기수 앞에 올 수도 있고 뒤에 올 수도 있지만, 양화사와 함께 쓰일 때는 양화사 다음에 오는 것이 원칙이다.

the *five other* boys = the *other five* boys
John and *several other/*other several* people went fishing together.

☞ 기수나 양화사를 따라 나오는 표현으로는 other 외에 more가 있다.

Only *two more napkins* are needed.
Many more people came than were expected.
In *a few more days* he will be leaving for California.

2. 명사 수식어

 명사 수식어란 머리어인 명사를 수식하는 명사 또는 동명사를 가리키며 두 가지가 있다. 하나는 명사 머리어의 재료(material)를 의미하는 명사이고, 다른 하나는 일반적으로 명사 머리어의 목적(purpose)이 된다. 이 둘이 함께 나타날 경우에는 재료가 목적을 앞선다. 목적을 나타내는 단어로 종종 형용사가 쓰일 수도 있다.

the famous ***opera*** *singers*   (. . . singers for opera)

the next ***bus*** *stop*   (. . . stop for bus)

Spanish ***riding*** *boots*   (. . . boots for riding)

a famous ***medical*** *doctor*   (. . . doctor for medicine)

a rare ***metal*** *bracelet*   (. . . bracelet made of metal)

my expensive ***leather*** *shoes*   (. . . shoes made of leather)

the American ***aluminum cooking*** *foil*   (. . . aluminum foil for cooking)

an Italian ***glass flower*** *vase*   (. . . glass vase for flowers)

a white ***ceramic beer*** *mug*   (. . . ceramic mug for beer)

3. 형용사 수식어

 형용사는 앞에서 논의한 수사와 명사 수식어 사이에 온다. 형용사 수식어의 순서는 대략적으로 다음과 같다.

한정사	형용사 수식어						명사적 수식어	명사
	일반적 형용사	크기	연령	색채	분사형	기원/양식		
a the that her	fine famous beautiful	 tall 	old young 	white red	 talented 	Spanish Korean medical Persian	 opera medical wool	wine singer doctor carpet

(a) 명사적 수식어 바로 앞에는 '기원'(origin)이나 '양식'(style)을 뜻하는 형용사가 온다.

the ***Russian*** *trade* delegation
Gothic *church* architecture

(b) 기원이나 양식을 뜻하는 형용사 앞에는 분사형(participle) 형용사가 온다.

a ***carved*** *Gothic* doorway
a ***good-looking*** *Korean* girl

(c) 분사형 형용사 앞에는 색채(colour)를 뜻하는 형용사가 온다.

a ***black*** *dividing* line
a ***green*** *carved* idol

(d) 색채 형용사 앞에는 연령(age)을 뜻하는 형용사가 온다.

an ***old*** *blue* dress
my ***new*** *black* sedan

(e) 연령 형용사 앞에는 크기(size)를 뜻하는 형용사가 온다.

the ***little*** *old* black table
that ***huge*** *new* green building

(f) 마지막으로 크기 형용사 앞에는 '일반적인' 형용사들이 온다.

a ***gracious*** *large* carved Gothic doorway
a ***beautiful*** *tall* black obelisk

☞ 형용사는 명사 앞에서 명사를 수식하는 것이 일반적이지만 다음과 같은 경우 명사 다음에 나타난다.

(1) 불어에서 온 고정된 표현들: court-*martial*, the body *politic*, postmaster *general*

(2) 공간 또는 시간을 나타내는 표현들: fifteen feet *long*, twelve miles *wide*, fifty years *old*

(3) 이름을 붙이거나 식별을 목적으로 기수를 사용할 경우: chapter *five*,

paragraph *three*, line *five*, World War *Two* (이들을 서수사를 써서 표현할 경우 서수사는 명사 앞에 온다: the *fifth* chapter, the *Second World War*).

(4) 수식 받는 표현이 someone, somebody, something, anyone, anybody, anything, no one, nobody, nothing, everyone, everybody, everything과 같은 부정 대명사일 경우 형용사 수식어는 뒤에 오는 것이 특징이다.

Mr. Kim seems to have met *someone very important* in Moscow.
Did she buy *anything expensive* from your store?

5.6 후행 수식어 (postmodifier)

명사구의 후행 수식어는 관계절(relative clause), 비정형절(non-finite clause) 그리고 전치사구(prepositional phrase)로 크게 나눌 수 있다. 일반적으로 비정형절 수식어와 전치사구 수식어는 관계절이 축약된 것으로 간주된다.

*The woman **who stood in the corner*** is my sister.   [관계절]
*The woman **standing in the corner*** is my sister.   [비정형절]
(= The woman who is standing in the corner is my sister.)
*The woman **in the corner*** is my sister.   [전치사구]
(= The woman who is in the corner is my sister.)

5.6.1 관계절 (Relative Clause)

관계절은 일명 형용사절(adjective clause)이라고도 부르며, 특별한 경우를 제외하고는 항상 자신이 수식하는 명사구 바로 뒤에 온다. 관계절은 일반적으로 '관계사'라고 부르는 낱말로 시작되며, 관계사는 관계절이 수식하는 명사구, 즉 선행사를 가리킨다. 관계절에는 사람이나 사물을 확인시켜 주는 역할을 하는 제한적(restrictive) 관계절과 사람이나 사물에 대해 추가적인 정보를 제공하는 비제한적(nonrestrictive 혹은 appositive) 관계절이 있다. 비제한적 관계절은 글에서는 콤마로써 선행사와 분리되고, 말을 할 때는 선행사와 관계절을 떼어 읽는 것이 원칙이다.

  Mr. Smith has *three sons **who became musicians.***   [제한적 관계절]
  Mr. Smith has *three sons, **who became musicians.***   [비제한적 관계절]

제한적 관계절은 자신이 수식하는 선행사의 '지시대상'(reference)을 제한하는 역할을 하는 반면, 비제한적 관계절은 수식하는 선행사에 대하여 추가적인 정보를 제공할 뿐이다. 예를 들어 위의 첫 문장에서 관계절은 선행사의 지시대상을 스미스씨의 아들들 중에 음악가가 된 세 아들로 제한하고 있는 반면, 두 번째 문장에서는 단순히 스미스씨에게 아들이 셋이 있으며 그 세 아들이 음악가가 되었다는 사실을 추가로 말하고 있다. 따라서 두 번째 문장은 Mr. Smith has three sons, and they became musicians와 뜻이 같다.

1. 관계사의 종류

관계절을 이끄는 관계사의 형태는 선행사의 종류와 관계사 자신이 관계절에서 수행하는 문법적 기능에 따라 결정된다.

기능 \ 선행사의 종류	사 람	사 물	시 간	장 소	이 유	방 법
주 어	who that	which that	when	where	why	how that
목 적 어	who(m) that	which that	–	–	–	–
한 정 사	whose	of which whose	–	–	–	–

  *The girl **who/that** invited us* is my sister.   [주어: 사람]
  *The girl **who(m)/that** we invited* is my sister.   [목적어: 사람]
  *The girl **whose** friends we invited* is my sister.   [한정사: 사람]

*The girl **who(m)/that** you spoke to* is my sister. 　　　　[전치사 목적어: 사람]
= *The girl to **whom** you spoke* is my sister.

Here is *a book **which/that** describes animals*. 　　　　　[주어: 사물]
*The chair **which/that** he broke* has been repaired. 　　　[목적어: 사물]
She was wearing *the coat for **which** she had paid one million won*.
They lived in *the house **whose** roof was damaged*. 　　　[한정사: 사물]
= They lived in *the house the roof of **which** was damaged*.

*1988 was the year **when** the Olympic Games were held in Seoul*. [시간]
Here is *the house **where** I live*. 　　　　　　　　　　　[장소]
Give me *one good reason **why** you did that*. 　　　　　　[이유]

2. 관계사의 특성

여기서 관계절과 관련하여 몇 가지 유의할 점에 대해서 생각해 보기로 하자.

(a) 관계대명사 that는 전치사 바로 다음에 올 수 없으며 비제한적 관계절을 이끌 수 없다.

　He is the man ***that/who(m)*** I spoke about.
　= He is the man ***about whom*** I spoke.
　*He is the man *about that* I spoke.

　You must write to Mr. Jones, ***who/*that*** *represents us in Europe*.
　The chairs, ***which/*that*** *were in bad condition*, had to be repaired soon.

(b) 선행사가 최상급이거나 서수사 all, any, every, no, the only, the same, the very 따위의 표현을 포함하거나 또는 선행사가 부정대명사일 경우 that가 관계대명사로 쓰인다.

　He is *the best* student ***that/*who*** has ever studied here.
　Anything ***that/*which*** you say to John will make him angry.

(c) 관계사가 동사의 목적어나 전치사의 목적어 기능을 할 때는 생략될 수 있다. 그러나 비제한적 관계절에서는 여하한 경우에도 관계사를 생략

할 수 없다.

He paid the man *(who(m))* *he had hired.*
He paid Mr. Jones, *who(m)* *he had hired yesterday.*
(*He paid Mr. Jones, he had hired yesterday.)

(d) 관계사 when, where, why, how를 종종 관계부사(relative adverb)라고 부르며 이들은 선행사가 없이도 시간, 장소, 이유, 태도 등을 나타낼 수 있다.

That is *where* *he was born.*
That is *when* *he lived here.*
That is *why* *he spoke.*
That is *how* *he spoke.*

☞ 관계부사 how는 선행사를 가질 수 없다.

This is *the way **that**/*how* *he spoke.*

(e) 좀더 형식을 갖춘 말에서는 관계부사를 '전치사 + which'로 대치할 수 있다.

I don't remember *the day **on which*** (= *when*) *we met first.*
This is *the house **in which*** (= *where*) *the Taylors live.*
Could you tell me the reason ***for which*** (= *why*) he doesn't like me?

(f) 관계부사도 구어체에서는 관계대명사와 같이 생략될 수 있다.

That was *the day **(when)*** *the trial was to take place.*
The City Library is *a good place **(where)*** *we can meet.*

☞ 비제한적 관계절에서 관계대명사 which는 앞에 있는 절 전체를 가리킬 수 있다.

*She got married again a year after her husband died, **which** surprised everybody.*

*He never admits his mistakes, **which** is very annoying.*

3. 부정사 관계절 (infinitival relative clause)

관계절의 수식을 받는 명사구나 대명사가 관계절의 목적어일 경우 관계대명사가 생략된다.

I can't find *anything to eat.*
*I can't find *anything which to eat.*

Did you make a list of *people to invite to the party.*
*Did you make a list of *people whom to invite to the party.*

그러나 전치사를 대동할 경우 관계 대명사가 나타날 수 있다. 그러나 이 경우에도 관계 대명사가 없는 표현이 더 자연스럽다.

The children must have toys *with **which** to play.*
*The children must have toys *which to play with.*
The children must have *toys to play with.*

5.6.2 비정형절 (nonfinite clause)

세 가지 종류의 비정형절 모두가 명사의 후행 수식어로 쓰일 수 있다.

Students **arriving** late will not be permitted to enter the lecture hall.
Any coins **found** on this site must be handed to the police.
The next train **to arrive** was from Busan.

☞ 앞에서도 지적했듯이, 비정형절은 해당하는 제한적 관계절을 가지고 있지만 일률적으로 '관계대명사 + be 동사'가 생략된 것으로 보는 것은 잘못이다. 예를 들어, the man writing the obituary is my friend는 그 문장이 쓰이는 맥락에 따라 다음의 어느 것으로도 해석될 수 있다.

The man who $\begin{Bmatrix} \text{\textit{will write}} \\ \text{\textit{writes}} \\ \text{\textit{is writing}} \\ \text{\textit{wrote}} \\ \text{\textit{was writing}} \end{Bmatrix}$ the obituary is my friend.

5.6.3 전치사구 (prepositional phrase)

명사구의 후치 수식어 중에서 가장 많이 쓰이는 것이 전치사구다. 여기에는 모든 종류의 전치사가 사용될 수 있다.

the road *to* Rome
a tree *by the* stream
two years *before the* war
the book *on* grammar

5.7 파생 명사구 (derived noun phrase)

파생 명사구란 문장적 표현을 명사적 표현으로 바꾼 추상적 명사구(abstract noun phrase)를 말한다. 파생 명사구는 문장의 술어를 구성하는 동사나 형용사를 명사형태로 바꿈으로써 구성하게 되며, 문장 내에서 일반적 명사구의 모든 기능을 수행할 수 있다. 동사나 형용사가 명사로 대치됨에 따라 문장의 다른 부분에도 변화가 일어나며, 그 변화는 대체로 동명사(gerund)를 구성하는 방식에 따른다.

He *rejected* my offer. → his *rejection* of my offer
John *moved* slowly. → John's slow *movement*

5.7.1 파생 명사

1. 동사가 명사로 된 경우

    (a) 파생어미가 추가되는 경우: 동사를 명사로 바꾸는 대표적인 파생어미로는 다음과 같은 것이 있다.

    -age: drainage, marriage, postage, spillage 등
    -al: betrayal, dismissal, refusal 등
    -ance/-ence: dependance/dependence, existence, resistance, utterance 등
    -ation, -tion, -ion: authorization, determination, elaboration, objection 등
    -ment: arrangement, development, embarrassment, encouragement 등

    He *decided* to go to college. → his *decision* to go to college
    Mary *resembles* her mother. → Mary's *resemblance* to her mother

    (b) 형태에 변화가 없는 경우: 많은 동사가 형태의 변화없이 그대로 명사로 쓰일 수 있다.

    The man *requested* a transfer. → the man's *request* for a transfer
    She *answered* my questions about the accident. → her *answer* to my questions about the accident

2. 형용사가 명사로 된 경우

    (a) 파생어미가 붙는 경우: 형용사를 명사로 바꾸는 대표적인 파생어미로는 다음과 같은 것이 있다.

    -ance/-ancy: accuracy, intimacy, relevance/relevancy, vacancy 등
    -ity/-ty: ability, equality, stupidity, loyalty, technicality 등
    -ness: carelessness, happiness, usefulness 등
    -th: strength, warmth 등

    The lady was *jealous*. → the lady's *jealousy*
    He is *cruel* to his subordinates. → his *cruelty* to his subordinates

(b) 어미를 상실하여 명사가 되는 경우: 일반적으로 파생어미 -ous를 가진 형용사는 어미를 상실하여 명사가 된다.

The soldier was very *courageous*. → the soldier's great **courage**
The author was *famous*. → the author's **fame**

5.7.2 주어의 표현

주어는 동명사의 경우와 마찬가지로 함축적으로 표현될 수도 있고, 문장의 다른 부분에 있는 명사구가 주어로 해석될 수도 있으며, 파생명사구 내에 직접적으로 표현될 수도 있다.

1. 함축적으로 표현될 경우 일반적으로 총칭적 의미를 지닌다.

    The **construction** *of a bridge over the river* will be a difficult undertaking.
    Some drugs are used for *the* **prevention** *of diseases*.

2. 주어가 문장의 다른 부분에 명사구로 이해될 경우

    I'm responsible for *the* **organization** *of the conference*.

3. 주어가 파생명사구 내에 직접적으로 표현되는 경우

    (a) 소유격형: 주어가 인칭대명사나 인칭 주어일 경우 일반적으로 소유격형이 쓰인다.

    We were all surprised at **Mr. Smith's** arrest for fraud.
    The company refused to accept ***his*** *resignation*.

    ☞ 비인칭 주어의 경우에도 종종 소유격형이 쓰인다.

    The country's *location* makes it strategically important.

    (b) of-구: 주어가 비인칭 명사구일 경우와 긴 수식어를 동반할 경우 흔히

쓰인다.

The police are investigating *the disappearance **of the money** from the bank*.
*The sudden death **of an old friend** was a shock to them*.

☞ 주어가 인칭대명사의 경우에는 of-구가 일반적으로 사용되지 않는다.

*the arrival **of them**
참고: **their** arrival*

*the sudden death **of them**
참고: **their** sudden death*

☞ 생명체를 가리키는 주어가 긴 수식어를 동반하지 않을 경우 두 형태가 모두 가능하다.

*the actor's arrival at the theater : the arrival **of the actor** at the theater*
*the independence **of John** from his parents : **John's** independence from his parents*

(c) by-구: 파생명사구의 수동적 의미를 강조하려고 종종 쓰인다.

*The performance **by the young pianist** was superb*.
*He couldn't accept the decision **by his brother** to run for political office*.

☞ 많은 경우 by를 of로 대치해도 무방하다.

5.7.3 목적어의 표현

목적어는 다음과 같은 방식으로 표현된다.

1. of-구: 가장 흔히 쓰이는 형태다.

*The punishment **of the children** will cause much public protest*.

2. 소유격형: 목적어가 인칭 명사구일 경우 널리 사용되며, 인칭대명사일 경우에는 의무적으로 소유격형이 된다.

The children's punishment will cause much public protest.
The detective arrested a suspect of ***his*** *murder*.

☞ 소유격형과 of-구가 둘 다 주어와 목적어를 표현할 수 있으므로 다음과 같은 문장은 중의적 의미를 지닌다.

His *murder* surprised the people.
*A translation **of Jefferson*** will be published soon.

his murder는 'He murdered someone' 혹은 'Someone murdered him'으로 해석될 수 있고, a translation of Jefferson은 'Jefferson translated someone' 혹은 'Someone translated Jefferson'으로 해석될 수 있다.

3. 전치사구: 파생명사에 따라 목적어에 특별한 전치사를 붙인다.

for: demand, desire, preference, request, respect, urge, wish 등
to: address, answer, assistance, damage, injury, obedience, resemblance, resistance 등
on: attack, decision 등
in: belief, interest, trust 등

They demand the money. → *their demand **for** the **money***
He assisted his teacher. → *his assistance **to** his teacher*
John attacked the President. → *John's attack **on** the President*
He trusted me. → *his trust **in** me*

☞ 동사 또는 형용사로 쓰일 때 대동하는 전치사는 이들이 파생명사가 되어도 대동한다.

He *believes in your ability*. → *his belief **in your ability***
They *demonstrated against the new tax system*. → *their demonstration **against***

the new tax system

He was *absent from the seminar*. → *his absence **from the seminar***
We are *familiar with the people*. → *our familiarity **with the people***

☞ 문장에 나타나는 부사는 일반적으로 형용사로 바뀐다.

He was promoted *rapidly*. → *his **rapid** promotion*
She is *extremely* selfish. → *her **extreme** selfishness*

제 5 장 명사구: 명사와 그 수식어

연습문제

I. 주어진 표현 앞에 정관사 'the' 가 쓰일 수 있으면 'O' 표시를 하고 쓰일 수 없으면 'X' 표시를 하라.

1. _____ Congo is located in _____ Central Africa.

2. My boss prefers _____ Washington Post to _____ New York Times.

3. _____ Great Britain includes England, Wales, and Scotland.

4. Cuba and _____ Puerto Rico are in _____ West Indies.

5. _____ Han River runs through the heart of _____ Metropolitan Seoul.

6. _____ Prince Charles is an heir of the crown of _____ United Kingdom.

7. _____ Sogang University is famous for its strict academic regulations.

8. _____ North America is bounded on the east by _____ Atlantic Ocean and on the west by _____ Pacific Ocean.

9. _____ Mount Baekdoo is the highest elevation in _____ Korean Peninsula.

10. _____ Louvre and _____ Metropolitan Museum are both world-famous.

II. 다음 명사의 복수형을 써라. 복수형이 없으면 'NO' 라고 쓰고, 단/복수형이 같으면 'SAME' 이라고 써라 (규칙형과 불규칙형 둘 다 가능하면 불규칙형을 써라).

1. variety _____   2. attorney _____

3. belief   _____   4. ox   _____

5. information _____ 6. luggage _____

7. calf _____ 8. potato _____

9. alumnus _____ 10. piano _____

11. quiz _____ 12. homework _____

13. index _____ 14. parenthesis _____

15. species _____ 16. focus _____

17. deer _____ 18. criterion _____

19. church _____ 20. epoch _____

III. 정관사가 필요하면 'T'를, 부정관사가 필요하면 'A'를, 관사가 불필요하면 'N' 표시를 하라.

1. Last year we bought (　) new house. (　) house is located near (　) Chongmyo Park.

2. She has been playing (　) piano since she was (　) child.

3. One of (　) best newspapers in Korea is (　) Chosun Ilbo.

4. He is planning to write (　) new book about (　) Korean War.

5. While he is in (　) park, he saw (　) man walking with (　) dog.

6. I'm going to (　) grocery store to buy (　) loaf of bread.

7. (　) richest is not always (　) happiest.

8. (　) vegetables are good for (　) health.

9. This apartment has (　) bedroom, (　) living room, and (　) kitchen.

10. She has (　) flu and (　) bad headache.

IV. 다음 표현이 문법적으로 옳으면 'O' 로, 틀리면 'X' 로 표시하라. 특히 이탤릭체로 된 부분에 유의하기 바란다.

1. (　) *Only half the concert hall* was filled last evening.

2. (　) *All of children* need love.

3. (　) *All my friends* are planning to visit Jejudo this summer.

4. (　) My brother earns *double of my salary*.

5. (　) We've been waiting for you for *an hour and a half*.

6. (　) The table weighs *three quarters of a ton*.

7. (　) That man can eat *ten times of the amount that a normal person eats*.

8. (　) *Both ladies* missed the last train to Busan.

9. (　) *Both of students* came to see me yesterday.

10. (　) He's drunk *all of the whiskey*.

V. 괄호 속에 있는 명사 수식어들을 적절한 순서로 나열하라.

1. (angry, all, young, those) doctors →
　　(　　　　　　　　　　　　　　) doctors

2. (talented, young, college, black, a) student →
　　(　　　　　　　　　　　　　　) student

3. (commercial, the, jet, ten, first) airplanes →
　　(　　　　　　　　　　　　　　) airplanes

4. (his, both, white, expensive, Steinway) pianos →
　　(　　　　　　　　　　　　　　) pianos

5. (old, spacious, two, colonial, American) houses →
   (   ) houses

6. (the, half of, young, Korean, gifted, history) teachers →
   (   ) teachers

7. (decorated, exquisitely, opera, Gothic, those, two) houses →
   (   ) houses

8. (old, renowned, Buddhist, all, nation's, the) temples →
   (   ) temples

9. (and, black, lively, white, a, little) dog →
   (   ) dog

10. (beer, brown, German, that, designed, beautifully) mug →
    (   ) mug

VI. 적절한 관계 대명사 또는 부사를 넣어 명사 후행수식어를 완성하라.

1. The gentleman, (   ) gave the speech yesterday, is a famous scientist.

2. The bank (   ) I keep my money is very old and reliable.

3. This is the tree under (   ) he stood during the storm.

4. Prof. Kim, about (   ) everyone is talking these days, wrote a very controversial book.

5. 1988 was the year (   ) the Olympic Games were held in Seoul.

6. It's the best film (   ) I've seen recently.

7. I went to see my friends (   ) children I used to look after.

8. Do you know the reason (   ) he doesn't like me.

9. I'm looking for a shop at (   ) I can buy sandals.

10. She couldn't find those books, one of (   ) belongs to Prof. Lee

VII. 괄호 속의 표현을 적절한 형태로 바꾸어 명사 후행수식어를 완성하라.
   (여러 형태가 가능할 경우에는 분사형을 써라.)

   예 We will prosecute anyone (catch) trespassing on this property. (caught)
   There is a lot of work (do). (to do/to be done)

1. The girl (talk) to the teacher is my daughter. (   )

2. The watch (steal) from my brother's house was found by the police.
   (   )

3. Anyone (have, serve) a term in prison will not be hired by the company.
   (   )

4. The general, (have, be, warn) of the enemy's attack, had all his men ready.
   (   )

5. The boy needs a friend (play) with. (   )

6. I gave the report to my secretary (be type). (   )

7. The snow (fall) on the highway will make the roads icy. (   )

8. The students (not, pass) the test will not get credit for this course.
   (   )

9. Anyone (have, talk) to him once will be convinced of his innocence.
   (   )

10. The young violinist, (encourage) by her teacher, decided to enter her name in the music contest. (   )

VIII. 다음의 동사와 형용사를 적절한 파생접사를 써서 추상명사로 바꾸어라.

　　예 develop <u>development</u>

1. solve _____　　2. probable _____

3. severe _____　　4. resist _____

5. pure _____　　6. strong _____

7. avoid _____　　8. stupid _____

9. persuade _____　　10. tempt _____

11. believe _____　　12. careless _____

13. curious _____　　14. repeat _____

15. omit _____　　16. obey _____

17. moral _____　　18. simple _____

19. pronounce _____　　20. equal _____

IX. 첫 번째 문장을 추상적 명사구로 바꾸어 두 번째 문장의 it를 대치하라.

　　예 Bombs exploded in the shopping center.
　　　 It terrified the people.
　　　 <u>The explosion of bombs in the shopping terrified the people.</u>

1. His secretary resigned.
   He was upset by it.
   _____

2. Several precious statures have disappeared from the museum.
   The police couldn't account for it.
   _____

3. They employed highly skilled workers. (they를 생략하라.)
   It has greatly increased their production.
   _____

4. John resembles his father.
   It is very striking.
   _____

5. The tenants requested more heat.
   The landlord ignored it.
   _____

6. Bill refused to accept my offer.
   No one understood it.
   _____

7. He has been ill recently.
   The doctor is unable to diagnose it.
   _____

8. The doctor arrived quickly.
   It saved the patient's life.
   _____

9. They are aware of their mistake.
   It will help them to correct it.
   _____

10. Mary trusts God.
    Nothing can shake it.
    _____

제 6 장
대명사와 대용어

6.0 대명사 (pronoun)

우리는 말을 할 때 중복되는 표현을 생략(ellipsis)하거나 더 간단한 표현으로 대치(substitution)하게 된다. 여기서 먼저 다른 표현을 대신해서 쓰이는 표현에 대하여 생각해 보기로 하겠으며, 우리는 이러한 표현을 포괄적으로 **대용어**(pro-form)라고 부르기로 하겠다. 가장 대표적인 대용어로는 명사 또는 명사구를 대신해서 쓰이는 **대명사**(pronoun)가 있으며, 일반적으로 문법서에서는 대명사를 제외한 대용어에 대한 체계적인 설명이 결여되어 있다.

John and Mary stole a toy from my son.
Their mother told ***them*** to return *the toy*,
   but ***they*** said ***it*** was ***theirs***.　　　　　[대명사 = 명사구 대용어]

Look *in the top drawer*. You'll probably find it ***there***.　　[부사구 대용어]

John *drives a car*. I think Bill ***does*** (= drives a car) too.　　[동사구 대용어]

Oxford is likely to win the next boat race.
All my friends say *so*. (= that Oxford is likely to win the next boat race)
[절 대용어]

6.1 대명사의 유형

대명사란 명칭은 '명사를 대신해서 쓰이는 말'이란 뜻을 함축하고 있다. 그러나 대명사는 일반적으로 명사보다도 명사구 기능을 수행한다. 따라서 대명사는 특별한 경우를 제외하고는 한정사 등 다른 수식어의 수식을 받지 못한다.

the men
*the **they**
a pretty girl
a pretty **she*

또한 대명사에는 그 선행사를 대신해서 쓰이는 것 외에도 불특정 대상이나 수량을 가리키는 소위 '부정대명사'(indefinite pronoun)라는 것이 있다.
대명사를 그 유형별로 분류하면 다음과 같다.

```
                   ┌─ 인칭대명사: I/me, he/him, ...
       ┌─ 핵심대명사 ─┼─ 재귀대명사: myself, himself, ...
       │           └─ 소유대명사: my/mine, our/ours, ...
       ├─ 상호대명사: each other, one another
       ├─ 관계대명사: that, who, ...
       ├─ 의문대명사: who, what, ...
       ├─ 지시대명사: this, these, that, those
       └─ 부정대명사: all, someone, anything, no one, ...
```

6.1.1 핵심대명사 (central pronoun)

핵심대명사는 다른 대명사들과는 달리 인칭(person), 성(gender), 수(number)에 따라 그 형태가 변하며, 특히 인칭대명사는 격(case)에 따라 다른 모습을 취한다.

		인칭대명사		재귀대명사	소유대명사	
		주격	목적격		한정사적	명사적
일인칭	단수	I	me	myself	my	mine
	복수	we	us	ourselves	our	ours
이인칭	단수	you	you	yourself	your	yours
	복수	you	you	yourselves	your	yours
삼인칭	남성 단수	he	him	himself	his	his
	여성 단수	she	her	herself	her	hers
	중성 단수	it	it	itself	its	없음
	복수	they	them	themselves	their	theirs

1. 인칭대명사 (personal pronoun)

인칭대명사에는 주격형과 목적격형이 있으며 (I/me, we/us, he/him, she/her, they/them), it와 you는 주격형과 목적격형이 동일하다. 주격형은 주어 또는 때때로 주격보어로 쓰이며, 목적격형은 동사의 목적어, 전치사의 목적어 또는 때때로 주격보어로 쓰인다.

He was late.　　　　　　　　　　　　　　　　　　　　　　　[주어]
It was *he*.　　　　　　　　　　　　　　　　　　　　　　　　[주격보어]

It was *him*.　　　　　　　　　　　　　　　　　　　　　　　　[주격보어]
I saw *him* at the station.　　　　　　　　　　　　　　　　　　[동사의 목적어]
We cannot manage without *him*.　　　　　　　　　　　　　　[전치사의 목적어]

☞ 인칭대명사 중에 it와 they/them은 사람 외에 사물을 가리킬 수도 있다.

(a) 주격형과 목적격형의 혼용

전통적 문법규칙에 따르면 주격보어로는 주격형의 대명사가 쓰이는 것이 옳지만, 구어체에서는 주격보어로서 목적격형 대명사가 널리 쓰인다.

(Who is there?)　It's *I/me*.

☞ 더 간단히 대답할 경우에는 'I.'라고 하기보다 'Me.'라고 하는 것이 옳다.

(1) 'it is/was + 대명사 + 관계절': it-that 강조구문이라고 부르는 분열문(cleft sentence)에는 다음의 두 가지 형이 있다.

ⓐ 대명사의 목적격형 + that (비격식적)

It's *me that* needs your help most.
It was *her that* reported the accident to the police.

ⓑ 대명사의 주격형 + who (격식적)

It is *I who* am to blame.
(= It is *me that* is to blame.)
It is *you who* are responsible.
(= It is *you that* is responsible.)

☞ that-절과 who-절에 나타나는 동사의 형태에 유의하기 바란다.

(2) 비교구문: 주격형과 목적격형의 대명사는 비교구문에서도 함께 쓰일 수 있는데, 이때 주격형 대명사만 쓰면 좀 거드름을 피우는 것 같은 표현이 되므로 be 동사를 함께 쓰는 것이 좋으며 구어체에서는 목적격형이 두루 쓰인다.

John is *more intelligent than she (is)/her*.
John is *as intelligent as she (is)/her*.

☞ but나 except 다음에는 목적격형이 온다.

Everybody *but* *me* knows where they went.

(b) 허사 it

　　it는 일반적으로 사람이 아닌 대상을 가리키는 단수 명사 또는 명사구를 대신해서 쓰이는 대명사라고 할 수 있지만 사람을 가리킬 수도 있는데 남녀구분이 불필요하거나 어려울 경우 중성인 it가 쓰일 수 있다 (예: A child learns to speak the language of *its* environment.).

　　지금부터 논의할 it는 허사(expletive)로서 보통 대명사와는 달리 스스로 지니는 의미가 없으며 단지 주어 자리를 채워주거나 주어 자리에 나타나서 진 (true) 주어의 출현을 예시해 주는 역할을 할 뿐이다. 따라서 허사 it는 엄격히 말해서 대명사라고 말할 수 없다. 그러나 부가 의문문과 같은 구문에 나타날 수 있기 때문에 허사 it도 대명사적 특성을 지녔다고 말할 수 있다.

John expects to see his parents tomorrow, *doesn't he*?

It's getting dark, *isn't it*?

It's not Wednesday, *is it*?

(1) 비인칭 (impersonal) it: 시간, 거리, 날씨를 나타내는 표현에 나타난다.

　　It's getting dark.
　　It's cold outside.
　　It was raining yesterday.　　　　　　　　　　　　　　[날씨]

　　It's ten o'clock.
　　It's Wednesday.　　　　　　　　　　　　　　　　　　[시간]

　　It is five kilometers from the library to my house.
　　It is a five-minute walk to my house.　　　　　　　　　[거리]

(2) 예비의 (preparatory) it: 일반적으로 절(clause)이 문장의 주어가 될 때는 절-주어가 문두 위치에 오지 않고 '예비의' it이 문장의 문법적 주어 역할을 담당하고 절-주어는 문미 위치에 온다. 이러한 구문을 외치 (extraposed) 구문이라고 부른다.

It is important *(for you) to be there on time.*
= *(For you) To be there on time* is important.
It'll take about five hours by car *to get to Busan from here.*
= *To get to Busan from here* will take about five hours by car.

[부정사절]

It is a shame *that we lost the game.*
= *That we lost the game* is a shame. [that-절]

It is unbelievable *what doctors can do these days.*
= *What doctors can do these days* is unbelievable. [wh-절]

It surprised him *my not remembering his name.*
= *My not remembering his name* surprised him. [-ing 절]

It looks *as if we're going to have trouble with Mary again.* [as if 절]

It was some poet who said that we live in an age of anxiety.
It was four years ago that he died. [분열문: 강조구문]

☞ 예비의 it 구문은 절-목적어의 경우에도 나타난다.

I find *it* hard *to do all this work.*
We think *it* possible *that they may arrive next week.*
John made *it* clear *what he wanted.*
We find *it* interesting *talking to him.*

(3) 관용구 속의 it: it는 몇몇 관용적 표현 속에 나타나며 특별히 가리키는 것이 없다.

At last we've made *it.*
Stick *it* out.
How's *it* going?

(4) 허사 there: 영어에는 it 외에 there라는 허사가 있다. 허사 there는 문장의 문법적 주어 위치에 와서 무엇인가의 존재여부를 말해주는

구문을 이끌며, 동사는 바로 뒤에 따라오는 실제적 주어 명사구와 일치한다. 명사구는 일반적으로 부정(不定: indefinite) 명사구 또는 부정 대명사가 된다.

there + be + (대)명사구 . . .

There is a book on the desk.
There are *some books* on the desk.

There's *someone* at the door.
There's *nothing* for me to do.

☞ there는 be 동사 외에 appear, come, go, happen, live, remain, seem 등 매우 제한된 동사들과만 함께 쓰일 수 있다.

There seem to be *two reasons* for his success.

☞ there도 허사 it와 마찬가지로 부가 의문문에 나타날 수 있다는 점에서 대명사적 특성을 지니며, 문장의 문법적 주어 역할을 한다.

There are some books on the desk, *aren't there*?

☞ There is the book that I'm looking for가 가능하지만 여기서 there는 장소부사 역할을 한다.

(c) we의 특수용법
  우리는 공동의 의식을 강조하기 위하여 일인칭 복수 대명사인 we를 종종 사용한다.

 (1) 저자 또는 논설의 (editorial) we: 저자나 강연자가 종종 다음과 같은 표현을 사용함으로써 독자 또는 청자를 책이나 연설의 내용 속으로 끌어들이려고 한다. 특히 학술적 논문에서는 필자가 자신을 I라고 표현하는 것을 피한다.

> As *we* saw in Chapter 3, . . .
> *We* now turn to a different problem.
> As *we* showed a moment ago, . . .

(2) 수사적 (rhetorical) we: 정부나 기업체와 같은 단체를 대표해서 말할 때 쓴다.

> Today *we* are much concerned with the welfare of the people as a whole.

(3) 어버이적 (paternal) we: 의사와 환자, 선생과 학생, 부모와 자식 사이에 애정과 친밀감을 표현하거나 고통을 함께 함을 표현할 때 쓰인다.

> It's time *we* (= you) went to bed.
> How are *we* (= you) feeling today?

(d) 인칭대명사의 총칭적 (generic) 용법

영어에는 대표적인 총칭적 대명사 one이 있지만, 영어의 복수 인칭 대명사가 모두 '사람 전체'를 뜻하는 총칭적 대명사로 쓰일 수 있다.

> *We* live in an age of immense changes.
> *You* can never tell what will happen.
> *They* say it's going to snow today.

☞ 위의 예에서 we, you, they가 비록 총칭적으로 쓰이고 있지만 이들은 각각 일인칭, 이인칭, 삼인칭과 관련이 있는 특별한 뜻을 표현한다. 일인칭 we는 일반적으로 말하는 사람과 듣는 사람 그리고 제삼자까지 포함하며, 쓰이는 맥락에 따라 그 말이 쓰이는 주변상황으로부터 전 인류까지 나타내게 된다. 따라서 we가 완전히 총칭적으로 쓰이는 경우에는 문장을 무행위자 (agentless) 수동문으로 바꿀 수 있다.

> *We* now know that the earth is round.
> = It is known that the earth is round.

그러나 총칭적으로 쓰인 you는 대표적인 총칭적 대명사 one의 구어체로서 청자의 경험에 호소하는 뜻을 내포하고 있다.

You can always tell what she's thinking.

you와 마찬가지로 총칭적 they도 구어체에서 널리 쓰이며 화자와 청자를 배제하는 삼인칭의 뜻을 지닌다.

They grow coffee in Brazil.
They don't make decent furniture nowadays.

(e) 등위접속된 선행사와 대명사

복수 대명사만이 and로 접속된 선행사를 가질 수 있다. 선행사에 따라 어떤 대명사를 선택할 것인가는 다음의 법칙에 따른다.

접속된 선행사의 인칭	대명사의 인칭
2 + 1	1
3 + 1	1
3 + 2	2
3 + 2 + 1	1

일인칭 대명사가 접속된 선행사의 일부로 포함되어 있으면 이 선행사를 받는 대명사는 다른 부분의 인칭과 상관없이 일인칭이어야 하고, 접속된 선행사가 이인칭 대명사와 삼인칭 명사구로 구성되어 있으면 이것을 받는 대명사는 이인칭이 되어야한다.

You and I have a lot to talk about *our* present situation.
Fred and I have finished *our* work.
You and John can stop *your* work now, if *you* like.
Because *you, Mary and I* have already finished, *we* can have lunch.

2. 재귀대명사 (reflexive pronoun)

재귀대명사는 그 명칭이 말해 주듯이 일반적으로 같은 절 내에 있는 다른 명사구를 가리키는데 대부분의 경우에 그 명사구가 절의 주어일 가능성이 높다. 재귀대명사는 단수형일 때는 -self로 끝나고 복수형일 때는 -selves로 끝난다.

(a) 일/이인칭 재귀대명사 = 한정사적 소유대명사 + -self/-selves

단수 = myself, yourself
복수 = ourselves, yourselves

(b) 삼인칭 재귀대명사 = 목적격형 인칭대명사 + -self/-selves

단수 = himself, herself, itself
복수 = themselves

☞ herself는 외관상으로는 소유격형과 목적격형 둘 다에 속한다.

(c) 재귀대명사는 명사구와 마찬가지로 동사의 목적어, 보어 또는 전치사의 목적어로 쓰이며, 앞에서도 말했듯이 재귀대명사는 일반적으로 주어를 가리키기 때문에 문법적 주어로는 쓰이지 않는다. 재귀대명사는 자신이 가리키는 명사구와 수, 성, 인칭에서 일치해야 한다.

The man washed ***himself***.　　　　　　　　　　　　[목적어]
Mary enjoys looking at ***herself*** in the mirror.　　[전치사 목적어]

(d) 재귀대명사의 용법에는 강조적 용법과 비강조적 용법 두 가지가 있는데 여기에 한 가지 더 추가한다면 관용적 용법이 있다.

(1) 비강조적 용법: 비강조적 용법에는 다음의 다섯 가지 유형이 있다.

ⓐ 재귀대명사 목적어를 의무적으로 필요로 하는 동사들과 함께 쓰인다. 이러한 동사로는 absent oneself (from), avail oneself (of), behave oneself, perjure oneself, pride oneself (on) 등이 있다.

Mr. Smith always *prides **himself*** on his academic background.

ⓑ 재귀대명사 목적어를 수의적으로 취하는 동사와 함께 쓰이는데 이 경우 재귀대명사 목적어를 삭제해도 그 뜻에 있어서는 거의 변화가 없다. 이러한 동사에는 adjust (oneself) to, dress (oneself), hide (oneself), identify (oneself) with, prepare (oneself) for, prove (oneself) (to be), wash (oneself), worry (oneself) 등이 있다.

He has to *shave (**himself**)* twice a day.
The animal seems to know how to *adjust (**itself**)* to its environment.

ⓒ 보통 타동사의 목적어로 쓰이는 재귀대명사는 보통 대명사와 그 지시관계 (즉, 선행사의 선택)에 있어서 대조를 이룬다. 다음의 두 문장을 비교해 보자. 첫 번째 예에서 himself는 의무적으로 주어인 Williams를 가리키지만 두 번째 예의 him은 절대로 주어인 Williams를 가리킬 수 없다.

Williams saw *himself* in the mirror.
Williams saw *him* in the mirror.

ⓓ 전치사구와 앞에 있는 동사가 밀접한 관계를 형성하는 구문에서 재귀대명사가 전치사의 목적어로 쓰이며, 이 경우에 재귀대명사의 선행사는 그 절의 주어가 된다.

Mary stood looking at *herself* in the mirror.
Do look after *yourselves*!
He thinks too much of *himself*.

☞ 완전히 일반화하기는 어렵지만 공간적 관계를 나타내는 부사적 전치사구에서는 비록 그 선행사가 절의 주어라 할지라도 보통 인칭대명사가 쓰이는 경우가 많다.

He looked *about him*.
They placed their papers *in front of them*.
We have the whole day *before us*.

ⓔ 전치사 as, but (for), except (for), like, than 등의 목적어로 쓰일 경우 또는 다른 명사구와 등위접속될 경우 재귀대명사는 인칭대명사와 교대로 쓰일 수 있다.

For someone *like me/myself*, this is a big surprise.
Except for us/ourselves, the whole village was asleep.
My brother *and I/myself* went fishing yesterday.

(2) 강조적 용법: 강조적 용법으로 쓰이는 재귀대명사는 그 선행사와 '동격' (apposition) 관계를 가지며 항상 발음할 때 주강세를 주어 발음해야 한다.

*The President **himself** attended the meeting.*
*The President attended the meeting **himself**.*

☞ 주어를 강조하는 재귀대명사는 일반적으로 주어 바로 다음이나 문장 끝에 온다.

*They want **us** to lead the discussion **ourselves**.*
*We spoke to the victims **themselves**.*

3. 소유대명사 (possessive pronoun)

소유대명사에는 한정사 역할을 하는 것과 독립된 명사구 역할을 하는 것 두 가지 유형이 있다.

한정사적 소유대명사: my, our, your, his, her, its, their
명사구적 소유대명사: mine, ours, yours, his, hers, ___, theirs

(a) 한정사적 소유대명사에 대하여는 이미 명사구의 수식어를 공부할 때 언급한 적이 있다. 한정사적 소유대명사는 관사, 지시사, 소유격 명사구와 함께 명사구를 수식하는 한정사 역할을 한다. 이에 반하여 명사적 소유대명사는 속격 명사구와 마찬가지로 독립적인 명사구로 쓰인다. 여기서 유의할 점은 한정사로 쓰이는 소유격 명사구와 속격 명사구는 그 형태가 동일하다. 다음의 두 표현을 비교해 보라 (5장 4절을 보라).

This is ***her*** book
The book is ***hers***.

This is ***John's/my daughter's*** book
The book is ***John's/my daughter's***.

(b) 명사적 소유대명사는 한정사적 소유대명사를 가진 명사구를 대치하여 쓰일 수 있다.

If you need a bicycle, I'll lend you ***my bicycle/mine***.

(c) 또한 명사적 소유대명사는 소위 '후행 속격 구문' (일명 이중 속격 구문)에서 전치사의 목적어로 나타난다.

I was talking to *a friend of yours*. (= one of your friends)

☞ a friend of yours는 your friend와 뜻이 다르다. a friend of yours는 친구들 중에 한 사람으로 누군지 불명확할 (indefinite) 때 쓰고, your friend는 친구임이 명확할 (definite) 때 쓴다. 따라서 정관사는 일반적으로 쓰이지 않지만, 지시사는 가능하다 (이중 속격 구문에 대해서는 5장 4절을 보라).

A daughter of his has arrived.
(*The daughter of his had arrived.)
That bicycle of theirs always gave us trouble.

(d) 다른 언어에서와는 달리 영어에서는 우리 몸의 일부를 지칭하거나 극히 개인적인 소유물을 가리킬 때 한정사적 소유대명사를 쓴다.

He stood at the door with *his* hat in *his* hand.
(*He stood at the door with the hat in the hand.)
They have changed *their minds* again.

☞ 그러나 목적어와 관련이 있는 전치사구의 목적어와 수동문에서는 소유 대명사 대신에 정관사 the를 쓰는 것이 일반적이다.

She took me by *the hand*.
I must have been hit on *the head* with a hammer.

(e) 한정적 소유대명사는 own을 대동하고 나타날 수 있는데, own은 강조적 용법의 재귀대명사가 그 선행사를 강조하듯이 소유대명사의 의미를 강조하는 역할을 한다. 따라서 my own은 '다른 사람의 것이 아닌 나 자신의'라는 뜻을 지닌다.

This book doesn't belong to the library—it's *my own copy*.

☞ 주어를 반드시 가리키고 싶을 경우에 own을 쓴다. 따라서 'Sam cooks *his own* meal every evening'은 쌤이 자신이 먹을 저녁을 짓는다는 뜻만을 갖지만 'Sam cooks *his* meal every evening'은 쌤이 다른 사람의 저녁식사를 만든다는 뜻을

지닐 수도 있다. 또한 own은 소유대명사와 결합하여 명사적 소유대명사처럼 독립적으로 쓰일 수 있다.

Bill sometimes plays other musicians's arrangements, but *his own* are much better.
I'd love to have *a home of my own*.

6.1.2 상호대명사 (reciprocal pronoun)

상호대명사 each other와 one another는 두 개의 대명사가 결합한 것으로 보기보다 하나의 복합 대명사로 보는 것이 좋다. 간혹 전통적 영문법서를 보면 each other는 '둘'을 가리키고 one another는 '셋 또는 그 이상'을 가리키는 것으로 쓰여 있지만, 현재는 이러한 구분이 없이 쓰인다. 단지 이들 사이에 차이가 있다면 each other는 one another보다 구어체에서 더 널리 쓰인다는 점이다. 상호대명사는 반드시 선행사를 갖는다는 점에서는 재귀대명사와 유사하지만 다른 점도 많다.

1. 다음의 문장을 비교해 보자.

   Adam and Eve blamed ***themselves***.
   (= Adam blamed himself and Eve blamed herself.)

   Adam and Eve blamed ***each other***.
   (= Adam blamed Eve and Eve blamed Adam.)

2. 상호대명사는 동사나 전치사의 목적어로 쓰일 수 있지만, 재귀대명사와는 달리 주격보어나 동격관계에 의한 강조적 용법으로 쓰일 수 없다.

   All the students trust ***one another***.
   Meg and Bill are very fond of ***each other***.

3. 상호대명사는 재귀대명사와는 달리 소유격형이 있다.

The students can borrow *each other's/one another's* books.

*The student lost *himself's* book.
(참고: The student lost *his (own)* book.)

4. 상호대명사 중에 each other는 each와 other가 분리되어 상관어구(correlative)로 사용될 수 있다.

   Adam and Eve **each** blamed **the other**.
   = *Adam and Eve* blamed *each other*.

   They know *each other* very well.
   = *They* **each** know **the others** very well.
   = **Each** *of them* knows **the others** very well.

   ☞ 세 번째 예는 선행사가 대명사일 경우에만 가능하다.

   ***Each** of Adam and Eve* blamed **the other**.

   ☞ the other를 쓸 것인가 the others를 쓸 것인가는 주어가 2인인가 혹은 3인 이상인가에 달려있다.

5. 상호대명사는 embrace, meet, kiss와 같은 소위 '대칭적'(symmetrical) 동사와 함께 쓰일 경우에는 생략될 수 있다.

   Adam and Eve *kissed* **each other**.
   = Adam and Eve kissed.

   Anna and Bob *met* **each other** in Cairo.
   = Anna and Bob met in Cairo.

6. 상호대명사는 복수 선행사를 가져야 한다.

   John and Bill shaved **each other**.
   **Bill* shaved *each other*.

6.1.3 지시대명사 (demonstrative pronoun)

지시대명사란 그 명칭이 말하듯이 말하는 사람과 듣는 사람에게 공히 보이는 대상을 가리킬 때 일반적으로 쓰인다. 대표적인 지시대명사로는 말하는 사람에게 가까운 위치에 있는 대상을 가리키는 this-계통과 좀 떨어진 위치에 있는 대상을 가리키는 that-계통이 있다.

	단 수	복 수
가까운 것	this	these
떨어진 것	that	those

지시사(demonstrative)는 독립적인 대명사로 쓰이기도 하지만 우리가 앞에서도 언급했듯이 명사를 수식하는 한정사(determiner)로도 쓰이기 때문에 (this student, these students, that student, those students), 지시사를 쉽게 이해하려면 이 두 가지 용법을 함께 생각하는 것이 좋다. 지시대명사의 지시관계를 공부하기 전에 먼저 이들의 몇 가지 문법적 특성에 대해서 생각해 보기로 하자.

1. 지시대명사의 문법적 특성

   (a) 단수형과 복수형 모두 명사구를 대신하는 대용어(pro-form)로 쓰일 수 있다.

   This chair is more comfortable than ***that*** [= *that* chair].
   Those apples are sweeter than ***these*** [= *these* apples].

   ☞ 지시사 다음에 one 또는 ones를 써도 같은 의미를 갖는 표현이 된다.

   This chair is more comfortable than ***that*** one.
   Those apples are sweeter than ***these*** ones.

   (b) 지시대명사는 그 지시대상이 상황에 따라 결정되는 불특정 대상을 가리킬 수 있다.

Come and have a look at *this*.
Leave *that* alone!
Can I borrow *these*?

☞ 이 경우에 지시대명사는 일반적으로 사람을 가리키지 않는다. 따라서 다음의 문장은 모욕적인 표현이 된다.

Is she going to marry *that*?

(c) 그러나 다음의 경우에 지시대명사가 '주어'로 쓰이면 사람을 가리킬 수 있다.

(1) 아는 사람을 다른 사람에게 소개할 때

This is Mr. Jones.

(2) 사진을 가리키며

That's my stepmother.

(3) 명단을 가리키며

Are *these* the students who have registered?

(4) 전화를 걸면서

This is Bill. Is *that* Mr. Jones?

(d) 지시대명사는 한정사 선행어(predeterminer) 또는 제한적 관계절(relative clause)의 수식을 받을 수 있다.

All (of) *this* is mine.
Could you give me *half* (of) *that*?
Would you like *both* (of) *these*?
All (of) *those* are sold.

☞ 위의 문장에서 of가 들어간 표현이 더 자연스럽다.

Those who try hard deserve to succeed.
These watches are more expensive than ***those*** (which) we saw in New York.
That which upsets me is his manner.
(= What upsets me is his manner.)

☞ that which...는 문어체로서 구어체로는 거의 사용되지 않으며, 그 복수형인 those who...와는 달리 사람을 가리키는 표현으로는 쓰이지 않는다. 그리고 this와 these는 일반적으로 제한적 관계절의 수식을 받지 않는다.

2. 지시대명사의 지시관계

지시대명사의 지시관계에는 그 지시대상이 화자와 청자가 처해있는 상황에 의해 결정되는 '상황적 지시'와 담화의 일부를 가리키는 '담화적 지시' 등 두 가지 유형이 있다.

(a) 상황적 지시

(1) 가장 대표적인 예로는 사람을 소개할 때 화자와 가까운 거리에 있느냐 떨어져 있느냐에 따라 전자의 경우에는 this를 후자의 경우에는 that를 사용한다.

This is my friend Charlie Brown.   [친구가 바로 옆에 있을 때]
That is my friend Charlie Brown.
        [친구가 좀 떨어져 있는 여러 사람들과 함께 있을 때]

(2) 공간적 원근관계는 더 추상적인 시간적 원근관계로 확대될 수 있다.

This morning
That morning

☞ 시간을 나타내는 표현과 함께 쓰일 때는 this/these는 '앞으로 올 시간' 또는 현재와 관계가 있는 시간을 뜻하고 that/those는 '지나간 시간'을 가리킨다.

this Friday
that September

these days
those days

(3) 만약 여러분이 어떤 사람에게 어떤 기술이나 기계의 사용을 시범으로 보여준다고 가정하자.

This is how you do it.   [시범을 보여주면서]
That's how you do it.   [시범을 끝내고 나서]

(b) 담화적 지시: 담화적 지시에는 지시대명사가 자신보다 앞에 오는 담화의 일부를 가리키는 경우와 자신보다 뒤에 오는 담화의 일부를 가리키는 경우가 있다.

(1) 앞에 나온 명사구를 가리킬 경우에는 일반적으로 that/those를 쓴다.

The climate of Korea is very much like *that* of Australia.
The trees in the backyard are much bigger than *those* in the front yard.

(2) 앞에 나온 담화의 일부를 가리킬 경우 this와 that가 공히 쓰인다.

This is what I mean.
That is what I mean.

(3) this는 뒤에 나올 담화를 가리킬 수도 있다.

This is what I mean.
His story begins like *this*: 'Once upon a time. . .'

☞ this와 that는 형용사의 뜻을 강조하는 부사로 쓰일 수 있는데 강조의 기준은 어디까지나 앞에 나온 담화 속에서 찾아야 한다.

I had a terrible headache yesterday, but I'm not feeling *that* (= so) *bad* today.
We all went on a picnic. We haven't had *that* (= so) *good a time* for years.
(= We haven't had such a good time for years.)

☞ this는 화자가 사건의 현장에 있을 경우에만 형용사의 강조어로 쓰일 수 있는 반면, that (그리고 so)는 이에 상관없이 쓰일 수 있다.

> There are two thousand people in the theatre.
> I didn't expect it to be *this/that/so full*.

☞ such도 다음과 같은 경우에 지시대명사와 같은 의미로 쓰인다. 다음의 예에서 such를 this나 that로 대치해도 그 의미에는 거의 차이가 없다.

> If he makes mistakes, he deserves to suffer. ***Such*** is my opinion.

6.1.4 관계대명사 (relative pronoun)

관계대명사란 명사구를 뒤에서 수식하는 관계절을 이끄는 낱말을 가리키며, 관계대명사와 관계절에 대해서는 5장 6.1절을 보기 바란다.

6.1.5 의문대명사 (interrogative pronoun)

의문대명사는 소위 wh-의문문을 만들 때 사용되는 대명사로서 wh-형의 관계대명사와 그 형태가 같다.

1. 의문대명사의 종류

의문대명사에는 명사적 기능을 하는 것과 형용사적 기능을 하는 두 가지 종류가 있다.

명사적 기능	who, whom, whose, which, what
형용사적 기능	whose, which, what

Whose is this jacket?
Whose *jacket* is this?

Which is your favorite conductor?
Which conductor do you like best?

(a) who, whom, whose: 관계대명사의 경우와 마찬가지로 who, whom, whose 는 각각 주격, 목적격, 속격을 나타내며, 이들은 모두 사람을 가리키는 명사구를 대신하는 의문사로만 쓰일 수 있다.

Who told you where I was?
Whom/Who do you admire most?

☞ 관계대명사의 경우와 마찬가지로 전치사 바로 다음에 오는 경우를 제외하고는 구어체에서는 whom 대신에 who를 사용한다.

For whom is she working?
(= *Who/Whom* is she working for?)
(*For who is she working?)

☞ 관계대명사의 경우에는 whose가 예외적으로 사물을 선행사로 취할 수 있지만 의문사로 쓰일 경우에는 사람이 아닌 대상을 가리키는 의문사로 쓰일 수 없다. 따라서 다음과 같은 대화는 불가능하다.

A: *Whose funnel* was damaged?
B: That ship's.

(b) which: which는 관계대명사로 쓰일 경우에 사람을 가리키는 명사구를 선행사로 취할 수 없으나, 의문사로 쓰일 경우에는 사물뿐만 아니라 사람을 가리키는 의문사로 쓰일 수 있다.

The author *who/*which* I admire most . . .

Which is your favorite author?
Who is your favorite author?

☞ 위의 예에서 볼 수 있듯이 which는 대답하는 사람에게 매우 제한된 선택만을 허용하는 한정적 (definite) 의미를 지니는 데 반하여 who가 사용될 경우에는

이러한 제약이 없는 비한정적 (indefinite) 의미를 지닌다. 바꾸어 말해서 이미 담화 속에서 명시적으로 또는 함축적으로 거론되었거나 작가의 이름이 적힌 명단을 가리키면서 질문을 할 때는 which를 쓴다. 이러한 현상은 which와 what 사이에서도 나타난다.

Which is the best English dictionary?
What is the best English dictionary?

Which *newspaper* do you read?
What *newspaper* do you read?

따라서 여러 명이 찍힌 사진을 들여다보면서 '너는 어디에 있지?'라고 물어볼 때는 'Which is you?'라고 말해야 한다. 또한 선택의 폭을 of-구를 써서 명시적으로 나타냈을 때도 which를 써야한다.

Which *of the three girls* is the oldest?

(c) what: what와 which는 who-계통의 의문사와는 달리 격에 따라 형태가 전혀 바뀌지 않는다.

What caused the accident?
What did you see?
About **what** are you talking?
= **What** are you talking *about*?

☞ 위의 마지막 문장에서처럼 의문사가 전치사를 대동하고 문두에 나타나는 문장은 문어체로서 때때로 쓰이지만 구어체로는 거의 쓰이지 않는다. 또한 what는 통상적인 질문을 할 때 외에도 '주소, 날짜, 시간, 거리' 등을 물어볼 때도 쓰인다.

What's your address?
What *date* is it?
What *time* is it?
(= **What**'s the time?)

☞ what가 사람을 가리킬 때는 가리키는 사람의 '직업'이나 '신분'을 물어볼 때만 쓰인다. 다음의 대화를 비교해 보라.

A: ***What's*** her husband?
B: He's *a film director*.

A: ***Which*** is her husband?
B: He's *the man smoking a pipe*.

A: ***Who*** is her husband?
B: He's *Paul Jones*, the famous art critic.

(d) 의문부사: 의문사에는 대명사 또는 형용사적 기능을 가진 것들 외에 장소를 물어볼 때 쓰이는 where, 시간을 물어볼 때 쓰는 when, 이유를 물어볼 때 쓰는 why, 그리고 방법이나 태도를 물어볼 때 쓰는 how가 있다.

Where is Mary?
When did he come back?
Why did you do it?
How did you do it?

☞ 의문부사들 중에 how만 다른 형용사나 부사를 수식하는 의문사로 쓰일 수 있으며 동사의 종류에 따라 보어를 대신하는 의문형용사로도 쓰인다.

How old is he?
How fast can the man run?

How do you feel today?

(e) 의문사 + -ever: whoever, whatever, whichever, wherever, whenever, however 는 'no matter who, what, which, . . .'의 의미나 'any person who/any thing that, . . .'의 의미를 지닌다.

Whoever comes to the door, tell them I'm out.
(= *No matter who* comes to the door, . . .)

Whatever you do to me, I'll always love you.
(= *No matter what* you do to me, . . .)

You can come to see me *whenever* you like.
(= You can come to me *any time when* you like.)

☞ whatever는 whatsoever와 더불어 종종 'at all'의 뜻으로 쓰인다.

She doesn't understand any English *what(so)ever*.

2. 의문대명사의 통사적 특성

(a) 어순: 영어에서는 의문사를 써서 의문문을 만들려고 하면 의문사를 문장의 맨 앞으로 이동시켜야 하며, 동시에 주어 자체가 의문사가 아닐 경우에는 주어와 조동사를 도치시켜야 한다.

평서문			John	is	inviting	someone	to	dinner.
의문문	Who	is	John		inviting		to	dinner?

Who is John inviting to dinner?
*Who John is inviting to dinner?
*John is inviting who(m) to dinner?

Where has the gold been hidden?
*Where the gold has been hidden?
*The gold has been hidden where?

Who has borrowed my pencil?
*Has who borrowed my pencil?

☞ 의문사가 문장 앞으로 이동되지 않은 'You saw what?'과 같은 형태의 의문문이 있다. 우리는 이러한 의문문을 반향의문문(echo question)이라고 부르며, 이 의문문은 화자의 말을 재확인할 때나 기대하지 않았던 말을 들었을 때 사용한다.

"I saw a unicorn in the backyard."
"You saw *what*?"

(b) 간접의문문: 의문문이 더 큰 문장의 종속절로 쓰일 경우 우리는 이 의문문을 간접의문문(indirect question sentence)이라고 부르며, 우리가 지금까지 논의한 의문문을 직접의문문이라고 부른다. 간접의문문에서는 주어와 조동사의 도치가 일어나지 않는다.

Mary asked me *who she would* meet there.
(*Mary asked me who would she meet there.)

☞ 간접의문문에서 의문사는 주절의 동사의 성격에 따라 (believe, expect, say, suppose, think 등) 주절의 맨 앞 위치로 이동해야 한다. 이 경우 주절에서 주어와 조동사의 도치가 일어난다.

Who did you say she had to look after?
(*Did you say who she had to look after?)

(c) whether와 if: 아무런 표현도 대신하여 쓰이지 않는 의문사로서 whether와 if가 있다. 이들은 간접 가부의문문(indirect yes-no question sentence)을 이끈다.

She asked me *whether/if* I would report the accident to the police.
(She asked me, "Will you report the accident to the police?")

☞ 위의 예에서 볼 수 있듯이 if도 whether와 마찬가지로 간접의문문을 이끌 수 있지만 그 용법이 매우 제한되어 있다.

  (1) 간접의문문이 주어절로 쓰이면 if가 쓰일 수 없다.

  *Whether/*If she likes the present* is not clear to me.

☞ 그러나 의문절을 문장 끝으로 후치시키면 if도 나타날 수 있다.

It is not clear to me ***whether/if*** *she likes the presen*t.

(2) if는 주격보어로 쓰이는 의문절을 이끌 수 없다.

My problem is ***whether/*if*** *I should ask for another loan.*

(3) if는 전치사의 목적절로 쓰이는 의문문을 이끌 수 없다.

It all depends *on* ***whether/*if*** *they will support us.*

(4) if는 부정사 의문문을 이끌 수 없다.

I don't know ***whether/*if*** *to see my doctor today.*

(5) if 다음에 'or not'이 바로 따라 나올 수 없다.

He didn't say ***whether/*if*** *or not he'll be staying here.*

☞ 'or not'를 문장 끝으로 보내도 상관이 없다.

He didn't say ***whether/if*** he'll be staying here *or not*.

(d) 다중의문문: 두개 이상의 의문사가 하나의 문장에 나타날 수 있으며 우리는 이것을 다중의문문(multiple wh-question)이라고 부른다. 다중의문문에서의 의문사 이동에 대해서 간단히 살펴보기로 하자.

Who accused *whom* of *what*?

(1) 여러 개의 의문사들 중에 단지 하나의 의문사만 문두로 이동할 수 있다.

Who saw *what*?
*Who what saw?
*What who saw?

(2) 여러 개의 의문사들 중에 주어가 의문사이면 주어 의문사가 문장 맨 앞에 와야 한다.

Who gave *what to whom*?

What did *who* give *to whom*?
To whom did *who* give *what*?

(3) 직접목적어와 간접목적어가 의문사이면 직접목적어 의문사가 문장 앞으로 이동한다.

Which present did you give *to whom*?
To whom did you give *which present*?

(4) 목적어 의문사와 의문부사가 한 문장에 함께 나타나면 두 가지 의문문 형태가 가능하다.

What have you hidden *where*?
= **Where** have you hidden *what*?

(5) 주어 의문사와 의문부사가 동시에 나타나는 문장은 일반적으로 어색한 표현으로 간주된다. 따라서 다음과 같은 표현은 가급적 쓰지 않는 것이 좋다.

Who has fixed the car *how*?
Who met John *why*?

(6) 두개 이상의 의문부사가 나타나면 이들은 일반적으로 접속구 형태로 나타난다.

When and *where* did they meet?
How and *why* did it happen?

6.1.6 부정대명사 (indefinite pronoun)

이 대명사들은 '수' 또는 '양'이 확정되지 않은 불특정 대상을 가리킬 때 사용되기 때문에 부정대명사라고 부른다. 부정대명사에 대해서 논의하려면 먼저 몇 가지 새로운 용어에 대해서 알아둘 필요가 있다. '전칭적'(universal)이란 모두를 가리킨다는 뜻이며, '단언적'(assertive)이란 화자가 자신이 말한 것이 사실이라고 믿을 때 쓰는 용어로서 일반적으로 긍정 서술문을 가리킨다. 따라서 '비단언적'(nonassertive)은 부정문이나 의문문을 가리킬 때 사용된다.

1. 부정대명사의 종류

부정대명사는 그 형태와 특성에 따라 복합 부정대명사와 단순 부정대명사 또는 of-대명사로 분류된다.

(a) 복합 부정대명사 (complex indefinite pronoun)

	인	칭	비인칭
전칭적	everybody	everyone	everything
단언적	somebody	someone	something
비단언적	anybody	anyone	anything
부정적	nobody	no one	nothing

☞ 위의 표를 보아 알 수 있듯이 no one을 제외하고는 그 형태가 완전히 규칙적이며, 첫 모음을 [ʌ]로 발음하는 nothing을 제외하면 그 발음도 규칙적이다. 그리고 -one 복합 부정대명사와 -body 복합 부정대명사는 문법적으로 그리고 의미적으로 차이가 없으며 모두 사람을 가리키는 대명사이지만 전자가 더 자주 쓰인다.

(1) 복합 부정대명사 everyone은 외형상 비슷하게 생긴 every one과 발음과 의미에서 구별된다. 복합 부정대명사의 경우에는 every에 주강세가 오는 반면 후자의 경우에는 one에 주강세가 온다: éveryone : every óne. 모든 복합 부정대명사와 마찬가지로 everyone은 of-구를 대동할 수 없으나 every one은 항상 of-구 즉, of + 복수 대명사/복수 명사구를 대동한다.

Everyone will be present.
Every one of us/you/them/the students will be present.
*****Everyone*** of us/you/them/the students will be present.

☞ everyone과는 달리 every one은 사람이 아닌 대상을 가리킬 수 있으며, 앞에서 이미 언급되었을 경우 of-구를 생략할 수 있다.

We played several matches against the visitors, but lost ***every one.***

These books are wonderful. ***Every one****'s worth reading.*

(2) 모든 복합 부정대명사는 비록 개념적으로 복수를 나타내지만 항상 단수 동사와 함께 쓰인다.

Everyone/Everybody over eighteen now ***has*** a vote.
I tried everything but ***nothing works***.
There ***was*** *nobody/no one* at the office.

☞ everyone과 everybody는 종종 복수 대명사와 일치를 보이는 경우가 있다.

Everybody has ***their*** off-days.

(3) 복합 부정대명사는 else(그 밖의)라는 후행 수식어의 수식을 받을 수 있다.

*Everyone **else*** but me has gone to the party.
Do you need *anything **else***?

☞ else의 수식을 받는 복합 부정대명사를 소유격으로 만들 경우에는 -'s를 else 다음에 붙인다.

I must be drinking *someone **else's**/*someone's else* coffee.
His hair is longer than *anybody **else's**/*anybody's else*.

☞ else는 이외에 의문사의 후행 수식어로도 쓰일 수 있다.

*Who **else*** did you see?
I've said I'm sorry. *What **else*** can I say?

(4) 형용사는 복합 부정대명사를 언제나 뒤에서 수식한다.

She is looking for *somebody **very tall**/*very tall somebody*.
His lecture contains *nothing **new**/*new nothing*.

☞ 복합 부정대명사와 형태적으로 유사하기 때문에 다음의 단어들을 어쩌면 복합 부정부사(complex indefinite adverb)라고 부를 수 있겠다.

장소	시간	과정
everyplace everywhere		everyway
someplace somewhere	sometime(s)	someways somehow
anyplace anywhere		anyway(s) anyhow
no place nowhere		noway(s) nohow

We looked *everywhere* for our lost dog.
You are welcome to visit us *anytime*.
He'll come *anyway*, no mater what you say.
It's too heavy; I can't lift it *nohow*.

(b) 단순 부정대명사 (simple indefinite pronouns)
　　항상 of-구가 뒤따라 올 수 있기 때문에 일명 of-대명사라고도 부르며 부정대명사 중에서 복합 부정대명사를 제외한 모든 부정대명사가 여기에 속한다.

제 6 장 대명사와 대용어

		가산명사		불가산명사
		단수	복수	단수
전칭적		all each	all both	all
단언적	some	some	some	some
	다수		many more most	much more most
	소수		a few fewer/less fewest/least	a little less least
	one	one	ones	
비단언적		any either	any	any
부정적		none neither	none few	none little

단순 부정대명사들은 복합 부정대명사와 다음과 같은 점에서 구분된다.

(1) 모두 of-구가 뒤따라 나올 수 있다.

Some of us were tired and hungry.
Many of the students were absent from the class.
Only *a few of the children* can read.
I understood only *a little of his speech*.

(2) 모두 명사구를 대신하는 표현으로 쓰일 수 있다.

Many children learn to read quite quickly, but *some* (= some children) need special instruction.
Many old people visited our school today. They said *all* (= all the old people) are alumni of our school.

(3) none을 제외하고는 모두 명사를 수식하는 한정사로 쓰일 수 있다.

> *Some students* are only interested in grades.
> Let's invite *a few friends* to come with us.
> He's lived in Seoul and Busan, but he doesn't like *either city* very much.

3. 부정대명사의 특성

지금부터 우리는 부정대명사의 개별적 특성에 대해서 알아보기로 하겠다.

(a) all과 both

(1) all은 수가 셋 이상일 경우에 쓰이고 both는 오직 둘일 경우에만 쓰인다.

> The club is open to people of *both sexes* and *all nationalities*.
> *Both (of) his parents* died young.
> **All (of) his parents* died young.

(2) the와 같은 한정사가 따라 나올 경우에는 한정사 바로 앞에 of를 삽입할 수 있다.

> *All* (of) *the boys* want to become football players.
> **All of boys* want to become football players.
> *Both* (of) *the students* are working hard.
> **Both of students* are working hard.

(3) all은 단수 가산명사 또는 불가산명사와도 쓰일 수 있다.

> His action was condemned by *all (of) the civilized world*.
> (= the whole (of the) civilized world)
> *All (of) that money* you gave them has been spent.

☞ all과 whole에 대해서는 5장 5.2절을 보라.

(4) both the students는 the two students, both students와 그 뜻이 같다.

제 6 장 대명사와 대용어   249

그러나 둘 밖에 없는 눈을 가리킬 때는 both를 쓰는 것이 자연스럽다.

Both the students/**The** two students/**Both** students want to join our club.
Both her eyes (?Her two eyes) were closed.

☞ both of 다음에는 복수 명사구가 와야 한다.

****Both of** his mother and father* were invited to the dinner.
***Both of** his parents* were invited to the dinner
(☞ ***Both** his mother and father* were invited to the dinner.)

☞ **both . . . and**에 대해서는 10장을 보라.

(5) of가 뒤따라 나오지 않으면 all과 both는 대명사 뒤로 이동해야 한다.
All of us/*We all*/*All we like Peter.

I've met ***both** of them*/*them **both***/***both** them* before.

☞ 이 부정대명사들은 또한 문장 내에 조동사가 있으면 조동사 뒤로도 이동할 수 있다.

The villages have ***all/both*** been destroyed.
= ***All/Both*** *(of) the villages* have been destroyed.

☞ all과 both의 후치는 대명사의 경우에는 자유롭지만 보통 명사구일 경우에는 주어에 한하여 가능하다.

They told *us **all*** to wait.
She gave *them **both*** an apple.

*They told *the men **all/both*** to wait.

(b) each와 every
each, every 그리고 every-로 시작되는 복합 부정대명사를 우리는 배분적(distributive) 부정대명사라고 부른다 (빈도를 나타내는 배분적 용법에 대해서는 5장 5.2절을 보라). 그 이유는 이들이 집단 전체를 가리키지 않고 집단의 구성원을 개별적으로 가리키기 때문이다. 따라서 이들은 단수로 쓰인다.

(1) each와 every가 한정사로 쓰이면 그 뜻이 all과 큰 차이가 없다.

All good teachers study their subject carefully.
Every/Each good teacher studies his/her/their subject carefully.

(2) every는 each와 달리 대명사로 쓰일 수 없다.

Each/*Every of the students handed in his assignment.

☞ 대신에 '*Every one* of the students handed in his assignment'라고 말해야 한다.

(3) each는 of가 뒤따라 나오지 않을 경우 항상 대명사 또는 명사구 뒤로 후치된다.

They each have beautiful daughters.
*Each they have beautiful daughters.

The men each have beautiful daughters.
*Each the men have beautiful daughters.

(4) 목적어 뒤에 어떠한 표현도 뒤따라 나오지 않을 경우에는 each를 목적어 뒤에 둘 수 없다.

She embraced *each of her children*.
*She embraced *her children each*.

She kissed *each of them/the boys*.
*She kissed *them/the boys each*.

She kissed *them/the boys each* on the forehead.
I bought *the students each* an ice-cream.

☞ 그러나 수량을 나타내는 목적어 명사구 뒤에는 올 수 있다.

> I gave the boys *two chocolate bars* **each**.
> When their father died, they inherited *$one million* **each**.

(5) 다음의 문장들은 의미의 차이를 갖는다.

> **All** *(of) the girls* received a magnificent prize.
> **Each** *(one) of the girls* received a magnificent prize.
> **Every** *one of the girls* received a magnificent prize.

첫 문장은 모든 여자아이들이 하나의 상을 공동으로 수상했다는 뜻이고, 둘째와 셋째 문장은 각자가 개별적으로 상을 탔다는 뜻이다.

(6) each는 둘을, every는 셋 이상을 가리키는 경우가 있다.

> The woman is holding a child in **each/*every** hand.
> Our company is making more money **each/every** year.

(7) each와 every는 많은 경우 의미적으로 차이가 없이 사용된다.

> **Each** *of the states* has its own flag.
> **Every** *one of the states* has its own flag.
> **Each/Every** *state* has its own flag.
>
> You look more beautiful **each/every** time I see you.

☞ 그러나 each는 사람이나 사물을 한 번에 하나씩을 말할 때 쓰이고, every는 all과 같이 집단으로 가리킬 때 쓰인다.

> The doctor examined **each** patient one by one.
> The doctor gave **every** patient/**all** patients the same medicine.

(c) some과 any

some, someone, somebody, something, somewhere를 단언적(assertive) 부정대명사라고 부르고 any, anyone, anybody, anything, anywhere를 비단언

적(nonassertive) 부정대명사라고 부른다. 앞에서도 언급했듯이 일반적으로 단언적 대명사는 긍정 서술문에 쓰이고 비단언적 대명사는 부정문, 의문문, 조건문 등에 쓰인다.

Pam bought *some* apples.　　　　　　　　　　　　　　[긍정 서술문]
*Pam bought *any* apples.

Pam didn't buy *any* apples.　　　　　　　　　　　　　[부정문]
*Pam didn't buy *some* apples.

Did Pam buy *any* apples?　　　　　　　　　　　　　　[의문문]

☞ 비단언적 맥락은 주로 의문문, 부정문, 조건문에서 형성되지만, 문장의 근본적 의미가 some을 선택할 것인가 또는 any를 선택할 것인가를 결정한다. 아래 예문은 그 의역문을 보아서 알 수 있듯이 근본적으로 부정의 뜻을 가지고 있으므로 비단언적 환경을 형성한다.

Freud contributed more than *anyone* to the understanding of dreams.
= *Nobody* contributed as much to the understanding of dreams as Freud.

(1) some은 한정사로도 쓰일 수 있으며 일반적으로 복수명사, 불가산명사와 함께 쓰이며, 이들을 대신하는 대용어로도 쓰인다.

Some (of the) *guests* are married, and *some* (of them) are single.
Some (of the) *coffee* is Brazilian, and *some* (of it) is Colombian.

(2) some은 시간을 뜻하는 단수 가산명사와 종종 함께 쓰일 수 있다.

Some day, I'll tell you a great secret.
They've been staying in the village for *some time*.

(3) some은 그 외에 단수 가산명사와 결합하여 '어떤(a certain)' 또는 '누군가의, 무엇인가의(some. . . or other)'의 뜻으로 쓰인다.

Did you see *some strange man* looking over the fence?
He'll do it in *some way* (or other).

☞ 특히 미국식 영어에서 감탄문에서 강세를 받고 있는 some이 단수 가산명사와 결합하면 '대단한, 지독한'의 뜻으로 쓰인다.

> That was *some party*! (= a very good party)
> *Some friend* you are! You won't even lend me 1,000 won.

(4) some도 비단언적 맥락에서 사용될 수 있는데 그 기본적인 의미는 단언적이다. 다음의 두 문장을 비교해 보라.

> Did *somebody* telephone last night?
> Did *anybody* telephone last night?

　위의 첫 번째 문장은 말하는 사람이 누군가가 전화를 했을 것이라고 생각하면서 말할 때 쓰며, 두 번째 문장은 그러한 생각이 없이 말할 때 쓴다. 따라서 남을 초청하거나 남에게 어떤 제안을 할 때 단언적 부정대명사를 쓰는 것이 좋다.

> Would you like *some* wine?
> Could you give me *some* more meat?

(5) any도 '누구든, 어느 것이든, 무엇이든'이라는 뜻으로 단언적 맥락에서 사용될 수 있으며 이 경우 any는 항상 강세를 받는다.

> You can paint the house *any* color you like.
> He will eat *any* kind of vegetables.
> She'll marry *anyone*.

☞ 선택의 폭이 둘 중의 하나일 경우에는 any 대신에 either를 쓴다.

> I haven't met *any* of your friends.
> I haven't met *either*/*any of your parents.

☞ some과 any는 정도부사로 쓰일 수 있다.

> *Some* five million foreign tourists visit Korea every year.

We won't discuss the subject *any further*.
Was his lecture *any good*?

(d) many/a few와 much/a little

many와 a few는 '수'를 나타내기 때문에 복수 가산명사와 함께 쓰이고 much와 a little은 '양'을 나타내기 때문에 불가산명사와 함께 쓰인다.

Many/A few (of my friends) live in Daegue.
I haven't read *much of his poetry*.
Give me *a little of that wine*.

I know *many/a few people* in Boston.
I have eaten *too much/a little food*.

(1) 아무런 수식을 받지 않는 many와 much는 구어체에서 비단언적 맥락에서 쓰이는 경향이 있다. 따라서 단언적 맥락에서는 이들 대신에 동의어를 쓰며, 밑의 예에서 ⓐ의 문장보다 ⓑ의 문장을 쓰는 것이 좋다.

ⓐ We have endured *much*.
She has *many good ideas*.

ⓑ We have endured *a great deal*.
She has *plenty of/ a lot of good ideas*.

(2) less는 일반적으로 복수명사와 함께 쓰일 수 없는 것으로 되어 있으나 구어체에서 이 제약이 지켜지지 않는 경우가 많다.

There used to be more *women* than *men* in our country, but now there are *fewer/less*.
You have *fewer/less books* than me.

☞ 시간이나 돈의 총액을 나타낼 때는 less만 쓸 수 있다.

less than two weeks
(**fewer than two weeks*)

***less* than $1,000**
(**fewer* than $1,000)

(e) one, another, other

이들은 다음과 같은 통사적 특성을 지닌다.

(1) one: one에는 세 가지 종류가 있다.

ⓐ 첫째는 수의(numerical) one으로서 '하나'를 뜻한다. 이 one은 다른 기수들과 마찬가지로 한정사로도 쓰일 수 있고 명사구의 머리어로도 쓰일 수 있다.

***one* boy**
***one* of the boys**

한정사로 쓰일 경우 one은 강세를 받은 부정관사 a(n)에 해당한다.

☞ one은 another 또는 the other와 상관구문(correlative construction)을 구성한다. 가리키는 대상이 둘일 경우에는 one. . . the other를 쓰는 것이 보통이다.

I have *two friends*; *one* lives in Seoul and *the other*/***another** in Busan.
We overtook *one car* after ***another*/*the other***.
I've been busy *one thing* or ***another***.

☞ 우리는 one another를 each other와 함께 상호(reciprocal)대명사라고 부른다 (6장 1.2절을 보라).

They love ***one another*/*each other***.

ⓑ 두 번째는 대용의(substitute) one으로서 가산명사의 대용어로 쓰인다. 복수가산명사를 대신할 때는 ones를 쓴다. 따라서 셀 수 없는 물질명사나 추상명사는 one으로 받을 수 없다.

I'm having *a drink*. Would you like ***one*** too?
Small *apples* are often more delicious than big ***ones***.

☞ 부정관사 a + one이 친근한 관계에서 쓰는 대화에서 흔히 사용되는데 주로 감탄문에 나타나며, 사람을 가리킬 때는 '용기 있고 재미있는 사람'을 뜻하고, 사물을 가리킬 때는 '단 하나'라는 뜻을 갖는다.

> I had lots of pencils, but I haven't got *a one*!
> Oh, you are *a one*, telling that joke in front of the priest!

ⓒ 세 번째는 총칭적(generic) one으로서 일반인칭(people in general)을 뜻하며, 단수로 보통 쓰인다. 이 경우 one은 한정사나 다른 수식어들의 수식을 받을 수 없으며, 구어체에서는 one 대신에 you를 흔히 쓴다.

> ***One*** should do *one's* duty.
> ***You*** should do *your* duty.

☞ 미국식 영어에서는 위의 예문에서 one's 대신에 his를 써서 'One should do his duty'라고 말하는 경향이 있었는데, 지금은 여성해방주의자들의 반대에 부닥쳐서 원래의 형태로 돌아가고 있다.

(2) another: another는 '하나 더'의 의미와 '다른 것'이라는 두 가지 의미를 가지고 있으며, 대명사 또는 단수 명사를 수식하는 한정사로 쓰일 수 있다.

> These cakes are delicious. Could I have ***another***?
> Please have ***another*** piece of cake.
>
> They have three boys, but they want ***another*** boy.
> This hotel is too expensive. Please find ***another*** place to stay.

☞ 수량을 나타내는 단어를 대동할 경우 복수 명사와 결합할 수 있다.

> Give us ***another*** two ice-creams.
> They're going to stay with us for ***another*** few days.

(3) other: 한정사 또는 대명사로 쓰이며 일반적으로 '한 집합에서 일부를 제외한 나머지'를 가리키지만, 때때로 '다른 사람/물건'을 뜻하기도 한다.

Some people complained, but *others* were tolerant.
She is cleverer than *the other* girls in her class.
Others may laugh at her, but I think she's sweet.

☞ every other는 단수명사만을 수식할 수 있으며 다음과 같은 두 가지 뜻으로 쓰인다.

She is cleverer than *every other* girl in her class. ('모든 다른. . .')
She went there *every other* year (= every second year). ('하나 걸러. . .')

(f) 부정(negative) 부정대명사

no, neither, nobody, no one, none, nothing이 여기에 속하고, 형태적으로는 부정형이 아니지만 의미적으로 부정을 뜻하고 통사적으로 다른 부정 대명사처럼 행동하는 few와 little도 여기에 속한다.

(1) no는 한정사로만 쓰일 수 있다.

This is *no particular concern* of yours.

(2) neither는 한정사로도 쓰이고 대명사로도 쓰인다.

Neither of the accusations is true.
= *Neither accusation* is true.

(3) nobody, no one, none, nothing은 대명사로만 사용된다.

He said he loved *nobody* but me.
No one has sent an apology so far.
None but the strong man could have lifted it.

☞ none와 neither를 제외하고는 어느 것도 of-구가 따라올 수 없다.

None/*Nobody/*No one of the students has/have passed the exam.

☞ none과 neither의 관계는 any와 either의 관계와 같다. 다시 말해서 neither는 선택의 폭이 두 사람/사물일 경우에 쓰이고 셋 이상일 경우에는 none을 사용한다.

I've told *neither/*none of my parents* about the marriage.
I've told you *none/*neither of my friends* about the party.

(4) few (= not many)와 little (= not much)은 각각 many와 much의 부정형(negative form)으로 '거의. . . 없다'의 뜻으로 쓰인다. a few, a little과 혼동하지 않도록 유의하기 바란다.

There were *few visitors* to the art exhibition.
Little of the original building remains today.

6.2 기타 대용어들 (other pro-forms)

우리가 여기서 생각해 볼 대용어에는 부사 대용어(pro-adverb), 동사구 대용어 (pro-VP), 절 대용어(pro-clause) 등 세 가지 종류가 있다.

1. 부사 대용어

부사 대용어에는 시간부사 대용어, 장소부사 대용어, 과정부사 대용어 그리고 정도부사 대용어가 있다.

(a) 시간부사 대용어 (then, that): 대표적인 대용어로는 then이 있으며, 종종 that가 대용어로 사용될 수 있는데 이 경우 that는 주어로 쓰여야 한다.

We saw John *on Monday evening*;
we told him *then* (= on Monday evening) that we would be coming to the party.

He'll arrive here just *before six o'clock*.

That (= before six o'clock) seems early enough.

(b) 장소부사 대용어 (here, there, it, that): 대표적인 장소 대용어로는 here 와 there가 있으며, 종종 it와 that가 장소부사를 대신하는 대용어로 쓰일 수 있는데 반드시 주어로 쓰여야 한다.

John is *in London* and Mary is ***there*** (= in London) too.

He put the pen *in the top drawer*.
That/It seemed a good place.

(c) 과정부사 대용어 ((in) that way, like that): 대표적인 과정 대용어로는 (in) that way와 like that이 있다.

She plays the piano *with great concentration*.
But she doesn't study ***that way/like that***.

2. 동사구 대용어

동사구 대용어로는 do, do so, do it, do that 등이 있다.

(a) do: do/does/did는 be 동사를 제외한 모든 어휘동사를 포함하고 있는 동사구를 대치할 수 있다 (4장 조동사를 보라).

   (1) 짧은 응답에서

   'Do you *go to church on Sundays*?'
   'Yes, I ***do*** / No, I ***don't***.'

   (2) 부가 의문문에서

   He denied doing it, ***didn't*** he?
   He didn't do it, ***did*** he?

   (3) 유사성을 표현하는 등위 접속절에서

   They *like to watch football*, and *so **do*** we / we ***do*** too.
   They *don't like to play football*, and *neither **do*** we / we ***don't*** either.

(4) 비교구문에서

> They *enjoyed the visit* more than we ***did***.
> Do you *go fishing* as often as he ***did***?

(b) do so/it/that: do so/it/that는 동적(dynamic)동사에 속하는 행위(action)동사(예: write, read, walk, drink, eat, look at 등)나 사건(event)동사(예: take place, occur, happen, explode 등) 또는 과정(process)동사(예: change, grow, die, improve, develop, increase 등)가 머리어인 동사구의 대용어로 사용되며, do so는 격식을 갖춘 표현에서 주로 사용된다 (3장 동사구를 보라).

> "Park the car in the garage." "I've already ***done so***."
> John *paid for the movie tickets* tonight; he ***did so*** last week too.
>
> Mary *goes to the hospital every week*.
> In fact, she has been ***doing so/doing it/doing that*** since I've known her.
>
> He told me to *write a letter*, and I ***did so/it/that*** as soon as possible.

☞ do so/it/that는 정적(stative)동사(예: know, own, cost, weigh, seem, hear, mean, believe, resemble, consist of 등)가 핵인 동사구의 대용어로 쓰일 수 없다 (3장을 보라).

> "Does anybody *know who he is*?"
> "*I certainly don't ***do so/it/that***."
> (☞ "I certainly don't.")
>
> "He heard footsteps upstairs this morning."
> "*I also ***did so/it/that*** last night."
> (☞ "I also did last night.")

☞ do so는 주로 앞에서 언급한 동일한 주어에 의한 동일한 행위를 말할 때 사용하고, 다른 경우에는 do it/that를 사용한다.

I don't have enough time to *buy the tickets*.
Who's going to *do it/that/*do so*?

3. 절 대용어

so, not, it, that 등이 절 대용어로 쓰인다.

Bill hasn't found a job yet.
He told me *so* (= that Bill hasn't found a job yet) yesterday.

Has the news reached home yet?
{ I'm afraid *so* (= the news has reached home already).
  I'm afraid *not* (= the news hasn't reached home yet).

☞ not는 so의 부정형으로 '믿음이나 가정을 뜻하는 동사' (appear, believe, expect, guess, hope, imagine, presume, seem, suppose, think 등)에 국한되어 사용되고, so는 이 외에도 say나 tell과 같은 '말의 동사'와도 함께 쓰인다. 그 외의 동사들과는 it 또는 that가 함께 쓰인다.

Bill hasn't found a job yet.
I know *it/that* (= Bill hasn't found a job yet).
(*I know *so/not*.)

☞ 동사 say와는 so와 it/that가 모두 쓰일 수 있는데 그 뜻이 다르다. 예를 들어, 사무실 밖에서 기다리고 있는 사람에게 누가 "Come in!"하고 말했다고 하자. "Who says *so*?"라고 말하면 '누가 들어오도록 허락했느냐?'는 뜻이 되고 "Who said *it/that*?"라고 말하면 '누가 들어오라는 말을 했느냐?'는 뜻이 된다.

연습문제

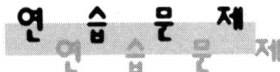

Ⅰ. 괄호에 주어진 대명사를 적절한 형태로 바꾸어라.

例 He didn't bring an umbrella. So, I lent (ⓐ he) (ⓑ I). (ⓐ him) (ⓑ mine)

1. (ⓐ They) mother is going to take (ⓑ they) all to the movie.
   (ⓐ   ) (ⓑ   )

2. Everybody understands what Prof. Lee is talking about except (she). (   )

3. Between (ⓐ you) and (ⓑ I), there is nothing to hide.
   (ⓐ   ) (ⓑ   )

4. It was (they) that visited North Korea last year.   (   )

5. Hello, may I speak to Mr. Jones? This is (he).   (   )

6. Everyone in this classroom took the test but (I).   (   )

7. I met a friend of (you) on Chongno yesterday.   (   )

8. Every country has (it) own problems.   (   )

9. It is (ⓐ I) who need (ⓑ you) help most.   (ⓐ   ) (ⓑ   )

10. (ⓐ He) and (ⓑ he) bother are planning to have a party this evening.
    (ⓐ   ) (ⓑ   )

Ⅱ. 빈칸에 적절한 인칭, 재귀, 소유대명사를 넣어라.

1. Every country has (ⓐ ____) own traditions, and prides (ⓑ ____) on

(ⓒ ____). We must all maintain those traditions and pass (ⓓ ____) on to (ⓔ ____) children.

2. This is my book. (ⓐ ____) bought (ⓑ ____) yesterday. (ⓒ ____) paid for (ⓓ ____) out of (ⓔ ____) own money, so (ⓕ ____) is (ⓖ ____).

3. We must do (ⓐ ____) duty, as they do (ⓑ ____). They have kept (ⓒ ____) promise; let us keep (ⓓ ____).

4. My sister knows how to control (ⓐ ____) own mind, but my bother doesn't know how to control (ⓑ ____). He often loses (ⓒ ____) temper, while (ⓓ ____) always keeps (ⓔ ____).

5. If you keep an animal, (ⓐ ____) must take care of (ⓑ ____); (ⓒ ____) cannot look after (ⓓ ____).

III. 빈칸에 적절한 의문사, 관계대명사를 넣어라.

1. ____ of those books are you interested in? (   )

2. Mary is the one ____ grandfather is a physician. (   )

3. We can't imagine ____ could have done such a thing. (   )

4. ____ languages do you speak? (   )

5. We used two rooms for ____ we paid 50,000 won a day. (   )

6. ____ of Shakespeare's plays have you read? (   )

7. The man, ____ spoke to me just now, is my English teacher. (   )

8. ____ was discovered there was an almost impregnable city. (   )

9. To ⓐ____ and to ⓑ____ department should I send my application?
   (ⓐ   ) (ⓑ   )

10. If that is not your bicycle, then ____ is it? (   )

IV. 빈칸에 적절한 복합 부정(compound indefinite)대명사 *anyone, someone, everyone, anything, something, everything, anywhere, somewhere, everywhere, no one, nothing, nowhere*를 넣어라.

예 Does smoking have (anything) to with lung cancer?

1. He believes that smoking has (ⓐ   ) to do with lung cancer. But some people think that it has (ⓑ   ) to do with it at all.

2. In the seminar, the doctor insists that (ⓐ   ) should give up smoking. Do you think that (ⓑ   ) need give it up. I think that some people ought to, but not (ⓒ   ).

3. I can't find my purse (ⓐ   ). I've looked for it (ⓑ   ). There's (ⓒ   ) I haven't looked at. But it must be (ⓓ   ).

4. Every good teacher expects that (   ) in his class fails the test.

5. He thinks that I have read the whole book; so, I know everything about the subject. But I know (   ) about it at all, because I haven't read a single page of the book.

V. 맥락에 맞도록 *every, each, either, neither, no*를 넣어라.

1. The conference will be held (   ) four years.

2. The employees (   ) received a bonus for Chusuk.

3. There're two keys. Will (ⓐ   ) of them fit this window? No, (ⓑ   ) of them will. There is in fact (ⓒ   ) key for that window.

4. My sister has many boyfriends. I am going to see (   ) of them soon.

5. I've seen (   ) of my parents for a long time.

6. (　　　) students will register for the course.

7. He has five sisters, and (　　　) is quite different from the others.

8. She is cleverer than (　　　) other girl in her class.

9. The couple sat there without talking to (　　　) other.

10. Will you come to see me on Tuesday or Thursday? (　　　) day is OK.

VI. 맥락에 적절한 부정대명사(indefinite pronoun)와 한정사 *all, both, each, every, everyone, everything*을 넣어라.

1. The birds have (　　　) gone south for the winter.

2. (　　　) in her class likes each one of the other members.

3. The twins are (　　　) visiting their grandmother.

4. The players received one million won (　　　).

5. I have read (　　　) of this book already.

6. He visits his old parents (　　　) other month.

7. (　　　) of this fruit is from their orchard.

8. (　　　) in his office seems pleased with their raise.

9. (　　　) of the boy scouts brings his own camping equipment.

10. He has read (　　　) the information on the report.

VII. 적절한 표현을 골라 괄호 속에 써넣어라.

1. (Much, Many) students were hurt in the riot. (　　　)

2. All we need is (little, a little) soap. (　　　)

3. Only (a few, few) trees were damaged during the storm. (   )

4. There aren't (any, some) glasses on the table. (   )

5. Educated people use (little, few) slang. (   )

6. (Few, A few) people have ever entered his home. (   )

7. (Much, Many) furniture is needed for our new house. (   )

8. I still have (a little, little) money left, enough to eat a bowl of Namyun. (   )

9. Which pen do you want? (Any, Some) one will do. (   )

10. If you need (any, some) help, please let me know. (   )

Ⅷ. 밑줄친 부분을 적절한 대용어로 바꿔라.

   예 I own two apartments in Seoul; one in Sinchon and one in Kangnam. (the other)

1. There are no more tickets left for the show. Therefore, they plan to issue some new tickets tomorrow. (   )

2. 'Are we on the right road?'
   'I think we're on the right road.' (   )

3. 'Does your father enjoy taking a walk in the forest?'
   'I think he really enjoys taking a walk in the forest.' (   )

4. John, whose sister lives in London, is visiting London to attend a seminar. (   )

5. 'Have the police been informed of the accident?'
   'I'm afraid the police haven't been informed of the accident.' (   )

제 7 장

형용사와 부사

7.0 형용사와 부사

형용사와 부사는 그 기능과 형태에 있어서 유사한 점이 많으므로 이들을 함께 생각해 보는 것이 좋다. 형용사와 부사는 문장 중에서 특히 다른 성분을 수식하는 기능을 수행한다. 형용사는 주로 명사를 수식하고, 부사는 동사와 형용사 그리고 다른 부사를 수식한다. 또한 두 품사 공히 비교급과 최상급이 있으며, 많은 수의 부사가 형용사 + ly의 형태를 취한다. 우리는 여기서 종종 형용사로도 분류되는 수사(numeral)에 대해서 생각해 보겠다 (5장 5.3절을 보라).

7.1 형용사 (adjective)

7.1.1 형태적 특성

일반적으로 단어의 형태만을 보고 그것이 형용사인지 아닌지를 말할 수 없지만 다음과 같은 몇 가지 형태론적 특징을 가지고 있다.

1. big, good, red와 같이 대부분의 형용사들은 특징적인 형태를 갖지 않지만, 많은 수의 형용사들은 몇 가지 특징적인 파생 접미사를 갖는다.

    (a) 명사+-y/-ly/-(i)al/-ous/-ic(al)/-ish/-ary/-ery/-ful/-less 등: dirty, daily, professional, dangerous, foolish, imaginary, beautiful, careless

    (b) 동사+-ant/-ent/-able/-ible/-ive/-ed/-ing 등: dependent, hesitant, reasonable, edible, expensive, divided, diving

    ☞ -ed 분사형 형용사 중에 몇몇은 [-t] 또는 [-d] 대신에 [-ɪd]로 발음된다 (-ed 어미의 발음에 대해서는 §6.4.2.A를 보라).

aged [éɪdʒɪd] (= very old)	naked [néɪkɪd]
beloved [bɪlʌ́vɪd]	ragged [rǽgɪd]
blessed [blésɪd]	rugged [rʌgɪd]
crooked [krʊ́kɪd]	sacred [séɪkrɪd]
cursed [kə́:rsɪd]	wicked [wíkɪd]
dogged [dɔ́gɪd]	wretched [retʃɪd]
learned [lə́:rnɪd]	two/four-legged [légɪd]

    ☞ marked는 형용사로 쓰일 때는 [ma:rkt]로 발음되지만, -ly를 붙여 부사가 된 markedly는 [ma:rkidli]로 발음된다.

    (c) 접미사를 추가하는 데는 몇 가지 법칙이 있다.

    (1) 어간의 묵음 e는 **자음**으로 시작하는 파생접사와 결합하면 그대로 남지만, y를 포함하여 **모음**으로 시작하는 파생접사 앞에서는 삭제된다.

    care + -ful → careful
    hope + -less → hopeless
    lone + -ly → lonely

desire + -able → desirable
nerve + -ous → nervous
noise + -y → noisy

☞ awful(←awe + -ful)은 예외이며 어미가 -ce 혹은 -ge일 경우에는 묵음 e가 생략되지 않는다.

notice + -able → noticeable
trace + -able → traceable

change + -able → changeable
manage + -able → manageable

(2) 어간이 자음 + y로 끝나면 y를 i로 바꾸고 모음 + y로 끝나면 그대로 둔다.

mercy + -ful → merciful
colony + -al → colonial

joy + -ous → joyous
play + -ful → playful

(3) 다음의 조건이 충족되면 마지막 자음을 반복한다.

ⓐ 어간이 하나의 자음으로 끝난다.
ⓑ 어간의 마지막 음절에 주강세가 온다.
ⓒ 모음으로 시작하는 접미사가 결합된다.

admit + -ive → admissive
slip + -ery → slippery
regrét + -able → regrettable

☞ 접미사가 -y인 경우에도 위의 법칙이 적용된다.

fun + -y → funny
sun + -y → sunny

2. 형용사는 비교급 접미사 -er와 최상급 접미사 -est와 결합할 수 있다.

(a) 접미사 -er와 -est를 붙여 각 비교급과 최상급을 만드는 경우 다음의 법칙을 따른다.

첫째, 자음 + y로 끝나면 y를 i로 바꿔라: lucky ~ luckier ~ luckiest
둘째, 단모음 + 단자음으로 끝나면 자음을 반복한다: big ~ bigger ~ biggest
셋째, 단어 말의 묵음 e는 삭제한다: simple ~ simpler ~ simplest

(1) 단음절 형용사

small ~ small*er* ~ small*est*
great ~ great*er* ~ great*est*
tall ~ tall*er* ~ tall*est*

(2) 이 음절 형용사 중에 -y/-le/-er/-ow/-some으로 끝나는 형용사

dirty ~ dirtier ~ dirtiest
no**ble** ~ nobler ~ noblest
clev**er** ~ cleverer ~ cleverest
nar**row** ~ narrower ~ narrowest
hand**some** ~ handsomer ~ handsomest

☞ 그 외에 다음과 같은 형용사들이 여기에 포함 된다: common, cruel, polite, profound, quiet, sincere, severe, stupid 등.

(b) 단어 more와 most를 결합시켜 각각 비교급과 최상급을 만드는 경우

(1) 세 음절 이상의 형용사

beautiful ~ *more* beautiful ~ *most* beautiful
disastrous ~ *more* disastrous ~ *most* disastrous

(2) 접미사 -ful/-less/-ish/-ous/-ing/-ed를 가진 이 음절 형용사

useful ~ *more* useful (*usefuler) ~ *most* useful (*usefulest)
nervous ~ *more* nervous (*nervouser) ~ *most* nervous (*nervousest)

☞ good, bad, far, little, much, many는 불규칙 비교급형과 최상급형을 가지고 있다.

원형	비교급형	최상급형
good	better	best
bad	worse	worst
far	father (거리) further (추가)	farthest furthest
little	less	least
many/much	more	most

3. 많은 형용사들에 -ly 접미사를 붙이면 부사가 된다.

   great ~ great*ly*
   simple ~ simp*ly*
   kind ~ kind*ly*

7.1.2 통사적 기능

1. 한정적 (attributive) 수식어 기능

명사구 내에서 한정사와 명사 사이에 나타나서 명사를 한정적으로 수식한다.

   an *ugly* painting
   the *round* table
   dirty linen

☞ afraid처럼 a-로 시작하는 대부분의 형용사는 한정적 수식어로 쓰이지 않는다.

ablaze	afire	afloat	afraid (of)
alike	alive	alone	aloud
ashamed (of)	asleep	awake	aware (of) 등

The baby fell *asleep*.
Don't disturb the *sleeping* baby.

The ship's still *afloat*.
It's a *floating* ship.

The boy was *afraid*.
He's just a *frightened* boy.

The cowboy is *alone*.
He is a *lonely* cowboy.

☞ alert, aloof, amoral, amorphous 등은 한정적 수식어로도 쓰인다.

We have to be *alert*, while the boss's away.
The thief was spotted by an *alert* neighbour.

Young children are *amoral*.
It is not difficult to see *amoral* politicians nowadays.

☞ 위의 형용사들 중에도 자신의 수식어를 대동할 경우에 명사의 한정적 수식어로 쓰인다.

the *half-asleep* children
a *very ashamed* girl
(*an *ashamed* girl)
a *somewhat afraid* soldier
(*an *afraid* soldier)

☞ 그 외에도 건강과 관련이 있는 faint, ill, well 등도 제한적 수식어로 쓰이지 않는다.

The boy is *ill*.
*the *ill* boy

The doctor treated the *sick* boy.

The man is *well*.
*the *well* man
a *healthy* man

2. 서술적 (predicative) 기능

주격보어 또는 목적격보어로서 쓰인다.

The painting is *ugly*.
He made the children *happy*.

(a) -en으로 끝나는 대부분의 형용사는 서술적으로 쓰일 수 없다.

drunken	earthen	eastern	golden
leaden	northern	silken	southern
western	wooden	woolen 등	

Drunken driving is very dangerous.
*He is *drunken*.
(☞ He is *drunk*.)

I like *western* movies.
*This movie is *western*.

We slept on the *earthen* floor.
She bought a *wooden* bed.

(b) 다음의 표현에서 (이탤릭체로 된) 형용사들은 모두 한정적 수식어로만 쓰인다.

the *former* part   the *latter* part
the *lower* class   the *upper* lip
the *main* idea   the *chief/principal* objection
an *inner* room   the *outer* walls
the *only* person   the *sole* responsibility
a *lonely* life   an *atomic* scientist

a *polar* bear   a *criminal* lawyer
a *medical* school   a *tidal* wave

3. 후치 (postpositive) 수식어 기능

명사 또는 대명사 바로 뒤에서 수식하는 것을 형용사의 후치 수식어 기능이라고 한다. 형용사가 뒤에서 수식하는 표현은 일반적으로 관계절이 축약되어 도출된 것으로 간주된다.

(a) -body, -one, -thing, -where로 끝나는 복합 부정대명사나 부사는 반드시 형용사가 뒤에서 수식해야 한다.

Anyone (who is) **intelligent** (*Intelligent anyone) can do it.
I want to try on *something (that is)* **larger**.

☞ 따라서 한정적 수식어로만 쓰일 수 있는 형용사는 복합 부정대명사와 결합될 수 없다.

*something (that is) *main*

(b) -able 또는 -ible 어미를 가진 형용사는 명사가 다른 최상급 형용사의 수식을 받거나 only, all 또는 last, next 따위의 서수사의 수식을 받고 있으면 명사 뒤로 이동할 수 있다.

the *best* **possible** use ~ the *best* use **possible**
the *only* **suitable** actor ~ the *only* actor **suitable**
all the **available** tickets ~ *all* the tickets **available**

☞ -able/-ible 어미를 가진 형용사들 중에는 한정적으로 사용될 때와 후치 수식어로 사용될 때와 뜻이 달라지는 것이 있다. 예를 들어 the stars *visible*은 어떤 시점에 눈에 보이는 별들을 뜻하고 the *visible* stars는 눈에 보일 수 있는 모든 별들의 범주를 가리킨다. 이러한 뜻의 차이는 rivers *navigable* (어떤 특정한 경우에 항해할 수 있는 강)과 *navigable* rivers (언제나 항해 가능한 강)에서도 찾아볼 수 있다.

(c) a-로 시작하는 형용사와 present, concerned, involved는 후치 수식어로 쓰이는 것이 더 자연스럽다.

> The boats (which were) *afloat* were all destroyed by the enemy.
> The men (who were) *present* were his supporters.

(d) 보어를 취하는 모든 형용사는 명사를 뒤에서 수식할 수 있다.

> They have *a house larger* than yours.
> *The boys easiest to teach* are in my class.

☞ 구어체에서는 종종 보어는 제자리에 둔 채 형용사만 한정적 수식어 위치로 이동하는 경우가 있다.

> They have a *larger house* than yours.
> The *easiest boys* to teach are in my class.

☞ enough, as, too, so, how와 so의 의미를 나타내는 this나 that의 수식을 받는 형용사가 부정관사 a(n)를 갖는 명사를 수식할 경우 형용사는 그 수식어와 함께 부정관사 앞으로 이동할 수 있다.

> as/how/enough/so/too/this/that + 형용사 + a(n) + 명사

> She was *a student brave enough* to attempt the course.
> = She was *brave enough a student* to attempt the course.
> *She was *a brave enough student* to attempt the course.

> It was *a book too boring* to read.
> = It was *too boring a book* to read.
> *It was *a too boring book* to read.

> *A man so difficult* to please must be hard to work with.
> = *So difficult a man* to please must be hard to work with.
> *A *so difficult* man to please must be hard to work with.

He has *a voice **as good*** as you.
He has ***as good** a voice* as you.

She is *a **very good** pianist*.
***How good** a pianist* is she?

We can't afford ***that big** a house*.

(e) 몇 가지 고정된 표현에서

    Secretary ***General***   court ***martial*** (= military court)
    President ***elect***   Attorney ***General***

(f) 치수를 표현할 때

    six feet ***tall***
    two miles ***wide***
    ten years ***old***
    ten meters ***deep***
    a hundred miles ***long***

4. 명사구의 핵

명사구의 머리어(즉, 핵)로 쓰일 수 있으며, 명사와는 달리 수 또는 격에 따라 형태가 바뀌지 않는다. 여기에는 세 가지 유형이 있으며, 일반적으로 정관사 the 와 함께 쓰이지만 대명사와도 결합할 수 있다.

(a) 인칭 (personal) 명사를 수식할 수 있는 형용사는 모두 명사구의 머리어가 될 수 있으며, 이 경우 이 명사구는 복수가 된다. 일반적으로 이 명사구는 육체적으로 또는 사회적으로 특별한 상태에 있는 사람을 가리키는 총칭적 의미를 지닌다.

    *The **poor*** are causing the nation's leaders great concern.
    *The physically and mentally **handicapped*** need the aid of society.
    It is the duty of the Government to care for *our **poor*** and *our **unemployed***.

    the blind   the dead   the old   the deaf

the rich   the jobless   the young

☞ 등위접속 구문에서는 종종 정관사가 생략될 수도 있다.

The candidate is acceptable to both *(the) old* and *(the) young*.
The government gave equal opportunities for both *rich* and *poor*.

(b) 국가를 가리키는 형용사들 중에 -(i)sh 또는 -ch 어미를 가진 것은 명사구의 머리어가 될 수 있으며, 이 경우에도 명사구는 복수가 되며 총칭적 의미를 갖는다.

British, English, Irish, Spanish, Welsh, Dutch, French

The industrious ***Dutch*** are admired by their neighbors.
*You **French*** and *we **English*** ought to be allies.

☞ 이들에 대한 단수는 예를 들어 *an English, *a Welsh, *a French라고 하지 않고 an Englishman, a Welshman, a Frenchwoman이라고 한다. Danish와 Turkish의 경우에는 각각 사람을 가리키는 a Dane/Danes와 a Turk/Turks라는 표현이 있다 (5장 2절을 보라).

(c) 몇몇 고정된 표현에서는 the + 형용사가 복수로도 쓰이고 단수로도 쓰인다.

the accused   the undersigned   the deceased
the former   the latter 등

*The **accused** has* failed to obtain a release on bail.
*The **accused** were* released on bail.

(d) 어떤 형용사들은 정관사 the와 결합하여 추상적 의미를 갖는 명사구가 되며 이 경우는 단수 명사구가 된다.

*The **latest*** (news) is that he is going to run for re-election.
They ventured into *the **unknown***.
He admires *the **mystical***.

I'm interested in *the supernatural*.

(e) 명사가 무엇인지 맥락에서 명백할 경우 종종 최상급 형용사 뒤에서 명사를 생략한다.

My wife was *the tallest* in her family.
She always buys *the cheapest*.

5. 비교급과 최상급

형용사는 비교급(comparative)구문과 최상급(superlative)구문을 구성한다. 비교형과 최상급형은 각각 -er 또는 -est 어미를 붙여서 만드는 방법과 more 또는 most를 형용사 앞에 놓는 방법 두 가지가 있다 (앞에 있는 형용사의 형태적 특성을 보라).

The children are *happier* now.
They are the *happiest* people I know.

These students are *more intelligent* than us.
They are the *most beautiful* paintings I have ever seen.

7.2 수사 (numeral)

수사에는 기수(cardinal number)와 서수(ordinal number)가 있으며, 이들은 모두 (대)명사적으로 쓰이기도 하고 명사를 수식하는 한정사 후속어(post-determiner)로 쓰이기도 한다 (5장 5.5절을 보라).

'How many students do you see on the ground?'
'I see *nine* (of them).'
'There're *nine* students.'

Five is an odd number, whereas *six* is an even number.
John was *the tenth* in the test.

제 7 장 형용사와 부사

John was *the **tenth** student* on the list.

1. 기수

(a) 기수의 유형

기수에는 단순(simple) 기수와 파생(derivative) 기수 그리고 복합(compound) 기수가 있다.

단순 기수	파생 기수	복합 기수
1 **one**		21 twenty-one
2 **two**	20 **twenty**	22 twenty-two
3 **three**	13 **thirteen**	30 **thirty**	23 twenty-three
4 **four**	14 fourteen	40 **forty**	24 twenty-four
5 **five**	15 **fifteen**	50 **fifty**	25 twenty-five
6 **six**	16 sixteen	60 sixty	26 twenty-six
7 **seven**	17 seventeen	70 seventy	27 twenty-seven
8 **eight**	18 **eighteen**	80 **eighty**	28 twenty-eight
9 **nine**	19 nineteen	90 ninety	29 twenty-nine
10 **ten**			
11 **eleven**			
12 **twelve**			

    100 a/one **hundred**
  1,000 a/one **thousand**
1,000,000 a/one **million**
    10^9 a/one **billion**
    10^{12} a/one **trillion**
    10^{15} a/one **quadrillion**

(b) 불규칙형 기수

21부터 99까지는 복합형 기수로서 10단위 수와 1단위 수를 하이픈('-')으로 단순히 연결하면 되지만, 몇 가지 불규칙형이 있다.

(1) 13과 30의 thir-[θəːr-]는 3의 three[θrɪː]의 변이형이고, 20의 twe-[twe]은 2의 two[tuː]의 변이형이다.

three : thirteen : thirty   two : twenty

(2) 15와 50에서 five[faɪv]의 유성음 [v]가 무성음 [f]로 변하고, 모음이 [aɪ]가 [ɪ]로 축약되었다.

five : fifteen : fifteen

(3) 18과 80에서는 중복되는 -tt-중에 하나가 탈락되었다.

eighteen : eighty

(4) 40의 forty에서는 four의 u문자가 탈락되었다.

four : forty

(5) 13부터 19까지의 어미 -teen은 어간의 수에 '10'을 더하는 것을 뜻하고, 20부터 90까지의 어미 -ty는 어간의 수에 '10'을 곱하는 것을 뜻한다.

six-teen = 6 + 10   six-ty = 6 × 10

☞ -teen 어미는 항상 주강세를 받는 데 반하여 -ty 어미는 앞 음절에 주강세가 온다.

fourteen [fɔ:rtí:n]   forty [fɔ́:rtɪ]
sixteen [sɪkstí:n]   sixty [síkstɪ]

(c) 100이 넘는 기수 읽기

100보다 더 큰 수는 가장 윗자리 수 다음에 주어진 단위수 중에 최대의 단위수를 찾은 다음 단위수보다 큰 수를 승수(multiplier)로 단위수 앞에 말하고 적은 수를 단위수 뒤에 추가수(addition)로 말하면 된다.

영어의 단위수

100:	**hundred**	(백)
1,000:	**thousand**	(천)
1,000,000:	**million**	(백만)
1,000,000,000:	**billion**	(십억)

1,000,000,000,000: **trillion** (조)
1,000,000,000,000,000: **quadrillion** (천조)

예: 54,321에서 가장 윗자리 수인 5는 만 단위로서 이 수가 가리키는 최대의 단위수는 thousand(천)이므로, 이 단위수 앞에 54를 승수로 말하고 뒤에 321을 추가수로 말하면 된다.

54,321: 'fifty-four **thousand** three hundred and twenty-one'
    ↑   ↑   ↑
    승수 단위수 추가수

(즉, 54,321 = 54 × 1,000 + 321이다.)

765,432: 'seven hundred and sixty-five **thousand** four hundred and thirty-two'
       ↑   ↑   ↑
       승수   단위수   추가수

12,345,678: 'twelve **million** three hundred and forty-five thousand six hundred and seventy-eight'

☞ 천 단위를 제외하고 단위수보다 더 큰 수를 그 단위수를 빼고 말할 수 없다.

2,345,678: '*two thousand three hundred and forty-five **thousand** six hundred and seventy-eight'
1,234: 'one **thousand** two hundred and thirty-four/
   twelve **hundred** and thirty-four'

☞ 영국영어에서는 100 단위와 10 단위 사이에 and를 삽입하며, 미국영어에서는 종종 생략된다.

543: 'five *hundred* (***and***) *forty-three*'
12,345: 'twelve thousand three *hundred* (***and***) *forty-nine*'

☞ dozen, score, hundred, thousand, million, billion 등이 수를 나타낼 때는 복수 어미를 붙이지 않는다.

a *dozen*	two *dozen*	*three *dozens*
a *score*	three *score*	*five *scores*
a *hundred*	three *hundred*	*ten *hundreds*
a *thousand*	five *thousand*	*nine *thousands*

She bought *three **dozen** eggs* for the party.

He needs at least *three **hundred** (of) voters* to win the election.

His family moved to this country *three score and ten years* ago.

12,345: '*twelve *thousands* three *hundreds* and forty-five'

그러나 많은 수를 나타낼 때는 복수형을 쓸 수 있다.

dozens of apples	*scores* of farmers
hundreds of students	several *thousands* of people
hundreds of thousands of people	*millions and millions* of insects

☞ 미국영어에서는 10억을 one billion이라고 하지만 영국영어에서는 one trillion이라고 부른다. 미국영어에서는 1조를 one trillion이고, 영국영어에서는 one billion이라고 한다. 그러나 영국의 일반인들은 점차로 미국식을 따르고 있다.

2. 서수

first, second, third를 제외하면 기수에 -th 어미를 붙여 서수를 만든다.

first: 1st	eleventh: 11th	twenty-first: 21st
second: 2nd	**twelfth**: 12th	thirty-second: 32nd
third: 3rd	thirteenth: 13th	forty-third: 43rd
fourth: 4th	fourteenth: 14th	fifty-fourth: 54th
fifth: 5th	fifteenth: 15th	sixty-fifth: 65th
sixth: 6th	sixteenth: 16th	seventy-sixth: 76th
seventh: 7th	seventeenth: 17th	**eighty**-seventh: 87th
eighth: 8th	**eighteenth**: 18th	ninety-eighth: 98th
ninth: 9th	nineteenth: 19th	(one) hundredth: 100th
tenth: 10th	twentieth: 20th	(one) hundred and first: 101st

☞ fifth와 twelfth에서 유성자음 [v]가 무성자음 [f]로 바뀐다.

> five : fifth   twelve : twelfth

☞ -y 어미는 -th 앞에서 -ie로 바뀐다.

> twenty : twentieth   thirty : thirtieth

☞ eighth에서는 중복된 t 중에 하나가 생략되고, ninth의 경우에는 nine의 e가 생략된다.

> nine : **ninth** : nineteenth : ninetieth

3. 기타 수 읽기

여기서는 여러 가지 수를 어떻게 읽는가에 대해서 알아보기로 하겠다.

(a) 소수 (decimal)

0.567	'zero point five six seven'	[미국영어]
	'nought [nɔːt] point five six seven'	[영국영어]

(b) 온도 (temperature)

0°C	'zero degrees Celsius/Centigrade'
32°F	'thirty-two degrees Fahrenheit'
-12°	'minus twelve degrees/twelve degrees below zero'

(c) 경기 (games)

3-0 (구기)	'three (to) nothing/zero/zip'	[미국영어]
	'three (to) nil'	[영국영어]
30-0 (정구)	'thirty love' (불어의 l'oeuf('달걀')의 발음을 따라)	

(d) 전화번호, 은행 구좌번호 (telephone and account number)

558-4067   'five five eight, four oh [əu] six seven'
423-10083-2   '(My account number is)
              four two three, one double oh eight three, two'

(e) 날짜 (date)

(in) 1987   'nineteen eighty-seven'
(in the) 1700s   'seventeen hundreds'
8(th) February/   'the eighth of February/
February 8(th)   February the eighth'
                    (또는 February eight/February eighth)

☞ 날짜를 사선이나 마침표를 사용해서 약자로 나타낼 수 있다. 그러나 미국영어와 영국영어에서 다르게 표시한다.

10/5/89 또는 10.5.89   October the 5th, 1989   [미국영어]
                        May the 10th, 1989   [영국영어]

(f) 왕 또는 여왕의 호칭

Henry Ⅷ   'Henry the Eighth'
Elizabeth Ⅱ   'Elizabeth the Second'

(g) 화폐 (currency)

$537   'five hundred (and) thirty-seven dollars'
£3.7m   'three point seven million pounds'

$10.25   'ten dollars (and) twenty-five cents/
          ten dollar twenty-five/
          ten twenty-five'

£9.40   'nine pounds forty pence/
          nine pounds forty/
          nine forty'

¥534　　　'five hundred (and) thirty-four yen'
2,567 won　　'two thousand five hundred (and) sixty-seven won'

☞ 구어체에서는 pence를 종종 [pi:]라고 발음하며, 일본화폐 yen과 한국화폐 won 은 미국화폐나 영국화폐와는 달리 복수형이 없다.

one dollar	*100 dollar	100 dollars
one pound	*100 pound	100 pounds
one yen	100 yen	*100 yens
one won	100 won	*100 wons

(h) 수학적 계산 (수의 일치에 유의하라)

2 + 3 = 5　　*Two **and** three **is/are** or **makes/make** five.*　　[비격식적]
　　　　　　　*Two **plus** three **equals/is** five.*　　　　　　　　　　[격식적]

5 − 2 = 3　　*Two **from** five **is/leaves** three.*　　　　　　　　　[비격식적]
　　　　　　　***Subtract/Take** away two from five*, and you have three.*
　　　　　　　*Five **minus** two **equals/is** three.*　　　　　　　　　　[격식적]

3 × 4 = 12　 *Three fours **are** twelve.*　　　　　　　　　　　　　　[비격식적]
　　　　　　　*Three **times** four **is** twelve.*
　　　　　　　*Three **multiplied by** four **equals/is** twelve.*　　　　　[격식적]

4 ÷ 2 = 2　　*Two(s) **into** four **goes** two (times).*　　　　　　　[비격식적]
　　　　　　　*Four **divided by** two **equals/is** two.*　　　　　　　　[격식적]

☞ 246 × 381의 곱셈(multiplication)을 말로써 계산해 보기로 하자.

```
      246
   ×  381
      246
    19680
    73800
    93726
```

"Two hundred and forty-six times three hundred and eighty-one."

첫째 줄 "One times 246 is 246."

둘째 줄 "Write down one *zero*. Eight times six is forty-eight; write down *eight* and carry four. Eight fours are thirty-two and four are thirty-six; write down *six* and carry three. Eight twos are sixteen and three is *nineteen*."

셋째 줄 "Write down two *zeros*. Three times six is eighteen; write down *eight* and carry one. Three fours are twelve and one is thirteen; write down *three* and carry one. Three times two is six and one are *seven*."

더하기 Six and zero and zero is *six*. Four and eight and zero are twelve; write down *two* and carry one. Two plus six plus eight is sixteen and one are seventeen; write down *seven* and carry one. Nine and three are twelve and one is thirteen; write down *three* and carry one. One plus seven is eight and one is *nine*.

7.3 부사 (adverb)

우리는 일반적으로 동사, 형용사 또는 다른 부사를 수식하는 낱말을 부사라고 부른다. 그러나 잠시 후에 알게 되겠지만 부사처럼 그 기능이 다양한 낱말도 없다. 따라서 어떤 문법학자들은 부사를 몇 개의 범주로 분류하기도 한다.

7.3.1 형태적 특성

부사를 형태적으로 분류하면 세 가지 유형이 있다. 세 가지 유형 중에 첫 번째와 두 번째 것은 폐쇄된 유형(closed class)인데 반하여 세 번째 것은 개방된 유형(open class)이다.

제 7 장 형용사와 부사

1. **단순부사**: just, only, well 등이 여기에 속하며 상당수의 단순부사는 위치나 방향을 가리킨다.

above	back	behind	below
between	beyond	down	far
home	through	under	up 등

2. **복합부사**: alongside, downstairs, eastward(s), elsewhere, indoors, offshore, outside, somehow, throughout, underneath, within 따위가 여기에 속한다.

3. **파생부사**: 대부분의 파생부사는 형용사에 -ly 어미를 붙여 만든다.

   considerable ~ considerab*ly*
   odd ~ odd*ly*
   rapid ~ rapid*ly*
   slow ~ slow*ly*

   ☞ 형용사에 어미 -ly를 붙여서 부사를 만들 때는 몇 가지 유의할 점이 있다.

   (a) 크기, 색깔, 연령을 뜻하는 형용사에는 -ly를 붙여 부사를 만들 수 없다.

big ~ *bigly	tall ~ *tally
red ~ *redly	blonde ~ *blondly
old ~ *oldly	young ~ *youngly

   (b) -le로 끝나면 -le를 -ly로 대치한다.

   amp**le** ~ amp*ly*   probab**le** ~ probab*ly*   simp**le** ~ simp*ly*

   ☞ 예외: sole ~ solely, whole ~ wholly

   (c) -ue로 끝나면 -e를 지우고 -ly를 붙인다.

   due ~ du*ly*   true ~ tru*ly*

☞ 예외: vague ~ vaguely

(d) '자음+y'로 끝나면 y를 i로 바꾼다.

　　easy ~ eas*ily*　　　happy ~ happ*ily*

☞ 두 가지 형을 모두 허용하는 경우도 있고, y를 그대로 유지하는 경우도 있다.

　　dry ~ drily/dryly

　　wry ~ wryly
　　shy ~ shyly
　　sly ~ slyly

(e) -ll로 끝나는 형용사에는 -y만 붙인다.

　　chill ~ chilly　　　　dull ~ dully　　　　full ~ fully

(f) -ly로 끝나는 대부분의 형용사에는 상응하는 -ly 부사가 없으며, 어떤 것은 드물게 부사로도 쓰인다.

costly	cowardly	deadly	beastly
friendly	kingly	likely	lively
lonely	lovely	silly	ugly 등

The bottle contains ***deadly*** poison.
The white powder is ***deadly*** poisonous.

☞ kindly는 형용사 또는 부사로 쓰이면서 또한 kindlily라는 부사형을 갖는다.

　　그러나 시간을 의미하는 형용사는 형태의 변화 없이 부사로 두루 쓰인다.

| hourly | daily | weekly | monthly |
| early | yearly | quarterly 등 | |

제 7 장 형용사와 부사

The Chosun Ilbo is a *daily* newspaper.
The newspaper comes out *daily*.

(g) -ic으로 끝나는 형용사에는 -ally를 붙인다.

economic ~ economically   drastic ~ drastically
tragic ~ tragically   comic ~ comically

☞ 예외: public ~ publicly

(h) -ward(s): 시간적, 공간적 방향을 나타낸다.

afterward(s), earthward(s), forward(s), inward(s), northward(s), straightforward(s), toward(s), upward(s) 등.

☞ -s가 없는 형태는 특히 미국식 영어를 쓰는 인쇄물에 나타난다. 그러나 이 단어들이 명사를 수식하는 형용사로 쓰일 때는 항상 -s 없이 쓰인다.

The window faces *southward/southwards*.
= The window faces south/*toward(s)* the south.

The *forward* (*forwards) part of the car was damaged.

(i) -wise로 끝나는 형용사는 크게 두 가지 유형으로 나눌 수 있다.

ⓐ . . . 의 방향으로/양태로: clockwise, counterclockwise, crabwise, crosswise, edgewise, lengthwise, likewise, otherwise 등

ⓑ . . . 의/관한: healthwise, moneywise, pricewise, weatherwise 등

He turned the wheel *clockwise*.
The country's trying to lure *moneywise* foreign investors.

☞ 종종 -ways라는 어미가 -wise 대신에 쓰인다.

crabwise ~ crabways   crosswise ~ crossways

edge*wise* ~ edge*ways*   length*wise* ~ length*ways*

7.3.2 부사의 위치: 부사는 다른 품사와는 달리 비교적 문장 내에서 위치가 자유롭다. 더 세밀한 분석에서는 더 많은 위치를 명시할 필요가 있지만, 여기서는 세 가지 위치만을 고려하겠다.

1. 문두 위치 (initial position): 주어 앞 위치

    At last John finished his homework.

2. 문중 위치 (mid position): 주어와 동사 사이

    John *at last* finished his homework.

    ☞ 조동사나 be 동사가 나타나면 부사는 일반적으로 조동사 다음으로 이동한다.

    John *has at last* finished his homework.
    John *is at last* a doctor of philosophy.

3. 문미 위치 (end position): 문장 끝 위치

    John finished his homework *at last*.

7.3.3 통사적 기능

부사구의 문법적 기능은 수식의 기능, 연결의 기능 그리고 기타 기능으로 나누어 생각하는 것이 좋다.

1. 수식기능

    (a) 문장 수식: 일반적으로 'it . . . 형용사 + that . . .'로 바꾸어 쓸 수 있다.

    Fortunately, no one complained.

(= It is fortunate that no one complained.)

They are ***probably*** at home.

(= It is probable that they are at home.)

(b) 동사구 수식: 동사구를 수식하는 부사는 일반적으로 의문사로 바꾸어 의문문을 만들 수 있다.

Slowly they walked back home.
  ~*How* did they walk back home?

The student visited Professor Lee ***yesterday***.
  ~*When* did the student visit the professor?

(c) 형용사 수식

She has a ***really*** *beautiful* face.

It is ***technically*** *impossible* to implement his proposal.

(d) 부사 수식

They are smoking ***very*** *heavily*.

We expect them ***pretty*** *soon*.

(e) 전치사구와 전치사적 부사 수식

He knocked the man ***right*** out.

He made his application ***well*** within the time.

(f) 대명사, 한정사 선행어, 수사 수식

Nearly everybody came to our party.

I think she loves ***only*** you.

They recovered ***roughly*** half their equipment.

He received ***about*** double the amount he expected.

Over two hundred deaths were reported.

We counted ***approximately*** the first thousand votes.

☞ else는 −body, −one, −place, −thing, −where 따위의 어미를 가진 복합 부정

대명사와 부사 그리고 의문사와 의문부사를 뒤에서 수식할 수 있다.

Somebody else must have done it.
Who else did you meet?
Where else have you looked?

(g) 명사구 또는 명사 수식

She is *quite* a girl.
He is *such* a fool.
We always lose the *away* games.
The meeting will be held in the *downstairs* hall.

☞ kind/sort of (일종의, 그저 그런), a bit of (약간의, 좀), a heck/hell of (아주 나쁜, 대단히) 등의 표현들은 명사구를 앞에서 수식하며, on earth (도대체, 전혀), (in) the heck/hell (도대체, 제기랄)은 의문사를 뒤에서 수식하는데 주로 허물없는 사이의 구어체에서 널리 사용된다.

He is a *kind/sort of* gentleman.
= He is *kind/sort of* a gentleman.
I had *a bit of* a shock.
They asked *a heck of* a lot.
He had *a hell of* a nasty accident.
What *on earth* is the matter with you?
Who *the hell* do you think you are?

2. 연결기능

부사 중에는 접속사처럼 두 개의 표현을 연결하는 기능을 가진 것들이 있다.

She has bought a big house, *so* she must have a lot of money.

All our friends are going to Mt. Sorak this summer.
We, *however*, are going to Haewoondae.

3. 기타 기능

부사의 기타 기능으로는 두 가지를 생각할 수 있다.

(a) 전치사의 목적어

시간과 장소를 의미하는 부사들 중에 상당수가 전치사의 목적어로 쓰일 수 있다.

(1) 장소부사 here와 there는 대부분의 전치사와 함께 쓰일 수 있다.

Come *over here*!
How did you get *out of there*?

(2) home은 at, (away) from, close to, near, toward(s) 등의 목적어로 쓰일 수 있다.

I want to stay *at home* tonight.
The man has been *away from home* for ten years.

(3) 다른 장소부사들은 from의 목적어로만 사용될 수 있다.

I've got a letter *from abroad*.
I've heard their footsteps *from downstairs*.

(4) 시간부사들 중에 몇몇은 전치사의 목적어로 쓰일 수 있다.

until *recently*   from *now*
for *ever*   before *long*
since *then*   by *tomorrow*

(b) 명사구를 수식어로 취하는 부사

최근에 와서 많은 영문법학자들은 다음과 같은 표현에서 부사가 뒤에서 명사구를 수식하는 것이 아니라 반대로 명사구가 부사를 수식하는 것으로 분석하고 있다.

The lake is *two miles across*.
They dug *ten feet down*.
I met her *a week before/earlier*.

☞ before나 earlier를 쓰면 '과거 어느 시점 전에'라는 뜻이고, 말하는 시점을 기준으로 일주일 전이라고 말할 때는 I met her a week ago라고 말해야 한다.

7.3.4 부사구의 동사적 분류

여기서 부사구(adverbial phrase)라 함은 부사(adverb)뿐만 아니라 부사적으로 쓰이는 전치사구(prepositional phrase), 부정사구(infinitival phrase), 분사구(participial phrase), 부사절(adverbial clause) 모두를 말한다. 부사구는 이들이 문장 내에서 수행하는 기능에 따라 부가어(adjunct), 종속어(subjunct), 부연어(disjunct), 접속어(conjunct)로 나눈다.

1. 부가어 (adjunct)

부가어는 문장의 동사(와 목적어)가 표현하는 내용을 직접적으로 수식하기 때문에, 일반적으로 동사구를 구성하는 일부로 간주된다. 부가어는 문장을 구성하는 필수 요소인 주어, 목적어, 보어와 유사한 문법적 속성을 지니고 있어서 다음과 같은 속성을 지닌다.

(a) 분열문(cleft sentence)에서 주어나 목적어처럼 초점 요소가 될 수 있다.

John took the taxi to the station.

It was **John** that took the taxi to the station.
It was **the taxi** that John took to the station.
It was **to the station** that John took the taxi.

(b) 주어와 목적어와 마찬가지로 질문의 대상이 된다.

Who took the taxi to the station?
What did John take to the station?
Where did John take the taxi?

(c) 동사구를 대용어(pro-form)나 삭제했을 경우, 대용어나 삭제된 부분에 포함될 수 있다.

John lived *in London*, and ***so** did Mary*. (= . . . and Mary lived in London.)
John arrived *yesterday*, but ***not** Mary*. (= . . . but Mary did not arrive yesterday.)

2. 종속어 (subjunct)

종속어는 문장의 한 성분 또는 전체 문장을 수식하는 역할을 한다.

***Even** Mr. Jones* considers the plan reasonable.
John was ***deeply** disappointed*.
Linguistically (= From a linguistic point of view), *orthography is not very important*.

3. 부연어 (disjunct)

발화의 형태에 대한 화자의 논평이나 발화가 기술하고 있는 상황에 대한 화자의 생각을 표현하는 부사구를 말한다.

Briefly (= Briefly speaking), you'd better not come to the meeting.
Fortunately, (= It is fortunate that) he did arrive on time.

4. 접속어 (conjunct)

접속어는 두 표현을 연결하는 연결사(connective) 역할을 한다.

John even refused to talk to Mary. ***However***, he was very kind to Jane.
He has the ability, the experience, and ***above all*** the courage to tackle the problem.

7.3.5 부사구의 의미적 분류

부사구는 문장을 구성하는 네 가지 요소인 주어, 동사, 목적어, 보어들보다 문장 내에서 하는 역할이 매우 다양하기 때문에 그것이 나타내는 의미도 다양하다. 통사적으로 분류된 부사구를 그 의미에 따라 분석하면 개략적으로 다음과 같다.

1. 부가어 (adjunct)

부가어에는 시간, 공간, 양태, 수단과 도구와 행위자, 관점, 정황부사구가 있다.

(a) 시간 부사구 (time adverbial phrase)
   문미 위치에 가장 흔히 나타나지만, 강조를 위해 문두 위치에도 올 수 있으며, 시간 부사는 종종 문중 위치에도 온다. 시간 부사구에는 시점, 기간, 빈도, 상대적 시간 부사구가 있다.

No one seemed interested in buying houses *for many years*.
For many years, no one seemed interested in buying houses.

She has *recently* finished a new book.

(1) 시점 부사구 (when의 답변이 될 수 있는 부사구): ago, before, immediately, just, late, lately, now, recently, then, today, tomorrow, at 2 o'clock, last summer, on several occasions 등

   A: *When* are you going there?
   B: *Tomorrow.*

(2) 기간(duration) 부사구 (how long의 답변이 될 수 있는 부사구): for a long time, all night long, for two hours, for ever, temporarily 등

   A: *How long* have you lived there?
   B: *For three years.*

(3) 빈도(frequency) 부사구 (how often의 답변이 될 수 있는 부사구): always, ever, hardly, never, occasionally, often, seldom, sometimes, several times a week, from time to time 등

   A: *How often* do you go to church?
   B: As *often* as possible.

(4) 상대적 시간 부사구 (두 시점간의 관계를 표현하는 부사구): already, just, lately, recently, so far, soon, yet 등

They have *already* decided to buy the car.
I have *recently* been studying Swahili.

☞ 시점, 기간, 빈도 부사구가 문미에 올 때는 일반적으로 **기간 + 빈도 + 시점** 부사구의 순서를 따른다.

I stayed there *for a short while* [기간] *twice a week* [빈도] *last year* [시점].

(b) 공간 부사구 (space adverbial phrase)
일반적으로 문미 위치에 오지만 강조를 위해 문두 위치에도 나타난다. 공간 부사구에는 장소, 방향, 거리 부사구가 있다.

(1) 장소(position) 부사구 (where의 답변이 될 수 있는 부사구): above, abroad, below, beneath, downstairs, elsewhere, here, home, indoors, outside, somewhere, there, upstairs, in the park, on the table, at the zoo 등

I met her *at the opera*.
The children were playing *in the park*.

(2) 방향(direction) 부사구: forwards, upwards, northwards, into the house, across the park, towards the building, over the fence, onto the table, out of the room 등

The soldiers marched *forwards*.
They were running *towards the station*.
He kicked the ball *over the fence*.

(3) 거리(distance) 부사구 (how far의 답변이 될 수 있는 부사구): (for) ten miles 등

We drove *(for) 200 kilometers* last night.
They swam *10 miles* in the open sea.

☞ 세 개의 공간 부가어가 문미에 함께 나타나면 일반적으로 **거리 + 방향 + 장소**

부사구의 순서를 따른다.

> The boy walked *a few steps* [거리] *toward her* [방향] *in the living room* [장소].

(c) 양태(manner) 부사구:
how의 답변이 될 수 있는 부사구로서 일반적으로 문미 위치에 온다: coldly, differently, foolishly, generously, loudly, slowly, thoroughly, well, like his father, in the rude way 등

The villagers treated us *very generously*.
He talks and walks *like his father*.

(d) 수단, 도구, 행위자(means, instrument and agent) 부사구
수단, 도구 또는 행위자를 부사구로서 문미 위치에 온다: by someone, surgically, by means of something, by bus, with a knife 등

He was fired *by his boss*.
He was murdered *with a hunting knife*.
The doctor decided to treat the patient *surgically*.

(e) 관점(respect) 부사구
관점은 종종 종속어나 부연어로 표현되지만, 부가어로 표현될 경우에는 술부의 일부로 해석되며, 문미 위치에 온다: economically, ethically, geographically, legally, politically, technically, in respect to law, from a scientific standpoint, about the law 등

He has written widely *about the present social problems*.
She was advising us *legally*.

(f) 정황(contingency) 부사구
why 또는 what ... for의 답변이 될 수 있는 부사구로서 문미 위치에 온다: for, because of something, for one's sake, for the sake of someone 등

She works late *for her family*.

He couldn't come to the picnic *because of the accident*.

☞ 문미 위치에서 부가어의 순서는 일반적으로 **공간 부가어 + 여타 부가어 + 시간 부가어**의 순서를 따른다.

The old man was walking *along the street* [공간] *quietly* [양태] *last night* [시간].
John has been working *in the factory* [공간] *for his family* [정황] *since 1982* [시간].

2. 종속어 (subjunct)

견해, 예절, 주어지향, 초점, 정도, 강조 부사구가 있다.

(a) 견해(viewpoint) 부사구

from what point of view의 답변이 될 수 있는 부사구로서 문두 위치에 오는 것이 특징이다: personally = from a personal viewpoint, technically = from a technical view point, linguistically, scientifically 등

From a personal viewpoint, the proposal seems irrelevant at the present moment.
Linguistically, questions of spelling are not particularly important.

☞ '*Scientifically*, the question that John raised is relatively unimportant'와 'The scientist is analyzing the phenomenon *scientifically*를 비교해 보라. 전자에서는 scientifically가 'from a scientific point of view'라는 의미의 견해 부사구이고 후자에서는 'in a scientific way'라는 의미의 양태 부사구다.

(b) 예절(courtesy) 부사구

please처럼 문장에 겸손함을 추가해 주는 부사구로서 일반적으로 문중 위치에 온다: cordially, kindly 등

You are *cordially* invited to the opening ceremony.
He *kindly* offered me his seat.

☞ 위 문장을 'He offered me his seat *kindly* (= in a kind manner (양태 부사구))'와 비교해 보라. 위 문장을 풀어쓰면 'He was kind enough to offer me his seat (그는 친절하게도 . . .)'와 같다.

(c) 주어지향(subject-oriented) 부사구
　　문장의 주어가 문장이 표현하는 상황에 대해 지니는 태도나 느낌을 표현하는 부사구로서 일반적으로 문두 위치에 온다: deliberately, intentionally, proudly, with great pride, enthusiastically, sadly 등

Deliberately, the boss told us nothing about the accident.
With great pride, he announced that President Kim Dae Jung would receive the Year 2000 Nobel Peace Prize.

(d) 초점(focusing) 부사구
　　문장의 성분의 의미를 제한하거나 추가하는 부사구로서 문중 위치나 수식하는 성분 바로 앞에 온다: especially, just, largely, merely, only, primarily, precisely, purely, solely 등

I am *merely* telling you what has happened. (즉, I am not telling you anything else.)
Only her sister visited her in hospital. (즉, No one else visited her in hospital.)

(e) 정도(degree) 부사구
　　문장의 술어 부분이 기술하고 있는 상황의 강도를 증가 또는 감소시키는 부사구로서 문중 위치에 나타나는 것이 특징이다: absolutely, almost, by no means, completely, deeply, entirely, extremely, fully, much, nearly, rather, somewhat, to some extent, totally, wholly 등

They have *completely* ignored my instructions.
My final decision has been *somewhat* influenced by your remarks.

(f) 강조(emphasizing) 부사구
　　문장의 한 성분의 의미를 강조하는 부사구로서 일반적으로 조동사를 앞서는 문중 위치에 나타나며, 대부분이 부연어(disjunct)로도 쓰일 수

있다: actually, certainly, frankly, honestly, just, really, right, simply 등

I *honestly* don't think that is true.
I *just* can't understand why he should have left her.

3. 부연어 (disjunct)

부연어에는 문체, 내용 부사구가 있다.

(a) 문체(style) 부사구
   문장의 형태에 대한 화자의 논평 또는 화자가 처한 상황에 대해 표현하는 부사구로서 일반적으로 문두 위치에 온다: briefly, in short, seriously, in a word, to cut a long story short, personally, strictly speaking 등

Honestly, there is nothing I can do to help. (Honestly speaking, . . .)
In a word, he is a traitor. (If we say in a word, . . .)

(b) 내용(content) 부사구
   문장의 내용에 대한 화자의 논평을 표현하는 부사구로서 일반적으로 문두 위치에 온다: actually, apparently, allegedly, arguably, decidedly, dcfinitcly, obviously, really, surely 등

Obviously, he had forgotten about the appointment. (It is obvious that . . .)
Stupidly, she refused to take his advice. (It is stupid of her . . .)

☞ really가 강조 종속어로 쓰이는 'I *really* don't understand what he's talking about'와 really가 내용 부연어로 쓰이는 '*Really*, I don't understand what he's talking about'를 비교해 보라. 전자에서는 그 사람이 무슨 말을 하는지 이해하지 못한다는 것을 강조하는 데 반하여, 후자에서는 그 사람이 무슨 말을 하는지 이해하지 못하는 것이 사실임을 (it is real . . .) 표현하고 있다.

☞ 일반적으로 문두에 오는 견해 종속어, 주어지향 종속어, 문체 부연어, 내용 부연어를 비교해 보라.

Scientifically (= From a scientific point of view), the problem that we are discussing here is extremely important.   [견해 종속어]

Intentionally (= It was his intention that), he locked the door so that we could not leave the house.   [주어지향 종속어]

Personally (= Personally speaking), I find it difficult to study English.
  [문체 부연어]

Certainly (= It is certain that . . .), there must be some mistakes.
  [내용 부연어]

4. 접속어 (conjunct)

접속 부사구(conjunctive adverbial phrase)는 두 표현을 연결하는 부사구로서 다음과 같은 유형이 있다.

(a) 나열: in the first place, next, finally, furthermore, similarly, in addition 등

In the first place, the economy is declining, and *secondly* unemployment is beginning to increase.

(b) 요약: overall, in sum, to sum up 등

To sum up, we appreciate your willingness to work cooperatively with us.

(c) 동격: namely, that is (to say), for example, in other words 등

There is one snag; *namely*, the weather.

(d) 결과: therefore, as a result, accordingly, of course, to conclude 등

We have a different background. *Accordingly*, we have the right to take different jobs.

(e) 추리: in that case, so, then, otherwise 등

Do it now. *Otherwise*, it will be too late.

(f) 대조: more accurately, in other words, on the contrary, by contrast, on the other hand, however, nevertheless, though 등

"It's cold." "*On the contrary*, it's hot."

(g) 경과: incidentally, by the way, meanwhile, subsequently, eventually 등

Incidentally, if you want to go there, I'll take you next week.

7.3.6 형용사와 부사

모든 형용사에 적용되는 것은 아니지만 많은 형용사에 -ly 어미를 붙여 부사를 만들 수 있다는 것을 우리는 앞에서 말한 바 있다.

1. 어떤 부사들은 상응하는 형용사와 그 형태가 동일하다.

(a) 형용사로 쓰일 때와 부사로 쓰일 때 의미적 차이가 거의 없는 것

(1) -ly 어미를 가진 시간을 의미하는 형용사와 몇몇 형용사는 형태의 변화 없이 부사로 두루 쓰인다.

hourly	daily	weekly	monthly
early	yearly	quarterly 등	
deadly	kindly	likely 등	

I've to subscribe a ***monthly*** magazine for my wife.
The magazine is published ***monthly***.

He ***kindly*** offered her his seat.
He's a stern critic but a very ***kindly*** person.

(2) 스스로 형용사와 부사로 쓰일 수도 있고 -ly 어미를 붙여 부사로도 쓰일 수 있는 경우

clean	clear	dear	deep	direct
fine	free	full	high	last
light	loud	low	right	sharp

slow   sure   tight   wrong 등

It inflicted a ***deep*** *wound* on him.
It *cut **deep*** into his right foot.
He is ***deeply*** *distressed*.

I'm ***sure*** *of his living to eighty*.
Korean is difficult to learn. It ***sure*** *is*.
She's *recovering slowly but **surely***.

☞ -ly 어미가 붙은 부사와 그렇지 않은 부사를 항상 자유롭게 바꾸어 쓸 수 있는 것은 아니다.

First/Firstly, I would like to express my thanks to my friends.
I was *first/*firstly* notified of the accident.

The dinner in that restaurant cost us *dear/dearly*.
They loved his son *dearly/*dear*.

The store is *directly/*direct* opposite the police station.
This bus goes *directly/direct* to Busan.

(3) 스스로 형용사와 부사로 쓰일 수 있으면서 -ly 어미 부사형이 없는 단어

alike   alone   extra   fast   hard
late   long   next 등

He's a ***fast*** *runner*.
He *runs very **fast***.

He have *waited **long***.
We met a ***long*** *time* ago.

☞ late와 hard에 -ly 어미가 붙으면 의미적으로 완전히 다른 단어가 된다.

Everybody went to bed *late* last night.
I haven't been abroad *lately*.

I hit him *hard* on the head.
I can *hardly* understand what he says.

(b) 형용사로 쓰일 때와 부사로 쓰일 때 의미적 차이가 큰 것

about	dead	even	far	ill
jolly	just	only	pretty	sometime
still	straight	very	well 등	

He is **about** to leave his office.
About five people were present.

He has been **ill** for two years.
He won't speak **ill** of you.

He's **very** kind.
He proposed to me in this **very** room.

He's **been dead** for 10 years.
I'm **dead** sure that he won't turn up.

We'll go to Africa **sometime** in Octover.
Dr. Smith, **sometime** professor of Sogang University, is a friend of mine.

연습문제

I. 주어진 어간과 접사를 결합하여 형용사를 만들라.

　예) care + -ful → <u>careful</u>

1. admire + -able → _____
2. use + -less → _____
3. manage + -able → _____
4. courage + -ous → _____
5. observe + -ant → _____
6. lone + -ly → _____
7. shame + -ful → _____
8. economy + -ical → _____
9. imagine + -ary → _____
10. slip + -ery → _____
11. colony + -al → _____
12. boy + -ish → _____
13. mercy + -less → _____
14. virtue + -ous → _____
15. expense + -ive → _____
16. mystery + -ous → _____
17. enjoy + -able → _____
18. control + -able → _____
19. fun + -y → _____
20. snob + -ish → _____

II. 괄호 속의 단어를 적절한 형용사로 바꿔라.

　예) The music concert was an (unforget) experience.　(unforgettable)

1. Excessive drinking and smoking are (destroy) of one's health. (　　　　)
2. The man in the raincoat is behaving in a (suspicion) manner. (　　　　)

제 7 장 형용사와 부사

3. All the parents like their children to be (obey). (   )

4. He is very (hesitate) about giving a speech at the meeting. (   )

5. A foreign car is so (cost) that most people cannot afford one. (   )

6. In some countries, murder is (punish) by death. (   )

7. It was so (fog) that we couldn't see a thing. (   )

8. All the apples in the box are (rot). (   )

9. We were lucky to find such a (space) house. (   )

10. I would not like to be (offend) to you in any way. (   )

III. 다음의 수치를 영어로 써보아라.

예 2 + 5 = 7 Two and five is seven.

1. 3 + 5 = 8 _____ eight.

2. 9 − 4 = 5 _____ five.

3. 9 ÷ 3 = 3 _____ three.

4. 8 × 7 = 56 _____ fifty-six.

5. 1,234,567 _____ sixty-seven.

6. 0.678 _____ eight.

7. Henry VIII _____

8. 10/24/99: He was born on _____.

9. 481-861-2676: My phone number is area code _____.

10. 443-07-118654: My bank account number is

_____.

IV. 밑줄친 부사구의 형태를 적어라. 부가어는 A, 종속어는 S, 부연어는 D, 접속어는 C로 나타내라.

　예) Moreover [C], we are all invited to the graduation party [A].

1. He didn't have time to practice. Nevertheless [ ], he has just [ ] passed his driving test.

2. The boy is waiting quietly [ ] in the classroom [ ].

3. Foolishly [ ], he didn't come to your office for interview [ ].

4. Unfortunately [ ], I happened to meet her in the park [ ].

5. Technically [ ], there shouldn't be any problem connecting this printer to your PC [ ].

6. I quite [ ] forgot sending you a Christmas card last year [ ].

7. Strictly speaking [ ], I find it difficult to believe what he said in the lecture [ ].

8. It's not really [ ] a nice neighborhood. Still [ ], my wife likes living there.

9. Naturally [ ], we were deeply [ ] distressed to hear about his death.

10. Therefore [ ], we have decided to adopt a different policy for the school [ ].

V. 괄호에 주어진 부사구를 가장 자연스러운 순서로 배열하라.

　예) There is a guard (at all times, in the building). → (in the building at all times)

1. We eat (at the same cafeteria, every day, at exactly the same time).
　→ (　　　　　　　　　　　　　　　　　　　　　　　　　　)

2. I was born (on September 1, in Kwangju, in 1971).

3. They have been living (across the street, for 20 years, in the house).
   → (   )

4. He is going (with his wife, to buy some jade, to Hong Kong).
   → (   )

5. She displays the clothes (in the show window, in the morning, early).
   → (   )

6. I was quite tired (last night, after a hard day, at the office).
   → (   )

7. He drove (before he found a parking space, around the block, several times).
   → (   )

8. Ever since the car accident, he has been (careful, about his driving, extremely).
   → (   )

9. Wherever she goes, she was watched (for a long time, closely, by secret agents).
   → (   )

10. He stands (every day, for ten minutes, near the window).
    → (   )

제 8 장

전치사와 전치사구

8.0 전치사와 전치사구

전치사(preposition)는 폐쇄형 품사로서 새로운 형태의 전치사가 만들어지지는 않지만, 형용사(예, worth)와 -ing 분사(예, concerning, regarding 등)가 전치사처럼 사용되는 것들이 나타난다. 전치사에는 특별한 형태적 특징이 없으며 일반적으로 그 목적어와 함께 쓰인다. 우리는 전치사 + 목적어를 **전치사구**(prepositional phrase)라고 부르며, 전치사구는 문장 내에서 다양한 역할을 수행하는데 특히 **부사적**(adverbial) 역할과 **형용사적**(adjectival) 역할 그리고 **명사적**(nominal) 역할을 수행한다. 전치사들 중에는 시간이나 장소 등을 나타내는 확정적 의미를 지닌 것이 있는 반면, 어떤 것들은 순수한 구조적 역할만을 수행하는 것들이 있다.

We will leave the school *at nine o'clock*. [부사적 역할]
The author wrote a best-selling book *about World War II*. [형용사적 역할]
She mourned *for her deceased husband* for a long time.
[(동사의 전치사적 목적어로서) 명사적 역할]

8.1 전치사의 유형

전치사의 종류에는 하나의 단어로 구성된 단순 전치사와 두개 이상의 단어로 구성된 복합 전치사가 있다.

1. 단순 전치사 (simple preposition)

대부분의 단순 전치사는 단음절이거나 두 음절로 구성되며 역사적으로 복합 전치사였던 것이 한 단어로 결합된 것도 있다.

aboard	about	above	across
after	against	along(side)	amid
among(st)	around	as	at
before	behind	below	beneath
beside	between	beyond	but
by	despite	down	during
except (for)	for	from	in
inside	into	less	like
minus	near	of	off
on	onto	opposite	out (of)
outside	over	past	plus
re	round	save	since
than	through	throughout	till
times	to	toward(s)	under
underneath	until	up	versus
via	with	within	without

분사형 전치사로는 다음과 같은 것들이 있다.

barring	concerning	considering
during	excepting	excluding
including	following	including
pending	regarding	

I know nothing ***concerning*** the matter.
= I know nothing ***about/on*** the matter.

He works every day ***excluding*** Sundays.
= He works every day ***except*** Sundays.

☞ –ing 분사형 전치사 중에는 상응하는 구를 가진 것들이 있다.

considering = in consideration of
excepting = with the exception of
regarding = with regard to

☞ 전치사 중에 less, minus, plus, times, over는 수치와 흔히 쓰이는 전치사들이다. 다음의 수식을 어떻게 읽는가를 알아보자. 콤마가 있는 곳은 띠어서 읽어야 한다.

$$(17 - \sqrt{9} + \frac{65}{5}) - (4 \times 3) + (3^3 - 2^2) = 38$$

"Seventeen minus the square root of nine, plus sixty-five over five, minus four times three, plus three to the power three minus two squared equals thirty-eight."

2. 복합 전치사 (complex preposition)

복합 전치사에는 두 개의 단어로 된 것과 세 개 이상의 단어로 구성된 것이 있다.

  (a) 두 개의 단어로 구성된 복합 전치사

   (1) 부사 + 전치사 (from, of, to, with)

  apart *from*   aside *from*   away *from*
  ahead *of*   instead *of*

next *to*   subsequent(ly) *to*
along *with*   together *with*

(2) 형용사 + 전치사 (of, to)

devoid *of*   exclusive *of*   inclusive *of*
irrespective *of* regardless *of*   short *of*

antecedent *to*   contrary *to*   counter *to*
due *to*   prior *to*   relative *to*
subject *to*

(3) 분사 + 전치사 (to)

according *to*   owing *to*

(4) 접속사/전치사 + 전치사 (for, of, to)

as *for*   but (*for*)   except (*for*)   save (*for*)
because *of*   on *to*   as *to*

☞ 전치사 up + 접속사/전치사가 결합된 복합 전치사로 up against, up at, up till, up until, up to 등이 있는데, 여기서 up은 강화어(intensifier)로서 불필요할 경우 생략될 수 있다.

  Place the ladder (*up*) *against* the wall.
  (*Up*) *until* Christmas I shall be very busy.

(b) 세 개 이상의 단어로 구성된 복합 전치사: 일반적으로 전치사 + (관사) 명사 + 전치사로 구성된다.

as a consequence of   as a result of

at the cost of   at the hands of
at the point of   at the risk of

by dint of   by means of
by order of   by reason of

by virtue of	by way of
for the benefit of	for fear of
for lack of	for the purpose of
for the sake of	for want of
in return for	in advance of
in back of	in care of
in case of	in (the) course of
in the event of	in (the) face of
in favor of	in front of
in lieu of	in (the) light of
in the middle of	in the midst of
in (the) process of	in spite of
in addition to	in proportion to
in regard to	in respect to
in accordance with	in comparison with
in connection with	in contrast with
on account of	on behalf of
on the face of	on the part of
on the point of	on (the) top of
with the exception of	with the purpose of
with an eye to	with a view to
with reference to	with regard to
with respect to	

8.2 전치사의 의미

전치사는 그 목적어와 문장의 다른 성분과의 관계를 나타낸다. 다음의 예에서 전치사가 어떤 관계를 나타내는가를 알아보기로 하자.

>My car is *at the cottage*.
>Our cottage is *on the road*.
>There are only two beds *in the cottage*.

위의 문장에서 전치사 at는 0차원의 점을 의미하고, on은 1차원의 선을 나타내며, in은 용적을 가진 3차원의 공간을 나타낸다. 전치사가 나타낼 수 있는 의미는 매우 광범위하고 다양하지만, 대부분은 위의 예에서 볼 수 있듯이 '물리적 공간'을 의미하거나 이 물리적 공간의 의미가 추상적 공간 개념으로 확대된 것들이다. 다음의 예들을 비교해 보자.

>I like being *in this room*.
>I'll finish the work *in the present month*.
>His life is *in danger*.
>He told me this *in all seriousness*.

위의 문장에서 전치사구는 각각 물리적 공간, 시간, 상태, 태도를 뜻하지만, 여기서 전치사 in은 근본적으로 같은 뜻으로 사용되고 있다. 첫 문장의 전치사 in이 3차원의 물리적 공간을 뜻하듯이 나머지 문장에서도 전치사 in은 추상적인 3차원의 공간을 뜻하고 있다.

 전치사를 의미별로 구분하여 생각해 보기 전에 전치사의 일반적 의미에 대한 이해를 돕기 위하여 전치사의 추상적 개념으로의 확대에 대해서 몇 가지 더 생각해 보기로 하자. 다음의 표현에서 왼쪽 칸에 있는 것은 물리적 공간을 의미하지만 오른쪽 칸에 있는 표현은 물리적 공간의 의미를 비유적으로 확대한 의미를 나타낸다.

제 8 장 전치사와 전치사구

물리적 공간	추상적 공간
in office	*in* trouble
into the office	*into* difficulties
out of the room	*out of* danger
under the tree	*under* suspicion
from Seoul *to* Busan	*from* generation *to* generation
through the tunnel	*through* the ordeal

전치사의 이러한 용법은 시간을 뜻하는 전치사에서도 찾을 수 있다.

시점	일자	주, 월, 년
at 10 o'clock	*on* Monday	*in* a week
at noon	*on* May first	*in* June
at midnight		*in* 1988

1. 위치와 방향 전치사

위치의 개념과 (정해진 목적지로의) 이동의 개념 사이에는 인과관계가 성립한다. 즉, 정해진 목적지로 이동했기 때문에 그 위치에 있게 되는 결과가 초래되었다고 할 수 있다. 이러한 관계는 위치와 방향을 역으로 나타내는 전치사들 사이에서도 나타난다.

방향 : 원인	위치 : 결과
Bill went *to* Oxford.	Bill was *at* Oxford.
Bill climbed *onto* the roof.	Bill was *on* the roof.
Bill dived *into* the water.	Bill was *in* the water.
Bill drove (*away*) *from* home.	Bill is *away from* home.
The book fell *off* the shelf.	The book is *off* the shelf.
Bill got *out of* the water.	Bill is *out of* the water.

☞ 위치를 나타내는 전치사구는 일반적으로 be, stand, live와 같은 상태동사와 함

께 쓰이고, 방향을 나타내는 전치사구는 go, move, fly 등과 같은 동작동사와 함께 쓰인다. onto와 into가 불필요한 강조를 유발할 염려가 있을 경우에는 on 과 in을 방향을 나타내는 전치사로 대체하여 쓴다.

She fell *on the floor*.
He put his hands *in his pockets*.

☞ 방향 전치사 to는 목적지의 도착을 함축적으로 뜻하는 반면, toward(s)는 중립적인 뜻을 갖는다.

She drove *to Busan*.
She drove *towards Busan*.

(a) 절대적 위치 (at, on, in): at는 점을, on은 선 또는 평면을 그리고 in은 지역 또는 용적을 나타낸다.

　He was standing *at the bus stop*.
　The city is located *on the boundary*.
　The notice was pasted *on the wall*.
　The author lives *in a small village*.
　The boy put the ball *in a box*.

☞ 다음의 예에서 on은 표면을 강조하고 in은 지역 또는 용적을 강조한다.

　The players were practising *on the field*.
　Cows are grazing *in the field*.

　She was sitting *on the grass*. (풀의 길이가 짧을 때)
　She was sitting *in the grass*. (풀의 길이가 길 때)

☞ 장소를 통과의 한 지점으로 보거나 어떤 기능을 하는 조직체로 볼 때는 at를 쓰고 거주하는 지역으로 볼 때는 in을 쓴다.

Does this train stop *at Oxford*?

My son is *at Oxford*. (나의 아들은 옥스퍼드 대학교에 다닌다.)

My son is *in Oxford*. (나의 아들은 옥스퍼드 시에서 살고 있다.)

(b) 상대적 위치: 위치를 나타내는 전치사들 중에는 위치를 다른 대상의 위치와 상대적으로 정의해 주는 것들이 있다.

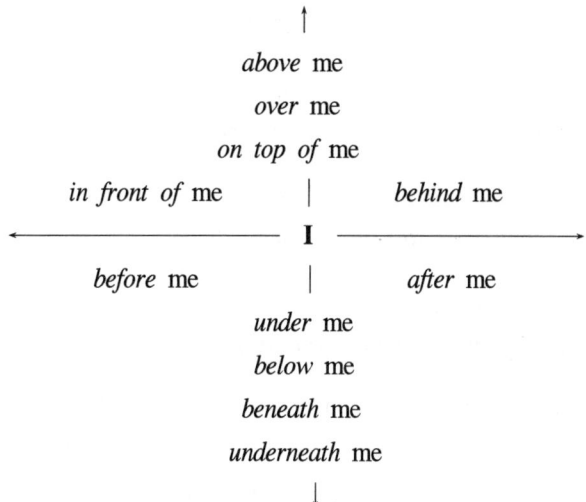

(1) above와 below, over와 under, in front of와 behind, before와 after는 반의어들이다.

The picture is *above the fireplace*.
= The fireplace is *below the picture*.

The bus is *in front of the car*.
= The car is *behind the bus*.

(2) over/under는 above/below와 엄격히 구별해서 사용하지 않는 경우도 있지만, 대체로 over/under는 바로 위나 아래 또는 두 지점이 거리적으로 가까울 때나 두 지점 사이에 연속성이 있다고 생각될 때 사용되며, above/below는 단순히 한 지점이 다른 지점보다 고도가 높거나 낮을 때 사용된다.

The plane flew **over** the mountain.
He lives on the floor **above** us.

The subway runs **under** this street.
He lives on the floor **below** us.

Keep this blanket **over** (*above) you.
The police found the stolen money **under** (*below) the carpet.

(c) 근접 위치: 바로 옆을 가리킬 때는 by/beside를 쓰고 약간 거리가 있을 때는 near (to)/close to를 쓰며 반대편에 있을 때는 opposite (to)를 쓴다.

He was standing **by/beside** the door.
She was sitting **near (to)/close to** me.

My house is **opposite** (*to*) the police station.
The police station is **opposite** (*to*) my house.

(d) 중간 위치: 별개의 것으로 생각되는 개체들 사이의 위치를 나타낼 때는 between을 쓰고, 구별되지 않는 하나의 집단으로 생각되는 개체들 사이의 위치를 가리킬 때는 among을 쓴다.

The baby likes to sleep **between** his parents.
The baby is playing **among** a crowd of children.

The house stands **between** the woods, the river and the farm.
The house stands **among** the trees.

Switzerland lies **between** (*among) France, Germany, Austria, and Italy.

(e) 이동 방법: 어떤 축과 병행으로 이동하면 along을 쓰고, 축이나 지역을 한쪽에서 다른 쪽으로 가로질러 이동하면 across를 쓰며, 지역이나 입체적 대상을 통과하면 through를 쓴다. past와 by는 물체를 비껴 지나가면 사용되며, (a)round는 지역이나 물체의 주위를 따라 이동하면 사용된다.

We walked **along** the bank.

We walked *across* the street.
We walked *through* the forest.
We walked *past/by* the old schoolhouse.
We walked *around* the pond.

2. 시간 전치사

   (a) 시간, 날짜, 주간, 달 등의 전치사 (**at, on, in**): when으로 시작되는 질문에 대한 대답으로서 쓰이는 전치사구에 나타난다.

   (1) **at**: 시계가 나타내는 시간을 표현할 때 쓰인다.

   The film will begin *at ten o'clock/at 6:30 p. m./at noon*.

☞ 공휴일이나 축제일을 날짜로 보지 않고 하나의 특별한 시기로 볼 때 또는 어떤 기간을 시간의 한 점으로 볼 때 at를 쓴다.

   What are you planning to do *at Christmas/at Easter/at the weekend*?
   (미국식 영어에서는 on the weekend라고도 한다.)
   At that time books were rare and very expensive.
   It is dangerous to go out *at night*.

   (2) **on**: 날짜 또는 하루의 일부를 표현할 때 쓰인다.

   We can come *on Monday/on the following day/on May (the) first/on New Year's Day*.
   They're going to meet *on Sunday afternoon/on Thursday evening/ on the morning of June first*.

☞ morning/afternoon 등이 다른 단어에 의해 수식을 받을 경우에는 in을 쓴다.

   He left the town *in the early morning/in the late afternoon of 15th September*.

   (3) **in**: 날짜가 명시되지 않은 하루보다 짧은 시간 또는 하루보다 긴

시간을 표현할 때 쓰인다.

I listen to music *in the morning/in the afternoon/in the evening /in the night.*
I saw Mary *in the following week/in May/in summer/in 1988.*

☞ 현재 시점에서 과거 시간을 표현할 때는 후치 부사 ago를 쓰고 미래 시간을 표현할 때는 in을 쓴다.

He did it *three months **ago**.*
He'll do it *in three months.*

(b) 기간 전치사 (**for, during, over, through (out), until, by**): how long으로 시작되는 질문에 대한 대답으로 쓰이는 전치사구에 나타난다.

(1) **for**와 **during**: 시간 단위를 써서 명시적으로 기간을 나타낼 때는 for를 쓰고 막연한 의미의 기간을 나타낼 때는 during을 쓴다. 따라서 어떤 사건을 기간의 개념으로 쓸 때는 during을 써야 한다.

We stayed there ***for**/*during* [three **days** / a **week** / two **months** / six **years**].

He worked here ***during**/*for* [the **summer** / the hot **weather** / the **floods**].

We met several old friends ***during**/*for* [our **stay** in Japan / our **visit** to Korea].

☞ for는 일반적으로 어떤 기간의 '시작부터 끝까지'를 뜻하는 반면 during은 어떤 기간의 전체보다는 한 시점이나 일부 기간을 뜻한다. 다음의 예를 비교해 보라.

We camped there *for the summer.* (처음부터 끝까지)

We camped there *during* the summer. (여름의 어느 시기에)

☞ 관용구인 by day/night는 각각 during the day/night과 같은 뜻이며 보통 '여행'과 같은 행위를 뜻하는 동사와 쓰인다.

We prefer *travelling* **by** *night/during the night.*
We slept **during** *the day* (*by day).

(2) **over**와 **through(out)**: over는 공휴일이나 축제 기간과 같이 특별한 기간을 나타낼 때 쓰며 일반적으로 through(out)보다 짧은 기간을 나타낸다.

We stayed there *over* ⎡ *Christmas*
⎢ *the weekend* ⎤.
⎣ *the holiday* ⎦

(*We stayed there *over Wednesday*.)

We stayed there *through(out)* the summer.

(3) **from. . . to, until, up to**: 어떤 기간의 끝만을 나타낼 때는 until, till, up to를 쓴다. up to, until, till, to는 보통 그 목적어가 가리키는 기간은 전체 기간에서 제외한다. 미래의 사건을 위한 기간을 나타낼 때에만 to를 쓸 수 있다.

We camped there *until/till/up to* (*to) *September*.
(따라서 9월에는 야영을 끝냈다는 뜻이 된다.)

We can camp there *to/till the end of September*.
I have only a few years *to/till retirement*.

기간의 시작과 끝을 모두 나타낼 때는 from...to/till을 쓴다.

We camped there *from June to/till September*.

☞ 종종 위의 from June to September에서 9월이 전체 기간에 포함되느냐 안되느냐 하는 문제가 대두한다. 이러한 모호성을 피하기 위해 미국식 영어에서는 중

종 (from)...through를 사용한다.

We stayed there (*from*) *June through September*.

(c) **before, after, since, till, until**: 이들은 접속사이면서 전치사로 쓰이며 전치사로 쓰일 때에는 시간을 뜻하는 전치사로만 쓰인다. 그 목적어로는 (1) 시간 명사구, (2) 주어 없는 동명사, (3) 절로서 해석될 수 있는 명사구 따위가 올 수 있다.

(1) *after* next week
(2) *since* leaving school
(3) *before* the war (= before the war started)
　　till/until the fall of Rome (= until Rome fell)

(d) **between... and**: between... and는 from... to와 마찬가지로 어떤 기간의 시작과 끝을 나타내는 데 사용되지만 from... to와는 달리 표현된 전체 기간을 뜻하는 것이 아니라 흔히 그 기간 내의 어느 시점을 나타낸다.

We'll probably arrive some time *between 5 and 6 o'clock*.
I'll phone you *between lunch and dinner*.

☞ 반복적으로 일어나는 사건 사이의 기간을 나타낼 때는 between만을 써서 기간을 나타낼 수 있다.

The actress met the visitors *between acts*.
All the students go out to the playground *between classes*.

(e) **by**: by는 미래에 어떤 사건의 결과가 실현되는 시점을 나타낸다.

Your papers are to be handed in *by next week*.
You'll have to leave *by Monday* at the latest.

☞ till/until은 by와는 달리 어떤 사건이나 상태가 어느 시점까지 지속되는 것을 뜻하기 때문에 '지속적' 동작을 나타내는 동사와만 쓰일 수 있다. 반대로 by는 '순

제 8 장 전치사와 전치사구   325

간적' 동작을 나타내는 동사와만 쓰일 수 있다.

>   John *worked* there *until* Christmas.
>   (*John arrived there until Christmas.)
>
>   John *remained* there *until* (*by) *midnight*.
>
>   John *arrived* there *by* Christmas.
>   (*John arrived there until Christmas.)

☞ 부정문에서는 동사의 속성과 상관없이 till/until이 쓰일 수 있다.

>   John *didn't* arrive there *till* Christmas.
>   John *didn't* work there *till* Christmas.

3. 시간 전치사의 생략

시간을 나타내는 전치사는 종종 생략될 수 있으며 이 경우 부사구는 전치사구 형태를 취하는 것이 아니라 명사구 형태를 취한다.

(a) 시점을 나타내는 전치사 at, on, in의 목적어인 시간명사가 last, next, this, that과 같은 '직시적' (deictic) 표현의 수식을 받거나, 목적어가 이러한 직시적 의미를 가진 시간명사일 경우 (yesterday, tomorrow, today 등) 또는 목적어가 some, every와 같은 양화사의 수식을 받을 때는 전치사를 의무적으로 생략해야 한다.

>   I saw her (*on) *last* Thursday.
>   John came to see me (*on) *today/yesterday* (*morning*).
>   (*In) *Every* summer she returns to her childhood home.

☞ '직시적' 표현이란 말하는 사람, 시간, 상황에 의해 그 의미가 결정되는 표현을 말한다. 예를 들어, '나'는 철수가 쓰면 '철수'를 가리키고 영호가 쓰면 '영호'를 가리키며, '오늘, 내일, 어제'라는 말을 2000년 10월 31일에 쓰면, 오늘은 '2000년 10월 31일'이고 내일은 '2000년 11월 1일'이며 어제는 '2000년 10월

30일'이 된다.

(b) 현재에서 두 단위 이상 떨어진 직시적 시간을 나타내는 표현에서는 전치사가 수의적으로 생략된다.

He left the town (*on*) ***the day before*** *yesterday*.
He will leave the town (*on*) ***the day after*** *tomorrow*.
The war ended (*in*) ***the January before*** *last*.

☞ 미국식 영어에서는 전치사 in을 생략하고 the January before last라고 한다.

(c) 과거 또는 미래의 어떤 주어진 시점의 전이나 후의 시간을 가리킬 때 전치사는 수의적으로 생략될 수 있다.

They got married (*at*) ***the next*** *weekend*.
We met (*on*) ***the following*** *day*.
John visited us (*in*) ***the previous*** *spring*.

(d) 기간을 의미하는 전치사 for는 지속적 상태를 뜻하는 동사와 쓰일 경우에 수의적으로 생략될 수 있다. 그러나 명시된 기간 동안 계속적으로 어떤 행위나 상태가 지속되지 않을 경우에는 for를 생략할 수 없다.

We ***stayed*** there (*for*) ***three months***.
The rainy weather ***lasted*** (*for*) ***the whole time*** we were there.

I ***taught*** her *for **three years***. (*three years)
I haven't ***spoken*** to her *for **three years***. (*three years)

☞ 전치사의 목적어가 all의 수식을 받으면 for는 의무적으로 생략된다.

We stayed there ***all*** *week*. (*for all week)
I haven't seen her ***all*** *day*. (*for all day)

☞ 전치사구가 문두에 올 경우에는 전치사 for를 생략하지 않는 것이 좋다.

제 8 장 전치사와 전치사구

For 600 years (*600 years), the cross lay undisturbed.
The cross lay undisturbed (*for*) 600 years.

4. 원인-목적 (cause-purpose) 전치사

(a) 원인-이유-동기의 전치사 (**because of, on account of, for, from, out of, through** 등): why로 시작하는 질문에 대한 응답에 일반적으로 나타난다.

We had to drive slowly *because of* the heavy rain.
The survivors were weak *from* exposure and lack of food.
Some support charities *out of* duty, some *out of* a sense of guilt.
I hid the money, *for* fear of what my parents would say.

☞ on account of는 원인 또는 이유를 뜻하는 because of 보다 더 문어체적 표현이다. out of와 for는 일반적으로 동기(즉, 심리적 원인)를 나타낼 때 쓰이며, 특히 for는 몇 개의 한정된 단어들과만 함께 쓰인다 (for fear/lack/want/love/joy/free/nothing).

On account of his wide experience, he was elected chairman.
During the war many children died *for* lack/want of food.
He offered me to fix the car *for* nothing.

(b) 목적-목적지 (**for**): for는 일반적으로 '어떤 행위의 목적'을 나타낼 때 쓰이며, 특히 run, start, head, leave, set out 따위의 동사와 함께 쓰이면 '가려고 하는 목적지'를 나타낸다. for를 포함하는 전치사구는 'Why. . . ?, What. . . for?, Where. . . for?, Who. . . for?'의 대답으로 쓰일 수 있다.

He'll do anything *for* money.
He died *for* his country.
He set out *for* London.

☞ 목적지를 나타내기 위해서 전치사 to를 쓰면 목적지까지 도착할 것이라는 의미가 포함되어 있다. 따라서 아래의 예에서 (1)은 런던까지 기차가 직접 가는가를 질문하는 반면, (2)의 문장은 런던까지 가려면 중간에 다른 기차로 옮겨 탈수도

있다는 의미를 내포하고 있다

(1) Is this the train *to London*?
(2) Is this the train *for London*?

(c) 수혜자-목표-표적 (**for, to, at**): for 다음에 사람이나 동물을 가리키는 명사가 오면 '의도된 수혜자'를 뜻하는 반면 to는 '실질적 수혜자'를 뜻한다.

She made a beautiful doll *for her daughter*.
(= She made her daughter a beautiful doll.)
He cooked a dinner *for her*.
(= He cooked her a dinner.)

He gave a beautiful doll *to her daughter*.
(= He gave her daughter a beautiful doll.)
I sold the book *to my friend*.
(= I sold my friend the book.)

☞ 위의 예에서 볼 수 있듯이 수혜자 구는 전치사를 상실하고 간접목적어로 나타날 수 있다. 그러나 직접목적어가 간접목적어보다 상당히 짧거나 간접목적어를 특별히 강조할 필요가 있을 때에는 전치사구를 사용하는 것이 좋다. 또한 다음 절 동사 deliver, explain, describe, donate, suggest, introduce 등은 일반적으로 상응하는 이중목적어 구문을 갖지 않는다 (3장을 보라).

I took *it to the policeman*.
(*I took the policeman it.)
She sent some flowers *to the nurse who was looking after her daughter*.
(*She sent the nurse. . . some flowers.)
Mother bought the ice cream *for you*, not *for me*.

I *delivered* the book *to my friend*.
(*I delivered my friend the book.)

at는 '의도된 목표/표적'을 의미한다.

She smiled *at* me.
John aimed the gun *at* Mary.

☞ 다음의 예에서 at는 의도한 목표를 뜻하기 때문에 반드시 그 목표의 달성을 의미하지는 않는다. 이에 반하여 명사구를 목적어로 직접 받으면 목표의 달성을 의미하기 때문에 그 뒤에 '실패하다'(but missed. . .)라는 말을 붙일 수 없다. 이것은 kick at (발길질하다), charge at (돌진하다), bite at (덤벼들다), catch at (잡으려고 하다) 등의 동사에서도 마찬가지다.

He shot *at the President*, but missed him.
(*He shot the President, but missed him.)

☞ 동사가 자동사일 경우 목표의 달성을 강조하고 싶을 때는 전치사 to를 쓴다.

He ran *at* me.
He ran *to* me.

☞ 목표를 나타내는 to의 반대 의미인 '기원'(source)을 뜻하는 전치사로 from이 있다. from은 또한 국적 또는 출신지를 나타내기도 한다.

I *borrowed* the book *from Bill*.
= Bill *lent* the book *to* me.

He comes *from Austria*.
(= He is an Austrian.)
I'm *from Seoul*.

5. 수단-행위자 (means-agentive) 전치사

수단-행위자 의미영역은 '방법-태도-수단-도구-행위자-자극' 등의 의미를 포함한다.

(a) 방법·태도 전치사 (**with, in...manner, like, as**): like는 '... 와 유사한 방법 또는 태도로'의 의미를 가지며, as는 '자격'을 나타낸다.

The job was done *in a workmanlike **manner***.
We were received *with the utmost courtesy*.
He spoke *like a lawyer*.
He spoke *as a lawyer*.

☞ like는 연계동사와 쓰이면 '유사성'만을 뜻한다.

Life is *like a dream*.
She is *like a daughter* to me.
He looks exactly *like his father*.

(b) 수단·도구·행위자 전치사 (**by, with**): by는 일반적으로 '수단'(by means of)을 뜻하지만 수동문에서는 행위자를 나타낸다. with는 '도구'(instrument)를 뜻한다.

I usually go to work *by bus*.
He has worked his way up to the top *by hard work*.

The window was broken *by Bill*.
(= Bill broke the window.)

Someone had broken the window *with a stone*.
He caught the ball *with his left hand*.

☞ 도구 전치사구를 포함하는 문장은 'use... +to-부정사'로 바꾸어 쓸 수 있으며, 또한 사용된 도구를 주어로 하는 문장도 가능하다.

Someone had *used* a stone *to* break the window.
He *used* his left hand *to* catch the ball.

A stone had broken the window.

His left hand caught the ball.

(c) 자극 전치사 (**at, by**): 감정적 흥분의 원인을 나타내는 전치사로서 보통 at가 쓰이며, 동사구가 수동형일 경우에는 by가 쓰일 경우도 있다.

I was alarmed *at/by his behavior.*
(= His behavior alarmed me.)
I was furious *at* (*by) *his rudeness.*

☞ 감정적 흥분의 원인이 사람 또는 물건일 경우에 영국식 영어에서는 보통 with를 쓰는 데 반하여, 미국식 영어에서는 at도 흔히 쓰인다.

I was furious *with/at John.*
I was delighted *with/at the present.*

☞ angry, annoyed, delighted, furious, pleased, worried 따위의 경우에는 about를 쓸 수도 있다.

He's pleased *at/about my idea.*
I'm worried *about the boy's future.*

6. 기타 전치사들

(a) 동반 전치사 (**with**): 일반적으로 함께 하는 사람이나 물건을 가리키며 때에 따라서는 주변상황을 나타내기도 한다. without은 반대 의미로 쓰인다.

I hope you will come to dinner *with your husband.*
What will you drink *with your meal?*
You never see him *without his dog.*
With all the noise, she was finding it hard to concentrate.

(b) 지지와 반대 전치사 (**for, with, against**): for는 지지의 의사를 나타내고 with는 공동체임을 강조하는 반면, against는 반대 의사를 나타낸다.

Are you *for* or *against* the plan?
Remember that every one of us is *with you*.

☞ fight with, argue with, quarrel with 등에서와 같이 with가 사람들 간의 대립을 나타낼 수도 있다.

He's always arguing *with his sister*.
They plan to fight *against nuclear power*.

(c) 양보 전치사 (**in spite of, despite, for all, with all**): in spite of는 양보를 나타내는 가장 대표적인 전치사이며, despite는 문어적인 반면 for all과 with all은 구어체에서 종종 쓰인다.

I admire him, *in spite of his faults*.
The article was published *for all her disapproval*.

(d) 관계 전치사 (**as for, as to, about, on, regarding, concerning, as regards, with regard to, with reference to, with respect to, re**): 마지막 세 전치사는 문어체로서 쓰이는 것이 보통이며, as for는 대화의 주제를 바꾸는 효과가 있다.

With reference to your recent letter, we regret to learn that the goods arrived in damaged condition.
The coat is splendid but *as for the hat* I don't think it suits you.

(e) 예외와 추가 전치사 (**except (for), apart from, but, save, besides, as well as, in addition to**): except (for), apart from, but, save는 예외를 나타내며, 이에 반하여 besides, as well as, in addition to는 추가를 뜻한다.

We had a pleasant time, *except for the weather*.
Apart from him, everyone is happy.
We had packed everything *but the typewriter*.
I could answer all the question *save one*.
All of us passed the test *besides/as well as/in addition to John*.

☞ 다음의 문장을 비교해 보라.

All of us passed the test ***besides*** John.
All of us passed the test ***except*** John.

첫 문장은 John도 합격했다는 뜻이지만, 두 번째 문장은 John이 합격하지 못했다는 뜻이다. 그러나 부정문에서는 예외와 추가의 뜻이 중화되어 의미가 같아진다.

No one passed the test ***except*** John.
= No one passed the test ***besides*** John.

☞ all, no, none, nobody, nothing, every, everything, any, anybody, anywhere, nowhere, whole 등의 단어를 포함하는 일반적인 내용을 말하는 문장에서는 except 혹은 except for를 사용하고, 특정의 사건을 말할 경우에는 except for를 사용하며, 전치사나 접속사 앞에서는 except를 사용한다. 다음을 비교해 보라.

We've cleaned *all the rooms* ***except (for)*** the bathroom.
We've cleaned *the house* ***except for*** the bathroom.

It's raining everywhere ***except in*** *Seoul*.
She is beautiful ***except when*** *she smiles*.
I know nothing about the man ***except that*** *he lives next door*.

☞ but는 문두의 전치사구를 이끌 수 없다.

****But me***, everyone was tired.
= Everyone ***but me*** was tired.
= Everyone was tired ***but me***.

☞ except와 but는 원형부정사(bare infinitive)를 이끌 수 있다.

She's done nothing ***but/except eat*** *all day*.
He does nothing ***but/except cry*** *all day*.

We can't (help) ***but admire*** *his courage.*
(= We can't help admiring his courage.)

(f) 부정적 조건 전치사 (**but for**): but for는 일반적으로 'if...not...'의 뜻으로 쓰인다.

But for *John, we would have lost the match.*
(= If it hadn't been for John... 또는
= If John hadn't played as he did...)

But for *the heavy traffic, I would have been home before seven.*

8.3 전치사의 목적어

전치사의 목적어로는 명사구, 대명사, wh-절, 동명사 등이 쓰일 수 있다.

*on **the table***	[명사구]
*between **you** and **me***	[대명사]
*from **what he said***	[wh-절]
*by **signing a peace treaty***	[동명사]

☞ 예외적으로 부사 또는 형용사가 전치사의 목적어로 쓰일 수 있으며 이 경우 대개 관용구로 쓰인다.

*at **last***	*at **least***	*at **once***
*at **worst***	*before **long***	*by **far***
*for **good***	*in **brief***	*in **common***
*in **public***	*in **short***	*until **now***

☞ 전치사구가 다른 전치사의 목적어로 쓰일 수 있다. 따라서 두개의 전치사가 나란히 나타나게 된다.

He picked up the gun *from **under the table***.
We didn't meet *until **after the show***.
Food has been scarce *since **before the war***.

☞ that-절과 부정사구는 전치사의 목적어로 쓰일 수 없다. 예외로는 **except/ in/save** + **that-절**이 있다. 다음의 예들을 비교해 보자.

He was surprised *that she noticed him*.
(*He was surprised *at that she noticed him*.)
(☞ He was surprised *at the fact that she noticed him*.)

He was surprised *to see her*.
(*He was surprised *at to see her*.)

I know nothing about the man *except/save that* he lives next door.
John held responsible *in that* (= because) *he was the leader of the team*.

8.4 전치사구의 기능

전치사구는 통사적으로 다음과 같이 쓰일 수 있다.

1. 형용사적 기능: 명사구의 후행 수식어로 쓰일 수 있다.

    The people *on the bus* were singing.
    The meeting *at nine o'clock* will be canceled.

2. 부사적 기능: 전치사구는 동사구 수식어, 문장 수식어 또는 문장 연결어로 쓰일 수 있다.

    The people *were singing **on the bus***.　　　　　　　　[동사구 수식]
    In the afternoon, we *went to Incheon*.

    From a personal point of view, I find this a good solution to the problem.

In all fairness, she did try to phone the police.   [문장 수식]

On the other hand, he made no attempt to help her.   [연결어]
In conclusion, I would like to offer a toast.

3. 명사적 기능: 전치사구는 동사나 형용사의 전치사적 목적어 역할을 한다.

He will *call on you* tonight.
She is *fond of roses*.

8.5 전치사적 동사와 구동사

'동사 + 전치사'의 구조를 가진 복합 동사에는 "전치사적 동사"라는 부르는 복합 동사와 "구동사"라고 부르는 복합 동사가 있다.

전치사적 동사
The students *called on* the man.
I don't *care for* Jane's behavior.

구동사
We *called off* the game because of rain.
Hand in your assignments on time.

1. 전치사적 동사 (prepositional verb)

전치사적 동사는 그 수가 너무나 많기 때문에 모두 나열할 수 없으며, 몇 가지 예를 들면 다음과 같다.

account for: *explain*   approve of: *agree to*
call for: *demand*   call on: *visit*
come up: *arise*   deal with: *treat*
do without: *sacrifice*   get over: *recover*
go over: *review*   keep on: *continue*

look after: *take care of*
take after: *resemble*

run across: *meet/find by chance*
turn up: *appear*

☞ 목적어를 가진 동사가 전치사적 목적어를 추가로 취하는 동사가 있다.

She **reminded** her husband **of** *his dental appointments.*
They **blamed** me **for** *the accident.*

accuse ~ of	deprive ~ of	rob ~ of
suspect ~ of	advise ~ of/about	convince ~ of/about
remind ~ of/about	warn ~ of/about	ask ~ about
question ~ about	base ~ on	inflict ~ on
borrow ~ from	buy ~ from	collect ~ from
distinguish ~ from	keep ~ from	protect ~ from
prevent ~ from	stop ~ from	connect ~ with
entrust ~ with	help ~ with	provide ~ with
ask ~ for	blame ~ for	forgive ~ for

2. 구동사 (phrasal verb)

외형적으로는 전치사적 동사와 유사하게 생긴 복합동사로서 '동사 + 전치사적 부사(prepositional adverb)'로 구성되어 있으며, 통사적으로 전치사적 동사와는 여러 가지 점에서 차이가 난다.

bring about: *cause*
call up: *telephone*
catch on: *understand*
give out: *distribute*
hold up: *rob*
make out: *understand*
pull up: *come to a stop*
take up: *consider/discuss*

bring up: *raise a subject/child*
call off: *cancel*
give up: *surrender*
hand in: *submit*
look up: *search for information*
make up: *invent*
put off: *postpone*
turn down: *reject*

3. 전치사적 구동사 (prepositional phrasal verb)

전치사적 구동사는 '동사 + 전치사적 부사 + 전치사'로 이루어진 복합동사를 말하며, 이 복합동사는 구어체로서 널리 쓰인다. 전치사적 구동사에서 마지막 단어가 전치사이므로 그 뒤에 오는 표현은 전치사의 목적어로서 명사적 표현이 와야 한다.

catch on with: *understand*
catch up with: *reach after being behind*
do away with: *abolish*
drop in on: *visit informally*
drop out of: *discontinue membership*
get along with: *be on good terms*
get away with : *do without penalty*
give in to: *surrender*
keep up with: *maintain the same pace*
look down on: *consider as inferior*
look forward to: *expect*
look up to: *consider as superior*
put up with: *tolerate*
run out of: *exhaust a supply*

We are **looking forward to** your party on Saturday.
He had to **put up with** a lot of teasing at school.
He thinks he can **get away with** everything.

4. 전치사적 동사와 구동사의 통사적 차이

다음의 두 문장을 비교해 보자.

The man **called on** the woman.   [전치사적 동사]
The man **called up** the woman.   [구동사]

(a) 구동사에서는 전치사적 부사가 목적어를 넘어갈 수 있지만 전치사적 동사에서는 전치사가 목적어를 넘어갈 수 없다 (목적어가 대명사이면

구동사에서 부사는 목적어를 의무적으로 넘어가야 한다.).

*The man *called* the woman *on*.
The man *called* the woman *up*.

The man *called on* her
*The man *called up* her.
The man *called* her *up*.

(b) 목적어로 쓰인 의문사가 문두 위치로 이동할 경우에 전치사적 동사 구문에서는 전치사가 목적어와 함께 수의적으로 이동할 수 있지만, 구동사 구문에서는 전치사적 부사가 제자리에 남아 있어야 한다. 이것은 목적어가 관계대명사가 되어 관계절의 앞으로 이동할 때도 마찬가지다.

On whom did the man *call*?
= *Whom* did the man *call on*?

Who(m) did the man *call up*?
**Up* whom did the man *call*?

The woman *on whom* the man *called* was his English teacher.
= The woman *whom* the man *called on* was his English teacher.

The woman *who(m)* the man *called up* is my sister.
*The woman *up* whom the man *called* is my sister.

(c) 구동사 구문에서는 부사적 표현이 동사와 전치사적 부사 사이에 나타날 수 없지만 전치사적 동사구문에서는 동사와 전치사 사이에 부사적 표현이 올 수 있다.

The man *called* early *on* the woman.
*The man *called* early *up* the woman.

8.6 형용사와 전치사

동사들 중에도 목적어나 보어와 같은 보충어(complement)를 필요로 하는 동사가 있듯이 형용사 중에도 보충어를 필요로 하는 것이 있다. 그런데 동사와 형용사의 차이점은 형용사의 보충어는 항상 전치사구여야 한다는 사실이다.

He is ***envious*** of his brother.
The boy is ***good*** at mathematics.

몇 가지 예를 들면 다음과 같다.

acceptable to	afraid of	angry at/with/about
anxious for	applicable to	aware of
bound for	capable of	certain of
comparable with	compatible with	complete with
conscious of	consistent with	devoid of
deficient in	different from	eager for
efficient in	envious of	essential to
expert at/in	faithful to	familiar to/with
famous for	fond of	free from
full of	generous to	gentle with
good at/for	hostile to	guilty of
identical to/with	inferior to	innocent of
kind to	natural to	necessary for
painful to	patient with	pleasant to
proper for	proud of	responsible for
rich in	safe from	separate from
similar to	slow at/in	sorry for
successful in		

☞ -ed 분사형 형용사들도 목적어 앞에 특정한 형태의 전치사를 요구한다.

I'm not ***ashamed*** of anything I've done.
We are ***blessed*** with many children.

absorbed in	acquainted with	accustomed to
alarmed at/by	amazed at/by	annoyed at/by
ashamed of	associated with	astonished at/by
attached to	blessed with	bored with
committed to	composed of	concerned about/over
confused at/by	covered with	dedicated to
delighted at/by	deprived of	disappointed in/with
drunk on	embarrassed at/by	endowed with
gifted with	hurt at/by	indebted to
interested in/by	irritated at/by/with	known for/to
married to	occupied with	pleased with/by/at
puzzled at/by	qualified for	related to
satisfied with	shocked at/by	startled at/by
suited to/for	surprised at/by	tired from/of
troubled by/about	upset with	

☞ 위의 목록에서 대부분의 느낌 동사 (verb of feeling) 다음에는 at이나 by가 따라 나온다. 전치사 by가 쓰이면 수동의 의미가 더 강하게 표현된다.

8.7 전치사의 위치

앞에서도 말했듯이 전치사는 일반적으로 그 목적어 바로 앞에 오지만, 다음의 경우에 목적어만 이동하고 전치사는 원래의 위치에 그대로 남게 되는데 우리는 이러한 전치사를 '낙오된' (deferred) 전치사라고 부른다. 1, 2, 3의 경우는 전치사가 반드시 원래의 위치에 남아 있어야 한다.

1. 전치사적 동사 구문에서 전치사의 목적어가 수동문의 주어가 될 경우

The room has been paid *for*.
(☞ We have paid *for* the room.)
His wisdom and guidance were sought *after* by many people.

2. 부정사절에서 전치사의 목적어를 주절의 주어로 만들 경우

   He's impossible to work *with*.
   (☞ It's impossible to work *with him*.)
   Mary is fun to be *with*.
   (☞ It is fun to be *with Mary*.)

3. 동명사절에서 전치사의 목적어를 주절의 주어로 만들 경우

   He's worth listening *to*.

4. 전치사의 목적어로 쓰인 의문사가 문두로 이동할 경우

   Which house did you leave the car *at*?
   (☞ *At which house* did you leave the car?)

5. 전치사의 목적어로 쓰인 관계대명사가 관계절 앞으로 이동할 경우

   The old house *about which* I was telling you is empty.
   (☞ The old house *which* I was telling you *about* is empty.)

   ☞ 4와 5의 경우에도 경우에 따라서는 전치사가 원래의 위치에 남아 있어야 하며, 특히 what이 이끄는 독립 관계절과 관계대명사가 생략된 구문에서는 낙오된 전치사 구문만이 허용된다.

   What did you do that *for*?
   (*For what did you do that?)

   What did she look *like*?
   (*Like what did she look?)

   What I'm convinced *of* is that the problem has no solution.
   (*Of what I'm convinced is that the problem has no solution.)

   All she talked *about* was her dog.
   (*All about she talked was her dog.)

제 8 장 전치사와 전치사구   343

연습문제

I. 빈칸에 적절한 장소 전치사를 넣어라.

1. The seminar will be held _____ Hotel Silla.

2. We have been living _____ Jongno since we moved to Seoul.

3. Our apartment is 10D; 11D is the apartment directly _____ us.

4. When he came in, we were all sitting _____ the table for dinner.

5. My office is _____ the 10th floor of this building.

6. John is going to wait for you _____ the lobby of the theater.

7. Before they move here, they lived _____ 551 Riverside Avenue.

8. To go to the hotel, you have turn left _____ the next intersection.

9. It is not polite to put your elbows _____ the table.

10. The most important stories are usually printed _____ the front page of the paper.

II. 빈칸에 적절한 시간 전치사를 넣어라.

1. The conference will begin ⓐ_____ Monday ⓑ_____ nine o'clock ⓒ_____ the morning.

2. He's been in the hospital ⓐ_____ a long time, ever ⓑ_____ the car accident.

3. All the lights were out ⓐ_____ two hours ⓑ_____ the storm.

4. We'll finish our homework ⓐ_____ an hour ⓑ_____ now.

5. He has been working in this factory _____ March 2.

6. We'll have finished all the work _____ the time you get here.

7. He was born ⓐ_____ New Year's Day, ⓑ_____ the morning of January 1st 1952.

8. The library closes ⓐ_____ Mondays. Otherwise, it opens every day ⓑ_____ the week ⓒ _____ nine ⓓ_____ the morning, and remains open ⓔ_____ five ⓕ_____ the afternoon. All visitors must be out of the building ⓖ _____ 5:05.

III. 빈칸에 전치사 on이나 in 혹은 (전치사를 생략해야 할 경우에는) X를 써넣어라.

1. The conference will be held ⓐ_____ next Saturday. The announcement of it will appear in the newsletter ⓑ_____ Friday.

2. We'll have a lecture ⓐ_____ this Tuesday, and then again ⓑ_____ November 13.

3. A telegram arrived ⓐ_____ last night saying that John will come to Seoul ⓑ_____ next week.

4. I visit Busan ⓐ_____ every March. ⓑ_____ the next time I come to Busan, I'll let you know.

5. My family enjoyed sunshine on the beach ⓐ_____ all week during my visit to Jejudo ⓑ_____ August 1999.

IV. 빈칸에 적절한 전치사를 넣어라.

1. Bob is _____ a brother to me.

2. He offered me a temporary job _____ a clerk.

3. You are a good friend. What would I do _____ you?

4. If you find yourself _____ any trouble at all, I'll help you out.

5. I can assure you that we're safely _____ danger at last.

6. Don't panic; the situation is completely _____ control.

7. The cook broke eggs _____ tapping them on the edge of the pan.

8. It's not easy to stand up _____ the opinion of the majority.

9. We've studied your proposal _____ great care, but cannot see anything particular.

10. Every vote against me will be a vote _____ the party I oppose.

V. 빈칸에 적절한 전치사를 넣어 전치사적 동사를 완성하라.

1. These people long _____ the day their country will be free again.

2. Her parents disapprove _____ her staying out late at night.

3. You embarrassed her by laughing _____ her mistakes in French.

4. Most young people today refuse to conform _____ society's regulations.

5. We're all counting _____ you not to miss the game.

6. We call a traitor someone who plots _____ his own country.

7. He's too young to cope _____ all his problems.

8. The club that John belongs _____ chartered a bus for the picnic.

9. His drinking problem eventually resulted _____ tragedy for the family.

10. We've always marveled _____ his ability to get along with all kinds of people.

11. The teacher accused John _____ cheating.

12. We have borrowed money _____ the bank to pay for our new car.

13. He has always been warned _____ the danger of lung cancer.

14. I forgot to ask Prof. Lee _____ the assignment I should submit next week.

15. He was blamed _____ not taking the proper precautions against fire hazards.

VI. 아래 주어진 동사를 사용하여 맥락에 맞는 구동사를 구성하라 (필요시에는 동사의 형태를 바꿔라).

bring	call	catch	give	hand
hold	look	make	pull	put
run	take	turn		

[예] A gentleman <u>takes</u> his hat off when greeting a lady.

1. I had to _____ down the good job, because I have to go to the graduate school.

2. I don't know the meaning of the word; I must _____ up that word in the dictionary.

3. What John told us was a lie. It was _____ by him up to avoid punishment

4. Every student registered for the course must _____ in their assignments on time.

5. You shouldn't _____ off for tomorrow what you can do today.

6. My boss _____ up his wife from his office at least twice every day.

7. Would you mind repeating what you've just said; I couldn't quite _____ on.

8. A group of bandits _____ up the bank and took all the money.

9. He _____ his car up just in time to avoid hitting the child.

10. She had to _____ up five children alone, because her husband died young.

VII. 빈칸에 적절한 전치사를 넣어라.

1. He lives in the beautiful house adjacent _____ the church.

2. We're very grateful to you _____ all your help.

3. John is frequently absent _____ school because of illness.

4. You shouldn't be jealous _____ what your brother has achieved.

5. You will be successful _____ anything you do, if you try harder.

6. She is very critical _____ everyone but herself.

7. It is certain that he is guilty _____ the crime he is accused of.

8. Although he's a very stern man, he's very gentle _____ children.

9. The man is responsible _____ the project we are now undertaking.

10. How thoughtful _____ you to send flowers to the lady!

11. We're satisfied _____ the new house we've just bought.

12. He's well qualified _____ the new job.

13. All the students are bored _____ Prof. Lee's lecture.

14. The professor was so absorbed _____ the work that he didn't notice our entrance.

15. You shouldn't be ashamed _____ anything you've done.

제 **9** 장

문장의 변형과 기능

9.0 문장과 절

우리가 한 언어의 문법을 공부하는 것은 문법적으로 올바른 문장을 구성하는 방법을 배우기 위해서다. 왜냐하면 우리는 말을 할 때 개별적인 낱말을 쓰는 것이 아니라 **문장**(sentence)이라는 문법적 단위를 써서 우리의 생각을 상대방에게 전달하기 때문이다. 따라서 우리가 지금까지 동사, 명사 등을 공부한 것도 결국은 문법에 맞는 영어 문장을 구성하는 방법을 배우기 위한 하나의 과정이었다고 할 수 있다. 문장에는 하나의 절로 구성된 **단순문**(simple sentence)과 두개 이상의 절로 이루어진 **복합문**이 있으며, 복합문에는 두개 이상의 절이 등위접속되어 구성되는 **중문**(compound sentence)과 하나의 절이 다른 절에 종속되는 **복문**(complex sentence)이 있다. 우리는 종종 문장과 **절**(clause)이라는 말을 혼용하는 경우가 있는데, 여기서는 문장이 다른 문장의 일부로 나타날 경우에 '절'이라고 부르겠다.

Her father works in a factory.	[단순문]
They are my neighbors, but I don't know them very well.	[중문]
He failed, although he tried hard.	[복문]

문장은 **주어**(subject)와 **술어**(predicate)로 구성되는데, 의미적으로 볼 때 주어란 일반적으로 우리가 말하고자 하는 주제(topic)가 되고 술어란 그 주제에 대한 논평(comment)이 된다.

주어	술어
The train	arrived late today.
Julie	ate her dinner.
The man	seems very sad.

우리는 위의 문장에서 주어에 명시된 어떤 대상이 술어에 명시된 어떤 행위를 했다거나 어떤 상태에 있다고 함으로써 소위 '하나의 완전한 생각'을 상대편에게 전달하게 되는 것이다.

9.1 문장의 성분

우리는 앞에서 문장의 성분에 대해서 여러 번 언급했으므로, 여기서는 이들에 대해 간단히 복습하기로 하겠다. 영어의 문장은 주어와 수의적인 조동사 그리고 술어로 구성된다.

문장 = 주어 + (조동사) + 술어

1. 주어 (subject)

주어는 특별한 경우를 제외하고는 대명사, 명사구 또는 명사절이 되며, 일반적으로 주어는 평서문(declarative sentence)에서 동사 앞에 나타난다. 주어는 명령문을 제외한 모든 **정형절**(finite clause)에서 의무적으로 나타나며 (5장을 보라),

이 경우에 주어는 동사와 인칭, 수에 있어서 일치(agreement)해야 한다.

> *Mary knows* my name.　　　　　　　　　　　　　　[단수 주어]
> *Mary and John know* my name.　　　　　　　　　　[복수 주어]
> *I am* your new neighbor.　　　　　　　　　　　　[1인칭 단수 주어]
> *That the world is round is* obvious to everyone.　　[단수 절 주어]

☞ 절은 항상 단수가 된다. 예외에 대해서는 10장을 보라.

2. 조동사 (auxiliary verb)

모든 문장에 조동사가 나타나는 것은 아니지만 하나의 절 내에 최대로 4개의 조동사까지 나타날 수 있으며, 이 경우 그 순서는 '양상조동사 + 완료조동사 + 진행조동사 + 수동조동사'를 반드시 지켜야 한다. 더 상세한 것은 6장 조동사를 보기 바란다.

> The doctor examined the patient.
> The doctor *was* examining the patient.　　　　　　　　[진행]
> The doctor *have been* examining the patient.　　　　[완료 + 진행]
> The doctor *may have been* examining the patient.　[양상 + 완료 + 진행]
> The patient *may have been being* examined by the doctor.
> 　　　　　　　　　　　　　　　　　　　[양상 + 완료 + 진행 + 수동]

우리가 앞에서 조동사를 논의할 때 보았듯이 조동사는 영어에서 통사적으로 매우 중요한 역할을 수행한다. 이점에 대해서 4장을 보라.

3. 술어 (predicate)

모든 술어는 동사를 포함하며 포함하는 동사의 유형에 따라 (직접/간접) **목적어**(object), (주격/목적격) **보어**(complement) 또는 (주어 지향/목적어 지향) **부가어**(adjunct)를 대동한다 (3장을 보라). 동사는 대동하는 목적어 또는 보어/부가어에 따라 크게 세 가지 유형으로 나눈다.

(a) 자동사 (intransitive verbs): 홀로 술어로 쓰일 수 있는 동사

My watch has *disappeared*.

(b) 타동사 (transitive verbs): 목적어를 반드시 대동해야 되는 동사로서 추가적인 목적어 또는 보어/(목적어 지향) 부가어를 대동하느냐에 따라 세 가지로 분류된다.

(1) 단순타동사 (monotransitive verbs): 목적어를 하나만 필요로 하는 동사

A policeman *witnessed* the accident.

(2) 이중타동사 (ditransitive verbs): 두개의 목적어를 대동하는 동사

Mary *gave* me a glass of milk.

(3) 복합타동사 (complex transitive verbs): 목적어와 목적격보어/부가어를 필요로 하는 동사

Most people *consider* the book rather expensive.
The boy *put* all his toys in the drawer.

(c) 연결동사 (copular verbs): 주격보어나 부사어구와 함께 쓰이는 동사

The country *became* totally independent.
I have *been* in the garden.

☞ 타동사는 수동형을 만들 수 있다는 점에서 다른 동사들과 다르다.

A policeman *witnessed* the accident.
→ The accident *was witnessed* by a policeman.

4. 목적어 (object)

주어와 마찬가지로 목적어는 일반적으로 명사구 또는 명사절이 되며, 정상적인 경우에 동사 다음에 나타난다. 목적어에는 **직접목적어**(O_d)와 **간접목적어**(O_i)가 있다. 목적어가 하나만 있으면 자동적으로 직접목적어가 되고, 두개의 목적어가 나타나면 동사에 가까이 있는 것이 간접목적어이고 멀리 있는 것이 직접목적어가 된다. 의미적으로 볼 때 일반적으로 직접목적어는 동사의 행위에 직접적으로

영향을 받는 대상인 반면, 간접목적어는 동사의 행위에 대한 수혜자가 되기 때문에 대부분의 경우 사람이나 사람과 밀접한 관계가 있는 명사가 간접목적어로 쓰인다.

We have *finished **the work*** [O$_d$].
We *sent **Jack*** [O$_i$] ***a present*** [O$_d$].

☞ 간접목적어는 전치사구로 바꾸어 직접목적어 뒤로 보낼 수 있다. 그러나 직접목적어가 대명사일 경우에는 간접목적어를 반드시 이동시켜야 한다.

We sent ***Jack*** *a present.*
= We sent *a present **to** Jack.*

Pour ***me*** *a drink.*
= Pour *a drink **for** me.*

We sent ***it*** *to Jack.*
(*We sent *Jack it.*)

5. 보어 (complement)

보어는 일반적으로 명사구 또는 형용사(구)가 되며 **주격보어**(C$_s$)는 동사 다음에, **목적격보어**(C$_o$)는 목적어 다음에 나타난다. 의미적으로 주격보어는 주어의, 목적격보어는 목적어의 신원을 확인하거나 특성을 묘사한다.

He became *a famous medical doctor* [C$_s$].
She stayed *very quiet* [C$_s$].

Most people considered *Picasso* *a genius* [C$_o$].
That music drives *me* *crazy* [C$_o$].

☞ 보어는 목적어와는 달리 수동문에서 주어가 될 수 없다. 따라서 주격보어를 필요로 하는 연결동사는 수동형이 없으며, 목적격보어를 포함하는 복합타동사 구문에서는 직접목적어만이 수동문에서 주어가 될 수 있다. 목적격보어는 수동문에서 주격보어가 된다.

His friends call *him* **Ted** [C₀].
He is called **Ted** [Cₛ] by his friends.

☞ 주격보어가 대명사일 경우에는 문어체에서는 주격형이 쓰이지만 구어체에서는 목적격형이 더 많이 쓰인다.

That's *he*.
That's *him*.

6. 부가어 (adjunct)

동사에 따라 부가어를 의무적으로 필요로 하기 때문에, 이 의무적인 부가어도 목적어나 보어처럼 문장의 필수요소로 고려되어야 한다. 부사구, 전치사구 또는 부사절 등이 부가어로 쓰일 수 있으며, 연결동사와 함께 나타나는 부가어는 **주어지향 부가어**(Aₛ)라고 하고 복합타동사와 함께 나타나는 부가어는 **목적어지향 부가어**(A₀)라고 부른다.

Our car *isn't* **in the garage** [Aₛ].
All roads *lead* **to Rome** [Aₛ].
The concert *lasted* **for four hours** [Aₛ].

He *put* the kettle **on the stove** [A₀].
You should *have* your hands **on the wheel** [A₀].
I *keep* most of my money **in the bank** [A₀].

☞ 지금까지의 논의에 따르면 우리는 문장을 다음과 같이 일곱 가지 유형으로 분류할 수 있다.

유 형	예 문
SV형	My watch disappeared. (자동사)
SVC형	Your face seems familiar. (연결동사) (C$_s$)
SVA형	My sister lives next door. (연결동사) (A$_s$)
SVO형	My brother likes jazz. (단순타동사) (O$_d$)
SVOO형	The woman offered the man some food. (이중타동사) (O$_i$) (O$_d$)
SVOC형	The man appointed Miss Lee his secretary. (복합타동사) (O$_d$) (C$_o$)
SVOA형	The old man keeps everything in the attic. (복합타동사) (O$_d$) (A$_o$)

9.2 일치 (agreement)

일치란 두 언어 표현간의 관계로서 한 표현의 특정한 자질이 다른 표현의 특정한 자질과 일치하는 것을 말한다. 영어에서 가장 대표적인 일치현상은 주어와 동사간의 일치로서 그 기본원리는 매우 간단하다.

일치의 기본원리: 단수 주어는 단수 동사를 필요로 하고 복수 주어는 복수 동사를 취한다.

The window is open.
(*The window are open.)

The windows are open.
(*The windows is open.)

1. 동사와 일치

(a) 보통 동사: 영어의 대부분의 동사는 현재시제일 경우에만 3인칭 단수 주어를 위한 특별한 형태를 가지며 (접미사 -(e)s를 붙임), 주어가 1인칭, 2인칭, 3인칭 복수일 경우거나 동사가 과거시제일 경우에는 모두 같은 형태의 동사를 사용한다.

3인칭 단수 주어

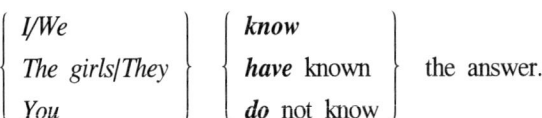

기타 주어들

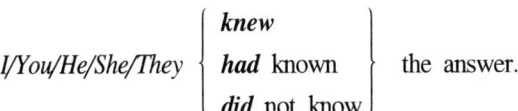

과거시제

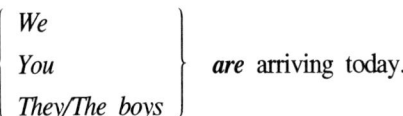

(b) be 동사: 단지 be 동사만이 주어의 인칭과 수에 따라 모두 다른 형태를 취할 뿐만 아니라 과거시제에서도 주어가 단수냐 복수냐에 따라 다른 형태를 취한다.

단수 주어와 현재시제

I am arriving today.
You are arriving today.
He/She/It/The boy is arriving today.

복수 주어와 현재시제

$\begin{Bmatrix} We \\ You \\ They/The\ boys \end{Bmatrix}$ *are* arriving today.

과거시제

I/He/She/It/The man [단수 주어] ***was*** arriving today.
We/You/They/The men [복수 주어] ***were*** arriving today.

(c) 양상조동사: may, can, must, will, shall 따위의 양상조동사들은 주어의 인칭이나 수에 따라 변하지 않는다.

*My daughter/My daughters **may** watch television after supper.*

(d) 복수 주어를 요하는 동사와 형용사: scatter, assemble, collide, disperse, meet 등이 자동사로 쓰일 경우와 alike, similar, different 등의 형용사가 보충 전치사구와 함께 쓰이지 않을 경우에는 복수 주어를 필요로 한다.

The men (*The man) ***scattered***.
John and Bill (*John) are ***similar***.
(☞ John is similar to Bill.)

2. 명사와 일치

(a) 일반 명사: 대부분의 가산명사는 단수형에 접미사 -(e)s를 붙여 복수형을 만들며 앞에서 언급한 일치에 대한 기본원리를 따른다.

*My daughter **watches** television after supper.*
*My daughters **watch** television after supper.*

(b) 복수형 단수주어: news와 병명인 measles, mumps, 학문명인 physics, linguistics, 놀이명인 billiards, darts 등은 복수어미 -s로 끝나지만 단수로 사용된다.

*Measles **is** sometimes very serious.*
*Billiards **is** fun to play.*

(c) 복수주어: cattle, clergy, people, police, vermin 등은 형태는 단수이지만 복수로 쓰인다.

*Many **clergy** **were** present at the convention.*

(d) 양 또는 치수 명사구: 비록 복수형 명사구라고 할지라고 하나의 단위로 간주하여 단수로 간주하여 단수 동사, 단수 한정사, 단수 대명사를 사용한다.

Ten dollars is all I have.
Four kilometers is as far as they can walk.
Two thirds of the area is under water.

Where *is **that** ten dollars* I lent you?
(*Where are those ten dollars I lent you?)
'We have only *five gallons of gasoline*.' '***That*** isn't enough.'

(e) 집합명사: army, audience, club, committee, crew, family, government, herd, jury, public 따위의 명사를 우리는 집합명사라고 부르며, 집단을 이루고 있는 구성원을 강조할 경우에는 복수로 쓰이고 집단을 강조할 때는 단수로 쓰인다.

*The public **are*** tired of demonstrations.
*The audience **was*** enormous.

3. 등위접속 주어와 일치

(a) 등위 접속사 and: 두개 또는 그 이상의 단수 접속성분이 and로 결합된 주어는 복수가 된다.

*Tom **and** Mary **are*** ready to go fishing.
*What I say **and** what I do **are*** my own affair.

(1) 단수 명사구 다음에 etc., and so on, and so forth 따위의 표현이 따라 오면 복수로 취급된다.

*The size, the color, **etc. are*** less important for our purposes.

☞ etc.는 et cetera의 약자이고 et는 'and'를 뜻하므로 and etc.는 잘못된 표현이다. 반드시 그런 것은 아니지만 사람의 이름을 나열할 때, 특히 여러 명이 공저 또는 공편한 책을 지칭할 때는 et al.을 쓴다.

The man packed *his suits, his shoes, (*and) etc.*
I bought *A Derivational Approach to Syntactic Relations* written by *S. Epstein, et al.*

(2) each나 every의 수식을 받으면 배분적 의미를 지니기 때문에 단수로 취급된다.

Every adult and (every) child was holding a flag.
Each senator and congressman was allocated two seats.

(3) 비록 and로 등위접속 구문을 이루고 있지만 개념적으로 하나의 단위로 생각되는 표현은 단수가 된다.

The hammer and sickle was flying from the flagpole.
Danish bacon and eggs makes a good breakfast.

(4) 수학적 계산은 단수 또는 복수로 취급된다.

2 + 3 = 5	*Two **and** three **is/are** or **makes/make** five.*	[비격식적]
	*Two **plus** three **equals/is** five.*	[격식적]
5 − 2 = 3	*Two **from** five **is/leaves** three.*	[비격식적]
	***Take away** two from five **is/leaves** three.*	
	*Five **minus** two **equals/is** three.*	[격식적]
3 × 4 = 12	*Three fours **are** twelve.*	[비격식적]
	*Three **times** four **is** twelve.*	
	*Three **multiplied by** four **equals/is** twelve.*	[격식적]
4 ÷ 2 = 2	*Two(s) **into** four **goes** two (times).*	[비격식적]
	*Four **divided by** two **equals/is** two.*	[격식적]

(5) 'one and 분수/백분율'은 복수로 취급된다.

One and a half years have passed since we last met.
(참고: *A year and a half has* passed since we last met.)

(6) 'more than + 단수 명사'는 단수 동사와 일치하고, 'more than + 복수 명사'는 복수 동사와 일치한다.

*More than **one student has** seen him yesterday.*
*More than **students have** been punished.*

☞ 'half of/분수'에도 위의 법칙이 적용된다.

*Half of **the bucket was** filled.*
*Two-thirds of **the workers are** in favor of a strike.*

(b) 이접 접속사 or와 nor: 동사는 자신과 가까이 있는 접속성분과 일치한다.

A or/nor B + 동사
         └─ 일치 ─┘

*Either John or **I am** responsible for the accident.*
*Either the owner or **the strikers have** misunderstood the claim.*

(1) neither. . . nor의 경우에는 단수와 복수가 모두 가능하지만 구어체에서는 복수 동사를 더 많이 쓴다.

*Neither he nor his wife **has/have** arrived.*

(2) not. . . but, not only/just/merely. . . but (also)는 이접 접속사 or의 원칙을 따른다.

*Not (only) the speaker but **all of us were** invited.*
*Not just the students but also **their teacher has** enjoyed the film.*

4. 부정적 표현(indefinite expression)과 일치

(a) 부정적 수량을 표현하는 all, any, no, none, some, half 따위는 가산명사와 불가산명사와 두루 쓰일 수 있으며, 복수 가산명사와 쓰일 경우에는 복수로 취급되고 불가산명사와 쓰일 경우에는 단수로 취급된다.

*Some/All/Half (of the books) **have** been placed on the shelves.*
*Some/All/Half (of the money) **has** been spent on repairs.*

(b) none이 복수 가산명사와 쓰일 때는 단수 또는 복수로 취급되지만, 뒤에 따라 오는 명사구가 복수 대명사일 경우에는 복수로 취급된다.

None (*of the books*) ***has/have*** been placed on the shelves.
*None of them **have*** been placed on the shelves.

(c) either와 neither는 일반적으로 단수로 취급된다.

The two guests have arrived, { and *either* / but *neither* } *is* welcome.

5. 절과 일치

(a) 모든 정형절과 비정형절은 단수가 된다.

*How you got there **doesn't*** concern me.
*Smoking cigarettes **is*** dangerous to your health.

(b) 독립 관계절은 그 절을 이끄는 wh-절의 수에 의하여 단수 또는 복수가 결정된다.

What were *supposed to be new proposals **were*** in fact modifications of earlier ones.
Whatever book *a Times reviewer praises **sells*** well.

6. 기타 표현들과 일치

다음의 표현들은 일반적으로 복수로 취급된다: a number of/a group of/a couple of/a lot of/the majority of/half of 등.

These { *kind* / *sort* / *type* } *of parties **are*** dangerous.

A number of *people **have*** applied for the job.
The majority/minority *of* the students ***are*** Moslems.

Half of the students ***don't*** understand a word he says.

7. 대명사의 일치

   (a) 대명사는 그 선행사와 수, 인칭, 성에 있어서 일치해야 한다.

   He injured ***himself*** in both legs.
   She bought ***herself*** a raincoat.

   Mary knows that ***she*** is late.
   The books are too heavy, so I left ***them***.

   (b) 부정대명사 (everyone, everybody, someone, somebody anyone, anybody, no one, nobody)와 성이 구분되어 있지 않은 student, doctor 등의 명사가 선행사일 경우에는 얼마 전까지 대명사 he를 흔히 썼지만, 특히 미국식 영어에서는 여성 해방론자들의 반대로 인하여 he or she를 쓰는 경향이 늘어가고 있다. 근래에는 he or she를 쓰는 불편을 피하기 위해 3인칭 복수 대명사 they를 널리 쓰고 있다.

   Everyone thinks ***he*** knows the answer.
   = *Everyone* thinks ***they*** know the answer.

   Every student has to hand in ***his or her*** paper today.
   = *Every student* has to hand in ***their*** paper today.

   (c) 집합명사가 복수로 쓰일 때는 구성원들을 강조하기 때문에 복수 대명사로 받고, 단수로 쓰일 때는 집단 자체를 강조하기 때문에 단수 대명사로 받는다.

   The government are not interested in cutting ***their*** budget.
   The government is not interested in cutting ***its*** budget.

9.3 어순 (word order)

영어에서는 문장을 구성하는 성분들이 나타나는 순서, 즉 어순(word order)이 비교적 고정되어 있는 반면, 문장을 구성하는 데 있어서 어순이 매우 중요한 역할을 한다. 우리가 앞 절에서 문장의 유형을 논의할 때 이미 제시했던 것과 같이 특별한 경우를 제외하고는 '주어'는 항상 '동사' 앞에 오고 '목적어'와 '보어'는 동사 다음에 온다. 따라서 영어 문장의 기본어순은 다음과 같다.

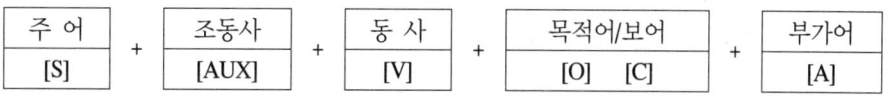

그러나 다음과 같은 경우에 기본어순에 변화가 일어난다.

1. 위에서 언급한 부가어는 문장을 구성하는 필수적 성분으로서의 부가어를 의미한다. 그러나 다른 성분에 대한 수식어로서의 부사구는 다른 성분에 비해 문두, 문미, 문중 위치로 비교적 자유롭게 이동할 수 있다. 그러나 일반적으로 긴 부가어는 문장 끝에 나타나는 경향이 있는 반면, 짧은 부사구는 주어와 동사 사이 또는 첫 조동사 다음에 올 수 있다. 동사와 목적어 사이에는 어떠한 표현도 삽입하지 않는 것이 좋다.

   It *often* rains in Seoul.
   [S]   [V]
   You have *perhaps* heard the story before.
        [Aux]   [V]
   They may *in fact* be at home now.
        [Aux]   [V]

2. 평서문이 아닌 다른 문장 형태에서는 어순에 변화가 일어난다.

   (a) 가부(yes-no)의문문에서는 조동사와 주어의 도치가 일어나야 한다.

   Will *Jane* make a good doctor?
   [Aux] [S]

   (b) 질문되는 부분 자체가 주어가 아닌 wh-의문문에서는 질문되는 부분 (즉, 의문사 또는 의문사가 일부가 되는 전체)과 조동사가 주어 앞에

와야 한다. 그러나 간접의문문에서는 주어와 조동사의 도치가 일어나지 않는다.

What did *they* tell you?
 [O] [Aux] [S]

In which house have *you* lived before?
   [A]   [Aux] [S]

John doesn't know **what** *they* told you.
              [O_d] [S]

(*John doesn't know what did they tell you.)

(c) 부정의 뜻을 가진 표현이 문두 위치로 이동할 경우 주어와 조동사의 도치가 일어난다. 다음의 문장들을 비교해 보라.

They are no longer staying with us.
= *No longer are* they staying with us.

(d) 관계절(일명 형용사절)에서 관계대명사 또는 관계대명사가 일부가 되는 표현이 주어 앞에 온다.

I know the food *that* she likes.
           [O]   [S]

This is the friend *about whom* I have told you so much.
                [A]   [S]

(e) 감탄문에서 what-구 또는 how-구가 주어 앞에 온다.

What *a good time* we had!
    [O]   [S]

How *polite* they are!
    [C]   [S]

3. 특별히 강조하고 싶은 표현은 문장 맨 앞이나 문장 맨 끝에 두는 것이 보통이다.

That question I won't answer.
    [O]

Here comes ***Bill***.
        [S]

4. 술어에서 긴 표현은 문장 끝으로 이동시키는 것이 좋다. 어순에 관심을 가지고 다음의 표현들을 비교해 보라.

He makes ***everything possible***.
     [O_d]   [C_o]

(*He makes possible everything.)

The discovery has made ***possible new techniques for brain surgery***.
               [C_o]   [O_d]

He said ***the story*** to her.
    [O]   [A]

(*He said to her the story.)

He said ***to her that he would visit Paris***.
    [A]   [O]

(*He said that he would visit Paris to her.)

5. 문체상 동사 앞에 있는 표현보다 뒤에 있는 표현의 길이가 긴 것이 좋다. 따라서 긴 명사구가 주어 위치에 오면 후행수식어를 문장 끝으로 보내는 것이 좋다.

A woman came in **who was wearing a red hat**.
(= A woman who was wearing a red hat came in.)

A petition was circulated **asking for a longer lunch break**.
(= A petition asking for a longer lunch break was circulated.)

    어쩌면 영어의 'it ~ that' 구문이 이 원리에 의하여 만들어진 구조일지도 모른다. 따라서 다음의 두 문장 중에 두 번째 것이 훨씬 자연스럽다.

That John is a genius seems to be true.

= *It* seems to be true ***that John is a genius***.

9.4 부정문 (negative sentences)

9.4.1 부정문의 특성

부정문은 다음과 같은 문법적 특성을 가지고 있다.

1. 부정문은 긍정문과는 달리 긍정 부가의문문을 갖는다.

    She *doesn't* work hard, ***does she***?
    (☞ She works hard, doesn't she?)
    He *won't* do such a thing, ***will he***?
    (☞ He'll do such a thing, won't he?)

2. 부정문은 축약된 부정 등위접속절을 대동한다.

    She *doesn't* work hard, and ***neither does he/he doesn't either***.)
    (☞ She works hard, and so does he/he does too.)

3. 부정문에는 '비단언적' (nonassertive) 표현이 나타날 수 있다. 부정문이나 의문문과 같은 비단언적 맥락에 나타나는 영어의 대표적인 비단언적 표현을 상응하는 단언적 표현과 비교하면 다음과 같다.

종류	단언적	비단언적
한정사	some	any
	a lot of	many, much
대명사	some	any
	something	anything
	someone	anyone
	both	either
	all	any
부사	somewhere	anywhere
	sometimes	ever
	already	yet
	still	any more, any longer
	too	either

긍정 서술문인 단언적 문장과 상응하는 비단언적 부정문을 비교하면 다음과 같다.

We've had *some* lunch.
~ We have*n't* had *any* lunch.
   (= We've had no lunch.)

They've arrived *already*.
~ They have*n't* arrived *yet*.

He's *still* at school.
~ He's *not* at school *any more/any longer*.
   (= He's *no longer* at school.)

9.4.2 부정의 종류

부정(negation)에는 절 전체를 부정하는 '문장부정'과 절의 한 성분을 부정하는 '부분부정'이 있다.

1. **문장부정**: 전체 문장을 부정하는 방법으로는 문장의 동사를 부정하는 방법과 문장의 다른 성분을 부정하는 방법 그리고 부정 부사를 쓰는 방법 등 세 가지가 있다.

   (a) 동사부정: 영어에서 긍정문을 부정문으로 만드는 대표적인 방법으로서, 긍정문에 조동사가 있으면 첫째 조동사 바로 뒤에 not를 삽입하거나 조동사가 없으면 본동사 앞에 do 동사를 삽입한 다음 그 뒤에 not를 삽입한다.

   I *have* finished the book.
   → I *have* **not** finished the book.

   He *will* be working.
   → He *will* **not** be working.

   She works hard.
   → She *does not* work hard.

   They know you.
   → They *do* **not** know you.

   ☞ 구어체에서는 not가 n't로 축약되어 앞의 조동사와 하나의 단어를 구성할 수 있다 (4장을 보라).

   I *haven't* finished the book.
   He *won't* be working.
   She *doesn't* work hard.
   They *don't* know you.

   (b) 성분부정: 동사가 아닌 문장의 다른 성분을 no, not, never 등을 써서 전체 문장을 부정할 수 있다.

   That was ***no*** *accident.*
   (= That was ***not*** *an* accident.)
   No *honest man* would lie.

(= *An* honest man would *not* lie.)
We left *not one bottle* behind.
(= We did*n't* leave *one* bottle behind.)
I will *never* make that mistake again.
(= I wo*n't* make that mistake *ever* again.)

☞ 문어체에서는 종종 부정소가 붙은 성분을 문장 앞으로 이동할 수 있다. 이 경우 의문문과 마찬가지로 주어와 조동사의 도치가 일어난다.

Not a word would he say.
Not one bottle did he leave behind.
Never will *I* make that mistake again.

(c) 부정부사: 부정의 의미를 가진 부사 seldom, rarely, hardly, barely, scarcely 등을 써서 부정문을 만들 수 있으며, 이 부정부사를 포함하는 문장은 다른 부정문과 마찬가지로 긍정 부가의문문을 동반할 뿐만 아니라 비단언적 낱말을 허용하며 부정부사가 문두로 이동하면 주어와 조동사의 도치가 일어난다.

He *seldom visits* his parents.
They *hardly have any* friends, *do they?*
Barely did he escape death.

2. 부분부정: 절을 구성하고 있는 어떤 성분 앞에 not를 삽입하면 그 성분 자체는 부정되지만 문장 전체는 부정문이 되지 않는다. 따라서 부분부정 문장은 일반적으로 부정문의 특성을 지니지 않기 때문에 긍정 부가의문문을 대동하지도 않고 비단언적 낱말도 허용하지 않으며 부정된 성분이 문두로 이동하여도 주어와 조동사의 도치가 일어나지 않는다.

She's a *not unattractive* woman.
Not surprisingly, they missed the train.
I visit them *not very often*.
He saw John *not long ago*.

She's a *not* unattractive woman, *isn't she*? (*is she?)
Not long ago he saw John.
(*Not long ago did he see John.)

9.5 문장의 기능적 분류

우리가 말을 하는 것은 어떤 **정보**를 **전달**하는 것에 국한되는 것은 아니다. 우리는 알고 싶은 것을 알기 위해서 **질문**을 할 수도 있고, 다른 사람에게 어떤 일을 시키기 위해서 **지시**를 내릴 수도 있으며, 우리의 흥분된 **감정**을 상대에게 **표현**할 필요가 있을 때도 있다. 우리는 이러한 언어의 기능을 **담화기능**(discourse function)이라고 부른다. 항상 담화기능과 문장형태가 일치하는 것은 아니지만 우리는 일반적으로 정보를 전달할 때는 '평서문'(declarative sentence)을 쓰고, 질문을 할 때는 '의문문'(interrogative sentence)을 쓰며, 지시를 할 때는 '명령문'(imperative sentence)을 쓰며, 흥분된 감정을 표현할 때는 '감탄문'(exclamatory sentence)을 쓴다. 화자가 밑에 주어진 문장을 씀으로써 청자에게 어떤 반응을 기대하는 가를 살펴보자.

(a) I think you'd better leave at once.
(b) Could you make less noise?
(c) Tell me what you want.

(a)와 (b)는 각각 평서문과 의문문 형태를 가지고 있지만, 두 문장의 담화기능은 청자로 하여금 어떤 행위를 할 것을 요청하는 것이며, (c)는 명령문 형태를 취하고 있지만 청자가 원하는 것이 무엇인가를 물어 보는 질문의 담화기능을 가지고 있다.

우리는 지금까지 평서문을 중심으로 문법을 다루어 왔기 때문에 평서문에 대해서는 별도로 논하지 않고 주로 다른 문장형태에 대해서 생각해 보겠다.

9.5.1 의문문 (interrogative sentence)

의문문에는 가부를 묻는 '가부'(yes-no)의문문과 특정 성분에 대해 묻는 '내용'(wh-)의문문 그리고 기타 부차적인 의문문이 있다.

1. 가부(yes-no)의문문: 가부의문문은 평서문에서 조동사를 주어 앞으로 옮겨서 구성한다. 그리고 말할 때는 문장 끝의 억양을 올려서 발음해야 한다. 조동사가 없을 경우에는 do 조동사를 주어 앞에 삽입하여 의문문을 구성한다. 조동사가 두개 이상 있을 때는 첫 번째 조동사만이 주어를 넘어간다.

   Has the train left? (← *The train **has** left.*)
   Yes, it has./No, it hasn't.

   Do they live in Seoul? (← *They live in Seoul.*)
   Yes, they do./No, they don't.

   May he have been talking for over an hour?
   (← *He **may** have been talking for over an hour.*)

   ☞ 부정(negative) 가부의문문에는 다음 두 가지 유형이 있다. 축약형 부정소 n't가 조동사와 결합하여 주어 앞으로 도치된 형태와 조동사만 주어 앞으로 도치된 형태가 있다. 다음의 두 부정 의문문을 비교해 보자.

   Hasn't he told you what to do?
   ~ ***Has*** he ***not*** told you what to do

   Don't they live in Seoul?
   ~ ***Do*** they ***not*** live in Seoul?

   긍정 가부의문문과는 달리 부정 의문문은 질문자가 부정적 응답을 기대할 때 사용한다. 특히 부정 가부의문문은 질문자가 원래는 긍정적 응답을 기대했다가 새로운 증거에 의해서 부정적 응답이 기대될 때 사용하기 때문에 질문자의 놀라움이나 성가심을 표현한다. 따라서 위에 있는 두 부정 가부의문문은 각각 'I thought he had told you what to do, but apparently he hadn't'와 'I hoped they live in Seoul, but it seems that they don't'의 뜻을 갖는다.

2. **내용(wh-)의문문**: 의문사(who(m), whose, what, which, when, why, where, how)를 써서 문장의 특정 성분에 대해서 질문을 할 수 있다. 문장의 주어 역할을 하지 않는 의문사나 의문사를 포함하는 구는 문장 맨 앞으로 이동해야 하며, 동시에 주어와 조동사의 도치가 일어난다. 그 외의 과정은 우리가 앞에서 가부의문문을 만들 때와 동일하다. 그러나 가부의문문과는 달리 내용의문문은 발음할 때 문장 끝의 억양을 평서문처럼 내려서 해야 한다.

Who will go with you?
(← *Someone* will go with you.)

What will you buy at the store?
(← You will buy *something* at the store.)

What kinds of novels do you enjoy reading?
(←You enjoy reading *some kinds of novels*.)

3. **기타 의문문들**: 영어에는 위 두 가지 의문문 외에도 다음과 같은 중요한 의문문 형태가 있다.

    (a) 부가(tag/attached)의문문

    부가의문문은 질문자가 응답자에게서 자신이 기대하는 대답을 끌어내려고 할 때 사용된다. 부가 의문절은 '본절의 조동사 + (-n't) + 본절 주어의 대명사'로 구성되며, 본절에 조동사가 없으면 앞에서와 마찬가지로 do 조동사를 대신 사용한다. 본절이 긍정형이면 부가 의문절은 부정형이 되고 본절이 부정형이면 부가의문절은 긍정형이 된다. 부가 의문절은 끝을 올려서 발음하는 상승억양으로 발음되기도 하고 끝을 내려서 발음하는 하강억양으로 발음될 수도 있는데, 어떤 억양 행태를 쓰느냐에 따라 질문자가 기대하는 응답의 내용이 달라진다. 부가의문문에는 다음과 같은 네 가지 기본형이 있다.

긍정 본절 + 부정 부가의문절

(1) 하강억양: John likes his job, ***doesn't he***?
(2) 상승억양: John likes his job, ***doesn't he***?

부정 본절 + 긍정 부가의문절

(3) 하강억양: John doesn't like his job, ***does he***?
(4) 상승억양: John doesn't like his job, ***does he***?

질문자가 부가의문절을 하강억양으로 발음하면, 응답자가 본절의 내용이 사실임을 확인해 줄 것을 기대하는 반면, 상승억양으로 발음하면 본절의 내용에 대한 진위가에 대해서 질문자는 중립적 입장을 취한다. 예를 들어 (1)는 'I assume John likes his job; am I right?'라는 의미를 나타내고, (2)는 'I assume John doesn't like his job; am I right?'를 뜻한다.

☞ 부가의문절은 명령문과 감탄문에도 붙을 수 있다.

Open the window, ***won't you***?
Don't make a noise, ***will you***?
What a beautiful painting it is, ***isn't it***?

☞ 부정사 not는 반드시 -n't로 축약시켜 앞에 있는 조동사와 결합해야 한다. 격식을 갖춘 문체에서는 not가 축약되지 않는 경우가 있는데 이 경우에는 not가 주어 뒤에 위치한다.

The boat has left, ***has it not***?
She knows you, ***does she not***?

(b) 선택(alternative)의문문

선택의문문이란 질문자가 몇 가지 가능한 응답 중에서 하나를 선택하도록 요구하는 의문문으로서 가부의문문 형태와 내용의문문 형태 두 가지가 있다. 선택의문문을 발음할 때 조심해야 할 점이 하나 있다. 나열된 가능한 응답 중에서 맨 마지막 것은 하강억양으로 발음하고, 나머지 것은 상승억양으로 발음해야 한다.

Would you like *chocolate, vanilla, or strawberry (ice cream)*?
= Which ice cream would you like? *Chocolate, vanilla, or strawberry*?

(c) 수사(rhetorical)의문문

수사의문문은 형태는 의문문이지만 그 의미는 강한 주장을 나타낸다. 따라서 화자는 청자에게서 어떤 응답을 기대하지 않는다. 긍정 수사의문문은 강한 부정적 주장이 되고, 부정 수사의문문은 강한 긍정적 주장을 나타낸다.

Do I look hungry?
(= Surely I am not hungry.)

Isn't the answer obvious?
(= Surely the answer is obvious.)

What difference does it make?
(= It makes no difference.)

Who doesn't know?
(= Everyone knows.)

(d) 반향(echo)의문문

반향의문문은 우리가 기대하지 않았던 말을 들음으로써 말한 것의 일부 또는 전부를 반복함으로써 그 내용을 확인하는 문장 형태다.

A: I'll *pay for the dinner*.
B: You'll *what*?

A: Have you ever been *to Greenland*?
B: Have I ever been *where*?

9.5.2 명령문 (imperative sentence)

명령문에는 2인칭 명령문과 let를 쓰는 1인칭 명령문이 있다. 명령문에는 동사의 원형이 쓰이며 '동적'(dynamic) 의미를 지닌 동사만이 나타날 수 있다.

1. 2인칭 명령문: 2인칭 명령문에서는 주어 you를 생략할 수도 있다.

    Tell me the truth.
    Be reasonable.

    You *be* quiet.
    You *mind* your own business.

    ☞ 3인칭 주어를 가진 명령문도 가능하다.

    Somebody open the window.
    Nobody move.

2. 1인칭 명령문: 1인칭 명령문은 let로 시작하며 let 다음에는 1인칭 대명사의 목적격형을 반드시 써야 한다.

    Let us all work hard.
    Let me think what to do next.

    ☞ let us에 대한 구어체로서 let's라는 축약형이 있다. 그러나 let가 '허락하다'(permit)라는 뜻의 타동사로서 1인칭 대명사 us를 목적어로 가진 2인칭 명령문에 나타날 때는 let's로 축약될 수 없다.

    Let's have a party.
    Let's enjoy ourselves.

    Let us go. (= Permit us to go.)
    (*Let's go.)

3. 명령문의 부정: 1인칭 명령문을 제외하고는 부정 명령문으로 만들려면 단순히 don't 또는 do not를 문장 앞에 놓으면 된다. 긍정 명령문과 부정 명령문을 비교해 보자. 1인칭 명령문은 일반적으로 대명사 다음에 not를 넣

어 부정문을 만든다.

(a) Open the window.
~ ***Don't/Do not*** open the window.

(b) You open the window.
~ ***Don't*** you open the window.

(c) Somebody open the window.
~ ***Don't*** anybody open the window.

(d) Let's/Let us say something about it.
~ ***Let's/Let*** us *not* say anything about it.

☞ (b)와 (c)에서는 don't 대신에 do not가 올 수 없다.

*Do not you open the window/*Do you not open the window.

9.5.3 감탄문 (exclamatory sentence)

감탄문은 what 또는 how가 이끄는 감탄 요소로 시작된다는 점에서 내용(wh-)의문문과 그 형태가 유사하다. 감탄 요소가 명사구이면 what가 선택되고 형용사나 부사이면 how가 선택된다. 그러나 의문문과는 달리 감탄문에서는 주어-조동사 도치가 일어나지 않는다.

What *a time* we've had today!

How *beautiful* she is!
How *quickly* you eat!

9.5.4 생략문 (elliptical sentence)

우리는 반복을 피하기 위해서 혹은 말하지 않아도 그 뜻이 명백할 경우 단어나 구 혹은 절을 생략할 수 있다. 이런 표현을 우리는 생략문 또는 때로는 조각문(sentence fragment)이라고 부르며, 생략문은 일반적으로 문장의 형태를 취하지 않는다. 우리는 여기서 생략문이 사용되는 몇 가지 예를 생각해 보기로 하겠다.

1. 응답: 우리는 질문에 응답할 때 이미 말해진 내용을 반복해서 말하는 것을 피하는 경향이 있다.

    'What time is he coming?'
    (He's coming) '**About six**.'

    'Who told you that?'
    '**John**.' *(told me that.)*

2. 접속사 and, but, or: 접속사 and, but, or로 결합된 표현에서는 다양한 형태의 표현들이 생략될 수 있다.

    He can read and *(he can)* **write**.
    He can read, but *(he)* **can't write**.
    He can read or *(he can)* **write**.

    John *(attended the seminar,)* and Mary attended the seminar.
    John attended the seminar, but **Mary didn't** *(attend the seminar)*.
    John *(attended the seminar,)* or Mary attended the seminar.

    John likes athletics, and **Mary** *(likes)* **dancing**.

3. 문두에서의 생략: 대화체에서는 맥락에 의해 그 의미를 유추할 수 있는 표현들이 문두 위치에서 생략될 수 있다. 이러한 표현에는 관사, 소유대명사, 인칭대명사, 조동사 등이 있다.

    Car's in trouble. (= *The* car's . . .)
    Wife's at home. (= *My* wife's . . .)
    Couldn't understand a word. (= *I* couldn't . . .)
    Seen John? (= *Have* you seen . . .)

See you soon. (= *I'll* see . . .)
You ready? (= *Are* you . . .)

4. 조동사와 생략: 의미가 명백할 경우 다양한 구문에서 전체 동사구를 반복하는 대신에 조동사만을 사용할 수 있다. 이 경우 동사 뿐만 아니라 동사 다음에 오는 목적어, 보어, 부사구, 절까지도 생략된다. 여기서는 축약형 조동사가 사용될 수 없으며 주강세를 받는다.

John said he'd write to me, but *he hasn't*.
I'll come and see you when *I can*.
He can't visit you today, but *he can* tomorrow.
'You wouldn't have won if I hadn't helped you.' 'Yes, *I would*.'

If *you can*, send me a postcard when you get there.

☞ I am too와 so am I 구문에서의 생략: too, so, either, neither, nor 등과 함께 동사구의 생략이 일어날 수 있다.

He likes pizza, and *I do too*.
He likes pizza, and *so do I*.

He doesn't like pizza, and *I don't either*.
He doesn't like pizza, and *neither do I*.
He doesn't like pizza, and *nor do I*.

5. 부정사와 생략: to가 종종 전체 부정사구를 대신하여 쓰일 수 있다.

'Are you and Mary getting married?'
'We hope *to*.'

'Let's go for a walk.'
'I don't want *to*.'

I don't play golf much now, but I *used to* a lot.
Sorry I shouted at you. I didn't *mean to*.

9.5.5 분열문 (cleft sentence)

문장의 한 성분을 강조하기 위하여 강조할 성분을 제외한 문장의 나머지 부분을 일종의 관계절로 구성하여 소위 "분열문"이라는 것을 만들 수 있다. 이 문체는 특히 억양이나 강세를 사용할 수 없는 글에서 널리 사용되며, 또한 구어에서도 많이 쓰인다. 분열문에는 몇 가지 유형이 있다.

1. 'the person who, the thing that etc. + is/was . . .' : 강조할 성분이 사람, 물건, 장소, 시간, 이유냐에 따라 관계절을 선행하는 명사구의 형태가 결정되며, 강조 성분이 문두에 올 수도 있고, 문미에 올 수도 있다.

    (a) *Mary* keeps a pet pig in the living room.
    ~ *Mary* is **the person who** keeps a pet pig in the living room.
    = **The person who** keeps a pet pig in the living room is *Mary*.

    (b) Mary keeps *a pet pig* in the living room.
    ~ *A pet pig* is **what** (= the thing that) Mary keeps in the living room.
    = **What** Mary keeps in the living room is *a pet pig*.

    (c) Mary keeps a pet pig *in the living room*.
    ~ *The living room* is **(the place) where** Mary keeps a pet pig.

2. 'it is/was + 강조할 성분 . . .' : 뒤따르는 관계절은 일반적으로 that로 시작하며 강조할 성분이 사람일 경우 종종 who가 사용되기도 한다.

    The gentleman gave the book to Mr. Smith last year.
    ~ It was **the gentleman that/who** gave the book to Mr. Smith last year.
    ~ It was **the book that** the gentleman gave to Mr. Smith last year.
    ~ It was **Mr. Smith that/who** the gentleman gave the book to last year.
    ~ It was **last year that** the gentleman gave the book to Mr. Smith.

3. 'what . . . do + is/was . . .' : 동사를 강조할 경우 사용한다.

    The young man *ran* out of the room.

~ ***What** the young man **did** was* (to) run out of the room.

Mary *keeps* a pet pig in the living room.
~ ***What** Mary does is* (to) keep a pet pig in the living room.

☞ all (that)이 what처럼 사용되기도 한다.

The baby needs love.
~ ***All** the baby needs* is love.
(☞ ***What** the baby needs* is love.)

***All** the young man did* was (to) run out of the room.
(☞ ***What** the young man did* was (to) run out of the room.)

9.5.6 도치 문장 (inverted sentence)

1. 주어의 위치: 영어에서 주어가 나타날 수 있는 위치는 세 곳이 있다.

    (a) ***The children's toys*** were hidden under the bed.　　　　[정상 위치]
    (b) *Were **the children's toys** hidden* under the bed?　　　[의문문에서의 위치]
    (c) Under the bed *were hidden **the children's toys***.　　　　[도치된 위치]

    마지막 (c)의 문장을 (a)의 문장과 비교하면 주어와 부가어가 도치되었다는 것을 알 수 있다. 도치 문장에서는 술어의 모든 요소가 주어를 선행한다.

2. 강조 요소의 전치: 영어에서는 어떤 요소를 강조하기 위하여 문장 앞으로 이동하는 경향이 있다.

    John his name is.
    Really delicious food they serve at the restaurant.

3. 주어-동사 도치: SVC와 SVA 문장 형태에서 (9장 1절을 보라) 세 번째 요소인 보어(C)나 부가어(A)의 강조를 위해서 문장 앞으로 이동하면, 나머지

동사 요소들을 주어 앞으로 끌고 나가게 된다. 따라서 (b)와 같은 의문문을 주어-조동사도치(subject-auxiliary inversion) 문장이라고 부르고, (c)와 같은 문장을 종종 주어-동사도치(subject-verb inversion) 문장이라고도 부른다.

The following morning *came* **news of his father's death**.
Completely flawless *had been* **the proposed projects**.
In a distant grave *lies* **the body of her beloved son**.

☞ SVO 문장 형태에서는 목적어를 전치해도 동사 요소를 주어 앞으로 이동할 수 없다.

A terrible accident the children witnessed.
*A terrible accident witnessed the children.

만약 SVO 문장 형태에서 도치가 허용되면 다음의 두 문장이 같은 의미를 갖는 것으로 오해될 수 있다.

The students admire the teachers.
The teachers admire *the students*.

9.5.7 불규칙 문장 (irregular sentence)

불규칙 문장이란 우리가 지금까지 살펴본 문장 규칙에 어긋나는 문장을 말한다. 여기서는 불규칙 문장의 몇 가지 유형에 대해서만 다루기로 하겠다.

1. 몇몇 고정된 기원문에서는 동사가 3인칭 단수 주어와 일치하지 않고 동사의 원형이 쓰인다. 이러한 용법을 '공식적' 가정법이라고 부르기도 한다. 때때로 문두에 있는 부사가 주어-동사 도치를 유발시킨다.

    God *save* the King/Queen!
    God *bless* you!

    Long *live* the Republic!
    So *help* me God.

If I have to pay 1,000,000 won to him, then *so be it*.

2. 주로 대화에서 많이 나타나는 불규칙 wh-의문문이 있다.

How about going to the movie?
What if it rains?
How come you're so late?
Why not listen to him?

3. 종속절 형태를 취하며 일반적으로 감탄적 의미를 갖는다.

To think that you might have been killed!
(네가 죽었을지도 모른다고 생각해 보라!)

If only I'd listened to my parents!
(부모님의 말씀을 들었었으면 좋았을 것을!)

That I might see her once more!
(그녀를 다시 한 번 만날 수 있다면!)

4. 어떤 경구적인 속담은 불규칙 구조를 갖는다.

The more, the better.
(다다익선 (多多益善))

Waste not, want not.
(낭비가 없으면 부족함이 없다.)

Like father, like son. (부전자전 (父傳子傳))

9.6 직접 및 간접화법 (direct and indirect speech)

말이나 글에서 어떤 사람이 언급한 말을 그대로 정확히 전달하는 것을 직접화법이라고 하고, 다른 사람의 말이나 글의 내용을 전달하는 사람이 자신의 말이나 글로 보고하는 것을 간접화법이라고 한다. 간접화법으로 보고된 내용은 말로 표현되지 않은 다른 사람의 정신활동, 즉 생각을 포함할 수도 있다. 직접화법에서 다른 사람의 말이나 생각을 인용부호(즉, 따옴표) 속에 넣어 표현한다. 영국영어에서는 일반적으로 단일 따옴표를 사용하고, 미국영어에서는 이중 따옴표를 사용한다 (부록을 보라).

직접화법
Then *he said,* "*I want to go home,*" and left the office.
"*Should I tell the truth?*" *He thought* to himself.

간접화법
Then *he said that* **he wanted to go home**, and left the office.
He asked himself *whether* **he should tell the truth.**

여기서 설명을 위하여 다음과 같이 몇 가지 개념을 구분할 필요가 있다. 보고될 말이나 생각의 근원이 되는 대상을 "화자 A"라고 부르고, 보고하는 사람을 "화자 B"라고 부르겠다. 그리고 보고 된 화자 A의 말이나 생각을 "피보고 발화"(reported utterance)라고 부르고, 화자 B의 발화를 "보고"(report)라고 부르며, 보고를 위하여 사용되는 "he said, I thought, she asked" 등과 같은 표현을 "보고절"(reporting clause)이라고 부르겠다.

☞ 보고절은 직접화법에서 피보고절의 중간이나 뒤에 올 수도 있다.

"I wonder," *John said,* "whether I can stay with us."
"The classroom is too hot," **the professor complained**.

보고절이 피보고절의 중간이나 뒤에 오고, 보고절의 동사가 단순현재이거나 단순과거이며 주어가 대명사가 아닐 경우 주어-동사 도치가 일어날 수 있다.

"I wonder," *John said/said John/*said he* "whether I can stay with us."
"The classroom is too hot," **the professor complained/complained the professor**.

9.6.1 직접화법과 간접화법의 중요한 차이점

직접화법과 간접화법 간에는 인칭 대명사, 지시사, 일부 부사, 시제와 같은 직시적(deictic) 표현의 사용에서 특히 차이를 보인다.

1. 시제의 후퇴

보고 시간이 피보고 발화 시간보다 늦으면 일반적으로 시제의 후퇴(backshift)가 일어난다. 그 결과로 발생한 보고절과 피보고절의 동사형들 간의 관계를 시제의 일치(sequence of tenses)라고 부른다.

직접화법	간접화법에서의 시제의 후퇴
현재	과거
과거	과거/과거완료
현재완료	과거완료
과거완료	과거완료

"The shop *is* closed."
→ He said that *the shop **was** closed.*

"John ***didn't*** *eat for several days.*"
→ He thought that *John **hadn't** eaten for several days.*

"*I've missed the bus.*"
→ John admitted that *he'd missed the bus.*

☞ 보고된 발화의 내용이 현재까지도 사실이라고 믿어질 경우 또는 불변의 진리로 생각될 경우 시제의 일치가 일어나지 않을 수 있다.

"*I **have** a sports car.*"
→ Bill said that *he **has** a sports car.*

"*The beaver **builds** dams.*"

→ The professor told us that *the beaver **builds** dams*.

☞ 가까운 과거의 일을 말하거나 유명한 작가나 작품에 대해서 말할 때는 보고절의 동사를 현재시제로 할 수 있다.

He ***tells*** me that *he's too busy to go fishing*.
*The Bible **says*** that stealing is a sin.
*Chomsky **claims*** that we're born with the faculty of language.

2. 양상조동사의 변화

발화와 보고의 시점에 차이가 나면 양상조동사는 현재형에서 과거형으로 시제의 후퇴가 일어난다. 그러나 직접화법에서 이미 과거형인 경우에는 그대로 아무런 변화가 일어나지 않는다.

will → would
shall → should/would
can → could
may → might

"The shop ***will*** be closed," he said.
→ He said that the shop ***would*** be closed.

"You ***shouldn't*** make a noise in the classroom," he said to us.
→ He told us that we ***shouldn't*** make a noise in the classroom.

☞ must, ought to, need, dare, had better와 같이 한 가지 형태만 가진 양상조동사와 준 조동사는 간접화법에서 변하지 않는다.

"They ***must*** be tired," she said.
→ She said that they ***must*** be tired.

"You ***had better*** tell the truth," he warned me.
→ He warned me that I ***had better*** tell the truth.

must가 '의무'를 의미할 경우에는 had to로 바뀔 수도 있다.

"You ***must*** finish the job in two days," he said to me.
→ He told me that I ***had to/must*** finish the job in two days.

3. 대명사의 변화

화자 A와 화자 B가 동일한 사람일 경우를 제외하고는 보고절의 주어인 화자 B에 따라 대명사가 변한다.

보고된 발화: "***I like you.***"

(a) 화자 A와 B가 동일한 사람이면서 화자 B가 보고된 발화의 청자일 경우

   I said ***I*** liked you.

(b) 화자 A와 B가 동일한 사람이면서 화자 B가 보고된 발화의 청자가 아닐 경우

   I told ***Bill/him*** that ***I*** liked him.
   I told ***Mary/her*** that ***I*** liked her.
   I told ***the students/them*** that ***I*** liked them.

(c) 화자 A와 B가 다른 사람이면서 보고된 발화의 청자가 화자 B일 경우

   John/He said ***he*** liked me.
   Mary/she said ***she*** liked me.
   You said ***you*** liked me.

(d) 화자 A와 B가 다른 사람이면서 보고된 발화의 청자가 화자 B가 아닐 경우

   Mary/She told ***Bill/him*** that ***she*** liked him.
   John/He told ***Mary/her*** that ***he*** liked her.

4. 지시사의 변화

직접화법에서 지시사 this, these, that, those가 한정사로 쓰일 경우에는 일반적

으로 간접화법에서 정관사 the로 바뀌고, 대명사로 쓰일 경우에는 it, they, them 으로 바뀐다.

"*I wrote this book for your sister.*"
→ He said that *he had written the book for my sister.*

"*I bought these at the market.*"
→ He said that *he had bought them at the market."*

☞ this와 these가 시간 명사를 수식할 경우에는 각각 that과 those로 바뀐다.

"*I'm leaving this week.*"
→ She said that *she's leaving that week.*

5. 직시적 부사구의 변화

직시적 부사구는 다음과 같이 변한다.

now → then, at that time, immediately, at once
today → that day, the same day
yesterday → the day before, the previous day
tomorrow → the next day, the following day, the day after
the day before yesterday → two days before
the day after tomorrow → in two days' time
next week/year, etc. → the following week/year, etc.
last week/year, etc. → the previous week/year, etc.
a year ago → a year before, the previous year
here → there

"They arrived *here yesterday*."
→ He said *they had arrived there the day before.*

"She will arrive *next week*."
→ He said that *she would arrive the following week.*

"I saw her *three years ago*."
→ He said that *he had seen her three years before*.

☞ 격식을 갖추지 않은 말에서는 종종 직접화법의 부사구를 간접화법에서 그대로 사용하기도 한다.

He said *they had arrived here yesterday*.
He said that *she would arrive next week*.
He said that *he had seen her three years ago*.

9.6.2 직접화법의 문장형태와 간접화법

1. 간접진술

간접진술은 보고절 다음에 that-절로 표현되며, 지금까지의 논의가 대부분 간접진술에 대한 설명이었다.

2. 간접의문

간접의문에서도 간접진술의 경우와 동일하게 시제, 대명사, 부사 등의 변화가 일어난다.

(a) 보고절 다음에 wh-절 또는 if-절로 구성되며, 가부(yes-no)의문문, 성분(wh-)의문문, 선택의문문 등이 간접의문문으로 나타날 수 있다.

She asked, "Is he coming?"
→ She *asked if/whether he was coming*.

"When will he give up the boat?" everyone wondered.
→ Everyone wondered *when he would give up the boat*.

"Are you coming or not?" I asked her.
→ I asked her *whether or not she was coming*.

(b) 보고절의 동사가 say일 경우에 간접화법에서 질문동사인 ask, inquire,

wonder, want to know 등으로 바뀐다.

He *said*, "Where is she going?"
→ He *asked* where she was going.

"When is the next train?" she *said*.
→ She *wanted to know* when the next train was.

(c) shall I/we, will you/would you/could you로 시작하는 의문문의 경우

(1) 미래에 일어날 사건에 대해 추측하거나 정보를 요구할 경우

"Where *shall* we be this time next year?"
→ They wondered where *they* *would* be at that time in the following year.

"When *shall I* know the result of the experiment?"
→ She asked when *she* *would* know the result of the experiment.

(2) 지시나 충고를 요구할 경우

"What *shall I* say, John?" asked Mary.
→ Mary asked John what *she should* say.

(3) 제안할 경우

"*Shall* we meet at the conference room?" said John.
→ John *suggested* that we meet at the conference room.

3. 간접 명령/지시

간접 명령이나 지시에서 보고절의 동사 say를 명령이나 지시 동사인 tell, order, command, ask 등의 동사로 바꾼 다음 그 뒤에 지시의 수령자를 표현하고 부정사(infinitive)로 명령의 내용을 표현한다.

"*Leave the house at once*, John" she said.
→ She *told John* *to leave* the house at once.

He said, "*Don't do it, boys.*"
→ He *asked the boys not* *to do* it.

☞ 직접 명령이나 지시에서 지시의 수령자가 표현되지 않을 경우에도 명시적으로 수령자를 표현해야 한다.

He said, "*Please stay with us.*"
→ He *asked us* (***him/her/them***) *to stay with them.*

☞ 제안을 표현하는 let로 시작하는 피보고절을 도입하는 보고절의 동사 say는 suggest로 바뀌며 부정형과 정형 두 가지형이 있다.

He said, "Let's go home now."
→ He *suggested* going home at once.
He *suggested* that we/they should go home at once.

4. 간접 감탄

직접 감탄문의 내용과 형태에 따라 여러 가지 형태가 가능하다.

"***What*** *a brilliant student you are,*" the teacher said to him.
→ The teacher told him ***what*** *a brilliant student he was.*
The teacher told him *that he was a brilliant student.*

He said, "***How*** *dreadful!*"
→ He said that *it was dreadful.*
He said ***how*** *dreadful it was.*

He said, "*Good morning!*"
→ He *greeted me with/wished me a good morning.*

He said, "*Congratulations!*"
→ He *congratulated* me.

제 9 장 문장의 변형과 기능

연 습 문 제

1. 주어진 표현을 사용하여 문장을 구성한 다음 그 문장이 SV, SVC, SVA, SVO, SVOO, SVOC, SVOA 중 어느 문형에 속하는가를 표시하라.

   예 (off me, hands, keep, your) → <u>Keep your hands off me.</u> (SVOA)

   1. (you, a cheque, change, I, can) → _____. (   )

   2. (John, his, made, rude behavior, furious) → _____. (   )

   3. (understand, of, his argument, can, I, the reasonableness) →
      _____. (   )

   4. (toy, the, boy, gave, back, the, me) → _____. (   )

   5. (not, is, the, in, professor) → _____. (   )

   6. (must, you, quiet, keep) → _____. (   )

   7. (proved, he, soldier, himself, a, great) → _____. (   )

   8. (he, for, the, incident, account, couldn't) → _____. (   )

   9. (didn't, annoyance, his, last) → _____. (   )

   10. (the side, the police, the road, of, the bodies, laid, by) →
       _____. (   )

II. 다음 문장이 SV, SVC, SVA, SVO, SVOO, SVOC, SVOA 중 어느 문형에 수동변형이 적용된 것인가를 표시하라.

 예) People are killed on the roads every day. (SVO)

1. We were each handed a leaflet. (   )

2. Surprisingly, the walls of my office were painted bright pink. (   )

3. Have all the rooms been paid for? (   )

4. The young man was found guilty. (   )

5. All my books have been laid on the desk. (   )

6. The old man has often been looked upon as slightly mad. (   )

7. We were convinced of his innocence by him. (   )

8. This old house has been lived in for two hundred years. (   )

9. A different approach was suggested yesterday. (   )

10. Certainly, he was refused a proper hearing. (   )

III. 적절한 동사형을 골라 빈칸에 써넣어라. 만약 두 가지 형이 다 가능하면, B(= both) 문자를 써넣어라.

 예) The public (is, are) demanding an official inquiry. (B)

1. Mathematics (has, have) never been my favorite subject.   (   )

2. A second series of books on Korean literature (is, are) being planned by the publisher.   (   )

3. There (is, are) several means of accomplishing our goal.   (   )

4. Over one million won (has, have) been withheld from his salary for personal

debt.   (   )

5. Ten dollars (is, are) too much to pay for the pen.   (   )

6. Ten minutes (is, are) too short a time to finish this test.   (   )

7. His ethics in the business deal (is, are) being questioned by some people.
                                                                 (   )

8. The scissors (was, were) here a few minutes ago.   (   )

9. The goods (was, were) loaded on the ship yesterday.   (   )

10. The most aggressive among the strikers (was, were) in favor of prolonging the strike.
                                                                 (   )

11. No frozen poultry (is, are) sold in this store.   (   )

12. The front page articles in that newspaper usually (consists, consist) of news about international events.
                                                                 (   )

13. The choir (practices, practice) twice a week.   (   )

14. The police (is, are) patrolling that area very carefully.   (   )

15. What are often regarded as poisonous fungi (is, are) sometimes safely edible.
                                                                 (   )

16. The headquarters of the Army (is, are) located in the outskirts of the city.
                                                                 (   )

17. Five and two (makes, make) seven.   (   )

18. Athletics (has, have) always been emphasized in our school. (   )

19. The number of people who understand Einstein's theory of relativity (is, are) very small.
                                                                 (   )

20. The Irish (has, have) the reputation of being thrifty.   (   )

IV. 다음 긍정문의 **정형동사**를 부정하여 부정문을 만들라. 필요하면 문장의 다른 부분도 바꿔라 (주의: 축약형을 쓰지 말라).

　예 She bought some apples at the supermarket.
　　→ She did not buy any apples at the supermarket.

1. There is someone cleaning the room.
　→

2. Your advice helped us in overcoming some of the problems too.
　→

3. He has sometimes given me some useful advice.
　→

4. I can understand both of these two questions.
　→

5. This regulation applies to some of the people here already.
　→

V. 다음 문장을 밑줄친 표현으로 시작하는 문장으로 다시 써라.

　예 I have never seen such an accident. → (Never have I seen such an accident.)

1. They seldom had enough to eat.
　→

2. He did not complain once about his living conditions.
　→

3. We were never before asked to make a sacrifice of this kind.
　→

4. This door is not to be unlocked at any time.
   →

5. This nation scarcely ever faced so great a danger.
   →

VI. 주어진 절 다음에 적절한 부가의문절을 첨부하라.

   예 He didn't go to school, did he?

1. I signed the cheque, _____ ?

2. There is still some bread left, _____ ?

3. That's not his idea, _____ ?

4. Mary hasn't been arriving late, _____ ?

5. We must go to the meeting, _____ ?

6. You ought to have consulted with me, _____ ?

7. You shouldn't have said that, _____ ?

8. You don't expect me to believe that, _____ ?

9. He used to smoke heavily, _____ ?

10. The reservations have already been made, _____ ?

VII. 다음의 직접화법 문장에 기초하여 간접화법 문장을 완성하라.

   예 She said to me, "I wrote a letter to the President yesterday."
      She told me that she had written a letter to the President the day before.

1. He said, "I will be there today."

He said that _____.

2. She said, "Where is he staying?"
She asked _____.

3. "Are you going to come with me or not?" he said to her.
____ asked ____ whether or not _____.

4. "Does he really mean that he will retire?" thought Mary.
Mary wondered whether _____.

5. She said, "Don't move, children."
She told the children _____.

6. He said, "When shall I return the car?"
He _____.

7. "I will finish it tomorrow," he promised.
He promised that _____.

8. "I shall return," said MacArthur.
MacArthur said that _____.

9. "I bought this dress for my daughter," said the gentleman.
The gentleman said that _____.

10. "What are the President and his wife doing now?" he said.
He asked _____.

Ⅷ. 다음의 간접화법 문장을 직접화법 문장으로 바꿔라.

[예] She told me that she had written a letter to the President the day before.
She said to me, "<u>I wrote a letter to the President yesterday.</u>"

1. He begged me to give him another chance.
He said to me, "Please, _____."

2. He asked me to help him.
   He said, "_____?"

3. He said that he had got his driver's license the Monday before.
   He said, "_____."

4. He told me that I had overcooked the steak again.
   "_____," he said.

5. She asked why I hadn't visited my parents that year.
   She said, "_____?"

제 10 장
복합문

10.0 복합문 (complex sentences)

우리는 두개 이상의 절을 결합하여 복합문을 구성한다. 절을 결합하는 방법에는 **등위접속**과 **종속접속** 두 가지가 있다. 등위접속의 경우에는 결합된 절이 대등한 관계를 갖는 **중문**(compound sentence)이 만들어지고, 종속접속의 경우에는 하나의 절이 다른 절에 포함되는 **복문**(complex sentence)이 만들어진다. 예를 들어 등위접속사 but가 쓰인 다음의 중문에서는 결합된 두개의 절이 모두 주절로서 대등한 위치에 있다.

They are my classmates, ***but*** I don't know them well.

그러나 다음의 복문에서는 종속 접속사 where가 이끄는 절이 문장의 목적어 역할을 한다. 따라서 우리는 이러한 절을 종속절(subordinate clause)이라고 부른다.

I don't know ***where*** they want to go.

10.1 등위접속 (coordination)

영어의 대표적인 등위접속사(coordinator)로는 and, or, but가 있다. 이들은 완전한 절을 결합할 수 있을 뿐만 아니라 거의 모든 형태의 성분을 등위접속할 수 있다.

The old man *slipped **and** fell* on the pavement.
The thief moved *quickly **and** quietly*.

I *may see you tomorrow **or** may phone late in the day*.
He'll come *before two o'clock **or** after five*.

She is *beautiful **but** dumb*.
No one ***but** him* could have done that.

등위접속과 종속접속의 가장 두드러진 통사적 차이는 등위접속사로 연결되는 절들은 그 순서가 고정되는 반면, 종속접속에서는 일반적으로 종속절이 주절의 앞에 올 수도 있다.

He is living in Busan, *or* he is spending a vacation there.
(*Or he is spending a vacation there, he is living in Busan.)

We cannot survive, *if we do not have food*.
= *If we do not have food*, we cannot survive.

이러한 관점에서 볼 때 종속접속사 for와 (결과를 뜻하는) so (that)는 등위접속사처럼 행동한다.

He asked to be transferred, *for he was unhappy*.
(**For he was unhappy*, he asked to be transferred.)

그러나 아래에서 볼 수 있듯이 종속절은 일반적으로 쉽게 문두로 이동될 수 있다.

He asked to be transferred, **because** *he was unhappy*.
= **Because** *he was unhappy*, he asked to be transferred.

10.1.1 and의 의미적 속성

우리가 and를 써서 절을 결합할 때는 바로 아래 있는 예에서처럼 순수하게 새로운 내용을 첨가하는 경우도 있지만 일반적으로 두 절의 내용이 서로 연관이 있다는 것을 전제로 한다. 이러한 의미적 관계는 괄호 속에 있는 부사구를 쓰면 더 뚜렷하게 나타난다.

John has long hair **and** he often wears jeans.

1. 시간적 연속성

    She got married **and** *(then)* she got pregnant.
    (= She got pregnant after she got married.)

2. 결과

    He heard an explosion **and** *(therefore)* he phoned the police.
    (= He heard an explosion, so he phoned the police.)

3. 대조

    Peter is secretive **and** *(in contrast)* David is open.
    (= Peter is secretive, but David is open.)

4. 양보

    She tried hard **and** *(yet)* she failed.
    (= Although she tried hard, she failed.)

5. 조건

Give me some money *and* *(then)* I'll do the shopping.
(= If you give me some money, I'll do the shopping.)

6. 정도의 증가, 반복적 행위, 큰 수량

The car went *slower and slower*.
He *talked and talked and talked*.
There were *dogs and dogs and dogs* all over the place.

10.1.2 or의 의미적 속성

or는 바로 밑에 주어진 예의 경우처럼 일반적으로 결합된 절 중에 하나만 참이 되는 배타적 의미를 지니지만 반드시 그런 것은 아니다.

You can sleep on the sofa in the living room *or* you can go to a hotel.

1. 내포적 의미

This hair cream may be used by *men or women*.
(= This hair cream may be used by men *and* women.)

2. 재언급

They are enjoying themselves, *or (rather)* they appear to be enjoying themselves.

3. 부정적 조건

Switch on the radio *or* we'll miss the news.
(= If you don't switch on the radio, we'll miss the news.)

10.1.3 but의 의미적 속성

but는 일반적으로 대조의 의미를 지닌 절을 결합한다. 따라서 여기서는 but를 and yet로 바꾸어 쓸 수 있다.

> John is poor, ***but*** he is happy.
> (= John is poor, *and yet* he is happy.)

10.1.4 상관 등위접속사 (correlative coordinator)

영어에는 다음과 같은 상관 등위접속사가 있다: either. . . or, both. . . and, neither. . . nor, not (only). . . but (also), not. . . neither/nor, not. . . but rather.

1. either. . . or는 or의 배타적 의미를 강조하며, 결합된 성분은 완전한 절일 수도 있고 더 작은 성분일 수도 있다.

    Either the room is too small or the sofa is too big.
    You may ***either*** stand up ***or*** sit down.

2. both. . . and는 and의 첨가적 의미를 강조하는데, 완전한 절을 결합할 수 없다.

    David ***both*** loves Joan ***and*** wants to marry her.
    The regulations are ***both*** very precise ***and*** very detailed.

    ****Both*** Mary washed the dishes ***and*** Peter dried them.

3. neither. . . nor는 형태적으로는 either. . . or의 부정형이지만 의미적으로는 both. . . and의 부정형이다. 또한 neither. . . nor는 both. . . and와 마찬가지로 완전한 절을 결합할 수 없다.

    David ***neither*** loves Joan, ***nor*** wants to marry her.
    Neither Peter ***nor*** his wife wanted the responsibility.

***Neither** Peter wanted the responsibility **nor** his wife did.

4. not only. . . but는 both. . . and와 같이 첨가적 의미를 가지지만 더 강조적이다.

   Not only Peter *but* his wife wanted the responsibility.
   They *not only* broke into his office *but* (they) (also) stole his manuscripts.

   ☞ 두개의 완전한 절이 결합될 경우에 not only를 문두로 이동하고 주어-조동사 도치를 시키면 첨가적 의미가 더 강조된다.

   Not only did they break into his office *but* they also stole his manuscripts.

10.1.5 결합적 등위접속과 분리적 등위접속

명사구가 등위접속사 and와 결합하면 종종 결합적 의미와 분리적 의미를 둘 다 지니는 표현이 나타난다. 등위접속된 표현을 완전한 절의 등위접속 구문으로 바꾸어 쓸 수 있으면 분리적 등위접속 구문이라고 하고, 그렇게 할 수 없으면 결합적 등위접속 구문이라고 한다. 예를 들어 밑에 있는 첫 번째 표현은 분리적 접속 문장이고 두 번째 표현은 결합적 접속 문장이다.

   *John and Mary **know** the answer*.   [분리적 접속 구문]
   (= John knows the answer and Mary knows the answer.)

   *John and Mary **make** a pleasant couple*.   [결합적 접속 구문]
   (*John makes a pleasant couple and Mary makes a pleasant couple.)

그러나 다음의 문장은 분리적 의미와 결합적 의미를 둘 다 가지고 있다.

   *John and Mary **won** a prize*.

위 문장은 '존과 매리가 함께 하나의 상을 받았다'는 결합적 의미를 나타낼 수도 있고, '존과 매리가 별도로 상을 하나씩 받았다'는 분리적 의미를 나타낼 수도 있다.

다음의 문장들은 결합적 의미만을 나타낸다.

John and Mary *played as partners* in tennis against Susan and Bill.
John and Mary *are good friends*.
John and his brother *look alike*.
John and Mary *have different tastes*.

영어에는 분리적 의미를 명시적으로 나타내 주는 표현이 있다: both (. . . and), each, neither. . . nor, respective, respectively.

*John and Mary **each*** won a prize.
= John and Mary won a prize *each*.
= John won a prize and Mary won a prize.

Both *John* **and** *Mary* won a prize.
= John and Mary *both* won a prize.
= John won a prize and Mary won a prize.

John and Mary visited their ***respective*** uncles.
(= John visited his uncle and Mary visited her uncle.)

John, Peter, and Robert play football, basketball, and baseball ***respectively***.
(John plays football, Peter plays basketball, and Robert plays baseball.)

10.1.6 유사 등위접속사

비교급 형태를 취하고 있는 as well as, as much as, rather than, more than 등은 여러 가지 형태의 성분을 결합할 수 있다는 점에서 등위접속사와 닮았다.

He *publishes* **as well as** *prints* his own books.
He is *to be pitied* **rather than** *to be disliked*.

그러나 이 유사 등위접속사들은 전치사나 종속 접속사로서 쓰일 수도 있다.

As well as printing his own books, he publishes them.
= He publishes his own books, *as well as* printing them.

또한 유사 등위접속사는 결합된 명사구를 복수화할 수 없기 때문에 완전한 등위접속사라고 할 수 없다.

John, **as well as** his brothers, *was (*were)* responsible for the loss.

10.2 종속접속 (subordination)

종속접속이란 하나의 절을 다른 절에 포함(또는 종속)시키는 것을 말하며, 우리는 이렇게 구성된 문장을 **복문**(complex sentence)이라고 부른다. 다른 절을 포함하는 절을 **주절**이라고 하고 다른 절에 포함된 절을 **종속절**이라고 한다. 그러나 복문을 분석해 보면 그 구조는 단문과 다를 바가 없다. 단지 차이가 있다면 단문에서는 문장을 구성하는 요소들이 단어(word)나 구(phrase)로 표현되는 반면, 복문에서는 이들 중의 어느 것이 절로 표현된다는 점이다. 다음을 비교해 보라.

I can't understand *his rejection of my offer.* [단문]
I can't understand (the fact) *that he rejected my offer.* [복문]

He couldn't come to the conference *because of his illness.* [단문]
He couldn't come to the conference *because he was ill.* [복문]

10.2.1 종속절의 형태적 분류

종속절을 형태적으로 분류하면 정형절, 비정형절, 무동사절 등 세 가지 유형이 있다.

1. 정형 (finite) 종속절: 동사가 시제와 법 표시를 포함하고 있는 정형동사 (예: takes, took, can take, has taken, is taking, is taken 등)를 절의 동사 요소로 지니는 종속절을 가리킨다.

   She was reading a book *while the dinner was cooking.*
   That coffee grows in Brazil is well known to all.

2. 비정형 (nonfinite) 종속절: 동사가 시제 표시를 갖고 있지 않은 비정형 동사(예: (to) take, having taken, taken 등)를 절의 동사 요소로 가지고 있는 종속절을 가리키며, 비정형 종속절에는 to-부정사절, 원형 부정사절, -ing 분사절, -ed 분사절 등 네 가지 종류가 있다.

   To learn a new language is difficult.
   All I did was *hit him on the head.*
   After having finished all her homework, Mary watched television.
   Supported by all the people, the new President felt confident about the future.

3. 무동사 (verbless) 종속절: 동사 요소를 포함하고 있지 않은 종속절을 가리킨다.

   Although always helpful, he was not much liked.

10.2.2 종속절 표지

종속절임을 나타내 주는 방법에는 종속 접속사, wh-어구, 주어-조동사 도치, 정형동사의 결여 등 네 가지 종류가 있다.

1. 종속 접속사 (subordinator): 종속 접속사는 특히 정형 종속절을 나타내 주는 가장 중요한 표현이며, 종속 접속사에는 단순 접속사, 복합 접속사, 상관 접속사 등이 있다.

   (a) 단순 접속사
   시간: after, before, once, since, until, when, while

장소: where, wherever
원인: as, because, since
양보: although, though
대조: whereas, while
목적: so, that
조건: if, unless

(b) 복합 접속사
시간: as long as, as soon as, now that
원인: as long as, inasmuch as, now that
양보: even though, even if
목적: in order that, so that
양태: as if, as though
조건: in case (that), in the event that, provided/providing that
결과: so that

(c) 상관 접속어
비교: as/so. . . as, less/more. . . than
결과: so/such. . . that
비율: as. . . so, the. . . the
조건: whether . . . or not

2. wh-어인 who, whom, whose, what, which, when, where, why, how는 간접의 문문, 종속 감탄절, 관계절, 조건-양보절 등을 이끈다.

They wondered *whether* they could afford to buy a house. [의문문]
It's incredible *how fast she can run*. [감탄문]
The doctor *who visited the sick woman* gave her some medicine. [관계절]
Whether trained or not, Jane is doing an excellent job. [조건-양보절]

3. 주어-조동사 도치: 조건절에서 접속사 if가 생략되고 주어-조동사 도치가 일어날 수 있다.

Were I in your situation (= If I were in your situation), I wouldn't call the police.

Should you *need some money* (= If you should need some money), I'll lend you some.

Had he *followed my advice* (= If he had followed my advice), he might still be alive today.

4. 정형동사의 결여: 정형동사를 포함하고 있지 않은 절은 일반적으로 종속절이 된다.

She always sings *when **doing** her work*.
I know the girl ***talking*** *to the teacher*.

10.2.3 종속절의 동사구 형태

동사구가 포함하는 시제, 상, 양상 조동사 등의 용법은 우리가 지금까지 배웠던 일반적인 원리에 따라 독립절과 종속절의 동사구에 공히 적용된다. 그러나 종속절에 따라 동사구의 형태가 특별히 결정되는 경우가 있다. 여기서는 우리가 종속절을 구성할 때 특별히 유의해야 할 동사구의 형태에 대해서 생각해 보기로 하겠다.

1. 부사절과 현재시제: 특히 시간이나 조건을 나타내는 부사절에서 현재시제는 조동사 will이나 shall 대신에 많이 쓰인다.

    When *the President **arrives***, the band will play the National Anthem.
    I'll invite him to our party tomorrow, *if I **see** him*.

    ☞ 다만 if-절에서 will/won't가 의지적 의미를 나타낼 경우에는 조동사가 나타날 수 있다.

    *If you **will*** (= are willing to) *help us*, we can finish early.

2. 가상적 과거와 과거완료: 가상적 조건절에서 현재 또는 미래 시간을 나타

내려면 과거시제를 사용하고, 과거 시간을 나타내려면 과거완료를 사용한다. 이때 주절에는 조동사 would가 흔히 쓰이지만 특별한 의미를 나타내지는 않는다.

*If he **tried** harder next time,* he would pass the examination.
*If they **were** alive,* they would be moving around.
*If the weather **had been** good yesterday,* I would have gone to the beach.

(a) 가상적 과거와 과거완료는 가상적 뜻을 나타내는 다른 구문에서도 의무적으로 나타난다.

It's time *you **were** in bed.*
I wish *the bus **went** to the university.*
*If only I **had listened** to my parents!*

(b) 가상적 의미를 나타내는 다음의 구문에서는 동사의 현재 시제형이 대신 쓰일 수도 있다.

He acts *as if he **knew/knows** you.*
Suppose *we **told/tell** her the truth.*
I'd rather *we **had/have** dinner now.*

3. 가정법 현재와 과거: 특히 미국영어에서 주절의 동사가 과거시제라 할지라도 주절의 서술을 이루는 동사나 형용사 또는 명사가 요구, 권유, 계획, 의도, 제안 등을 뜻하면 종속절인 that-절의 동사는 원형이 된다.

We *insisted that she **leave** at once.*
They expressed their *wish that he **accept** the award.*
It is *essential that a meeting **be** convened this week.*

☞ 영국영어에서는 '추정의' should가 종속절의 동사의 원형과 함께 자주 쓰인다. 근래에 와서는 미국 및 영국영어에서 공히 가정법 현재를 피하려는 경향이 나타나고 있다 (영국영어에서의 '추정의' should에 관해서는 아래 6을 참조).

We *insisted that she **should** leave at once.*

4. **be 동사의 가정법 과거형**: 가정법 과거는 be 동사의 과거형으로 were만이 남아 있으며, 특히 격식을 갖춘 문체에서 가상적 조건절에 나타날 뿐만 아니라 바로 앞에서 다룬 가상적 의미를 표현하는 구문에도 쓰인다.

*If he **were** here*, he would speak on my behalf.
I'd rather *I **were** in bed*.
I *wish she **were** married*.

5. **완료상과 시간 since-, after-, when-절**: 전체 문장이 과거에서 지금까지의 기간을 가리킬 경우에 since-절이 나타나면 주절의 동사는 일반적으로 현재완료형이 되고, after-절과 when-절이 두개의 연속적인 과거 사건을 가리킬 경우에 시간절의 동사는 과거형이 될 수도 있지만 일반적으로 과거완료형이 된다.

I ***have lost*** ten pounds *since I started swimming*.
We *ate* our meal *after we **had returned** from the game*.

6. **추정의 should**: 특히 영국영어에서는 존재할 가능성이 있거나 존재하게 될 가능성이 있는 '추정의' 상황을 뜻하는 that-절에는 양상 조동사 should가 널리 쓰인다. 다음의 두 문장을 비교해 보라.

I'm surprised *that he **should** feel lonely*.
I'm surprised *that he **feels** lonely*.

10.2.4 종속절의 통사적 기능

종속절은 문장의 주어, 목적어, 보어, 전치사 보충어 또는 부사구 등으로 쓰일 수 있다.

That coffee grows in Brazil is well known to all.	[주어]
I know *that coffee grows in Brazil*.	[직접목적어]
I can tell *whoever is waiting* that I'm right.	[간접목적어]
The question is *how we will spend the money*.	[주격보어]

I know her *to be very reliable*. [목적격보어]
We are concerned with *how we will spend the money*. [전치사 보충어]
When you see them, give them my best wishes. [부사구]

10.3 종속절의 기능적 분류

우리는 통사적 기능에 따라 종속절을 크게 **명사절, 관계절/형용사절, 부사절** 그리고 **비교절** 등 네 가지 유형으로 구분한다.

10.3.1 명사절 (nominal clause)

명사절은 명사구와 마찬가지로 주어, 목적어, 보어, 동격어 또는 전치사 보충어로 쓰일 수 있지만 명사구보다는 그 분포가 제한을 받는다. 왜냐하면 곧 논의하게 될 명사적 관계절을 제외하면 명사절은 일반적으로 추상적 개념을 나타내기 때문이다. 따라서 명사적 관계절을 제외하면 명사절은 간접목적어로 쓰이지 않는다. 명사절에는 that-절, wh-의문절, 감탄절, 명사적 관계절, 부정사절, 동명사절 등이 있다.

1. **that-명사절 (nominal that-clause)**: that-명사절은 통사적으로 다음과 같이 사용된다.

   ***That** the water has been polluted* is a matter of grave concern. [주어]
   We believe ***that** he may take the last train home*. [목적어]
   My assumption is ***that** interest rates will soon fall*. [주격보어]
   His claim ***that** coffee grows in Brazil* is correct. [동격절]
   We are glad ***that** you are able to join us*. [형용사 보충어]

   ☞ that-절이 보고동사(reporting verb)의 목적어로 쓰이거나 형용사의 보충어로 쓰일 경우에는 비격식적 문체에서 that이 생략되기도 한다.

John *said* (*that*) *he didn't feel well.*
He *thought* (*that*) *she was in England.*

I'm *glad* (*that*) *we're all safe.*
We were *surprised* (*that*) *they came back.*

    그러나 동격절이나 reply, shout, telephone과 같은 동사 다음에서는 that가 생략되지 않는다.

They didn't agree with Copernicus' *view that* *the earth went round the sun.*
John *replied that* *he didn't feel well.*

2. wh-의문절 (wh-interrogative clause): 일명 간접 의문절이라고도 부르는 종속 wh-의문절은 that-절이 갖는 모든 문법적 기능을 가지며, 또한 전치사 보충어로도 쓰인다.

How *he spends the money* doesn't concern me.	[주어]
I don't know *how much* *the book costs.*	[목적어]
The problem is *when* *we leave for Japan.*	[주격보어]
Your question, *why* *he didn't come to the meeting,* has not yet been answered.	[동격절]
We were wondering about *who* *we should invite to the party.*	[전치사 보충어]
I'm not sure *which* *she prefers.*	[형용사 보충어]

☞ why를 제외하고는 모든 wh-의문사를 써서 의문 부정사절을 만들 수 있다.

I don't know *what to do.*
He asked me *how to start the car.*
I would like to know *who to speak to.*
(*I don't know *why to go to school.*)

3. 간접 yes-no 의문절 (indirect yes-no interrogative clause): 가부 의문절이 종속절로 나타나면 whether 또는 if로 시작된다.

Do you know **whether/if** the banks are open (or not)?

☞ if는 whether에 비해서 그 용법이 제한된다.

(a) if는 주어절을 이끌 수 없다.

Whether she likes the present isn't clear to me.
(*If she likes the present isn't clear to me.)

(b) if는 부정사절을 이끌 수 없다.

I don't know **whether** (*if) to see the doctor today.

(c) if 바로 다음에 or not가 올 수 없다.

He didn't say **whether or not** he'll stay here.
(*He didn't say if or not he'll stay here.)

4. **감탄절 (exclamatory clause)**: 종속 감탄절은 일반적으로 외치된 주어나 직접목적어 또는 전치사 보충어로 쓰인다. 감탄 요소가 명사구일 경우에는 what를 한정사 선행어로 쓰고, 감탄 요소가 형용사 또는 부사일 경우에는 how를 강조어로 쓴다.

It's incredible **how fast** she can run.	[주어]
I hadn't realized **what a pretty girl** she was.	[직접목적어]
I'm surprised at **how hot** it is.	[전치사 보충어]

☞ 경우에 따라서 어떤 wh-절은 간접 의문절 또는 종속 감탄절로 해석되는 중의성을 지닌다.

You can't imagine **what difficulties** I have with my children.

5. **명사적 관계절 (nominal relative clause)**: 명사적 관계절은 wh-의문절과 마찬가지로 wh-어로 시작되며, 여러 가지 점에서 명사구와 같다. 따라서 명사적 관계절은 명사구처럼 구상적 실재물 뿐만 아니라 추상적 개념도

나타낼 수 있으며, 통사적으로도 명사구와 동일한 기능을 갖는다. 명사적 관계절은 명사구와 이 명사구를 수식하는 관계절로 분석될 수 있는데, 단지 선행사인 명사구가 wh-어와 합병되어 있다.

Whoever caused the damage will be punished. [주어]
(= Any person who causes the damage . . .)
Give the man *what* is in this envelope. [직접목적어]
(= . . . the thing that is in this envelope.)
He gave *whoever* knocks at the door the money in this envelope. [간접목적어]
April is *when* the lilacs bloom. [주격보어]
He named the cat *whatever* came to his mind first. [목적격 보어]
The children stare at *whoever* passes by their house. [전치사 보충어]
He's aware of *what I* write. [형용사 보충어]

(a) 명사적 관계절은 명사구와 마찬가지로 단수 또는 복수가 될 수 있다.

Whatever book you see *is* yours to take.
Whatever books I have here *are* borrowed from the library.

(b) 명사적 관계절은 특정적 의미를 나타내기도 하고 불특정적 의미를 나타내기도 한다. 전자의 경우에는 -ever 접미사가 허용되지 않는 반면, 후자의 경우에는 일반적으로 -ever 접미사가 나타난다.

I'll send *what* is necessary. [특정적]
(= . . . the thing that is necessary.)
I'll send *whatever* is necessary. [불특정적]
(= . . . anything that is necessary.)

(c) 경우에 따라서는 wh-절이 명사적 관계절 또는 의문절로 해석되는 중의성을 지닌다.

They asked me *what I knew.*

명사절 해석: 그들은 나에게 내가 아는 것에 대해서 물어 봤다.
의문절 해석: 그들은 내가 무엇을 알고 있는지 물어 봤다.

6. **부정사절 (infinitival clause)**: 부정사가 명사적으로 쓰일 때에는 다음과 같은 기능을 갖는다.

To know too much is not good. [주어]
(= It is not good to know too much.)
He wants her *to clean* the house every day. [직접목적어]
The best excuse is *to say* that you have forgot. [주격보어]
I'm very eager *to meet* her. [형용사 보충어]

☞ 부정사절의 주어는 일반적으로 for를 대동하는데 부정사절이 직접목적어로 쓰일 경우에는 for가 종종 생략된다.

For me to get up early is not easy.
= It is not easy *for me* to get up early.
I like *everyone* to relax.
John wants *the student* to join the club.

7. **동명사절 (gerundial clause)**: 일명 명사적 -ing 분사절이라고도 부르는 동명사절은 다음과 같은 기능을 한다.

Being honest at all times is not always easy. [주어]
He doesn't like *driving* to work. [직접목적어]
His first job was *selling* computers. [주격보어]
He was accused of *killing* his neighbor. [전치사 보충어]

☞ 동명사절의 주어는 속격 또는 (대명사의 경우에) 목적격 형태를 취한다.

I object to *his/him* receiving an invitation.

일반적으로 격식적 문체에서는 속격형이 더 많이 쓰이며, 특히 주어가 사람을 가리키면서 동명사절이 문두에 오는 경우에는 속격형을 쓰는 것이 좋다.

My forgetting his name was embarrassing.

그러나 비격식적 문체에서는 목적격형이 많이 쓰이며, 특히 (i) 주어가 대명사가 아닌 비인칭 명사구일 경우, (ii) 긴 명사구가 주어가 될 경우에는 목적격형이 많이 쓰인다.

I didn't know about **the weather** being so awful in this area.
I remember **my father** being very strict with us.

8. 원형 부정사절 (bare infinitive clause): 유사-분열문에서 주어나 주격보어, 그리고 사역동사(have, make, let(=allow), bid(=request))와 지각동사(feel, hear, listen to, look at, notice, observe, overhear, see, watch)의 보어로 쓰인다.

What the plan does is *(to)* **ensure** a fair pension for all.
Turn off the tap was all I did.

I *heard* the whistle **blow** a few minutes ago.
She *watched* the passenger **get** off the bus.

They *had* me **repeat** the message.
She *bid* the children **be** quiet.

10.3.2 관계절 (relative clause)

관계절은 명사구를 수식하는 종속절로서 명사구의 구조에 대해 논하고 있는 제 3장에서 논의한 적이 있다. 관계절은 일명 형용사절(adjective clause)이라고도 부르며, 특별한 경우를 제외하고는 항상 자신이 수식하는 명사구 바로 뒤에 온다. 관계절은 일반적으로 '관계사'라고 부르는 낱말로 시작되며, 관계사는 관계절이 수식하는 명사구, 즉 선행사를 가리킨다.

1. 관계절의 종류: 관계절에는 제한적(restrictive) 관계절과 비제한적(nonrestrictive 혹은 appositive) 관계절이 있으며, 비제한적 관계절은 글에서는 콤마로써 선행사와 분리되고, 말을 할 때는 선행사와 관계절을 떼어 읽는 것이 원칙이다.

Mr. Smith has *three sons* **who became musicians**. [제한적 관계절]

Mr. Smith has *three sons, **who became musicians***.　　　[비제한적 관계절]

　제한적 관계절은 자신이 수식하는 선행사의 '지시대상'(reference)을 제한하는 역할을 하는 반면, 비제한적 관계절은 수식하는 선행사에 대하여 추가적인 정보를 제공할 뿐이다. 예를 들어 위의 첫 문장에서 관계절은 선행사의 지시대상을 스미스씨의 아들들 중에 음악가가 된 세 아들로 제한하고 있는 반면, 두 번째 문장에서는 단순히 스미스씨의 세 아들이 음악가가 되었다는 사실을 추가로 말하고 있다. 따라서 두 번째 문장은 'Mr. Smith has three sons, and they became musicians'와 뜻이 같다.

☞ 비제한적 관계대명사 which는 종종 술어, 절, 등위접속된 절 등을 선행사로 가질 수 있다.

*They say John **plays hookey**, **which** he doesn't.*　　　[술어 선행사]
*The students admires Prof. Lee, **which** I find strange.*　　　[절 선행사]
*John married my sister, and I married his brother, **which** makes John and me double in-laws.*　　　[접속절 선행사]

2. 관계사의 종류: 관계절을 이끄는 관계사의 형태는 선행사의 종류와 관계사 자신이 관계절에서 수행하는 문법적 기능에 따라 결정된다.

기능 \ 선행사의 종류	사 람	사 물	시 간	장 소	이 유	방 법
주　　어	who that	which that	when	where	why	how that
목 적 어 (보 충 어)	who(m) that	which that	—	—	—	—
한 정 사	whose	of which whose	—	—	—	—

*The girl **who/that** invited us is my sister.*　　　[주어: 사람]
*The girl **who(m)/that** we invited is my sister.*　　　[목적어: 사람]
*The girl **whose** friends we invited is my sister.*　　　[한정사: 사람]

*The girl **who(m)/that** you spoke to* is my sister.　　　[전치사 보충어: 사람]
= *The girl to **whom** you spoke* is my sister.

Here is *a book **which/that** describes animals*.　　　[주어: 사물]
*The chair **which/that** he broke* has been repaired.　　　[목적어: 사물]
She was wearing *the coat for **which** she had paid one million won*.
They lived in *the house **whose** roof was damaged*.　　　[한정사: 사물]
= They lived in *the house the roof **of which** was damaged*.

1988 was *the year **when** the Olympic Games were held in Korea*.　　[시간]
Here is *the house **where** I live*.　　　[장소]
Give me *one good reason **why** you did that*.　　　[이유]

3. **관계절의 속성:** 관계절의 몇 가지 속성에 대해 논하기로 하겠다.

   (a) 관계대명사 that는 전치사 바로 다음에 올 수 없으며 비제한적 관계절을 이끌 수 없다.

   He is *the man **that** I spoke about*.
   = He is *the man **who(m)** I spoke about*.
   = He is *the man **about whom** I spoke*.
   *He is the man about that I spoke.

   You must write to *Mr. Jones, **who** (*that) represents us in Europe*.
   *The chairs, **which** (*that) were in bad condition*, had to be repaired soon.

   (b) 선행사가 최상급이거나 서수사 all, any, every, no, the only, the same, the very 따위의 표현을 포함하거나 또는 선행사가 부정대명사일 경우 that가 관계대명사로 쓰인다.

   He is *the best student **that** (*who) has ever studied here*.
   *Anything **that** (*which) you say to John* will make him angry.

   (c) 관계사가 동사의 목적어나 전치사의 목적어의 기능을 할 때는 생략될 수 있다. 그러나 비제한적 관계절에서는 여하한 경우에도 관계사를 생략할 수 없다.

He paid *the man* (***who(m)***) *he had hired.*
He paid *Mr. Jones*, ***who(m)*** *he had hired yesterday.*
(*He paid Mr. Jones, he had hired yesterday.)

(d) 관계사 when, where, why, how를 종종 관계부사(relative adverb)라고 부르며 이들은 선행사가 없이도 시간, 장소, 이유, 태도 등을 나타낼 수 있다.

That is ***where*** *he was born.*
That is ***when*** *he lived here.*
That is ***why*** *he refused to speak.*
That is ***how*** *he spoke.*

☞ 관계부사 how는 선행사를 가질 수 없다.

This is *the way **that**/***how*** *he spoke.*

(e) 좀 형식을 갖춘 말에서는 관계부사를 '전치사+which'로 대치할 수 있다.

I don't remember *the day **on which*** *(= when) we met first.*
This is the house ***in which*** *(= where) the Taylors live.*

(f) 관계부사도 구어체에서는 관계대명사와 마찬가지로 생략될 수 있다.

That was *the day* (***when***) *the trial was to take place.*
The City Library is *a good place* (***where***) *we can meet.*

10.3.3 부사절 (adverbial clause)

부사절은 종속절의 대표적인 절로서 부사와 마찬가지로 문장 내에서 다양하고 중요한 역할을 담당한다.

1. **부사절의 형태**: 부사절에는 정형절과 비정형절 그리고 무동사절이 있으며, 비정형 부사절에는 -ing 분사절, -ed 분사절, to-부정사절, 원형 부정사절이

있다.

Buy the ticket *as soon as* you *reach* the station.　　　　[정형절]
Once having made *a promise*, you should keep it.　　　　[-ing 분사절]
Unless otherwise instructed, I'll be in my office until lunchtime. [-ed 분사절]
Complete your work *if possible*.　　　　　　　　　　　　[무동사절]

2. 부사절의 의미적 분류: 부사절을 의미적으로 분류하면 다음과 같다.

(a) 장소절 (clause of place): 장소 부사절을 이끄는 접속사에는 where, wherever 가 있다.

Where the fire had been, we saw nothing but blackened ruins.
They went *wherever* they could find work.

(b) 시간절 (temporal clause): 시간 부사절을 이끄는 접속사에는 after, as, as soon as, before, no sooner. . . than, once, since, until, when, while 등이 있다.

After they finished dinner, they went right to bed.
Until Mr. Smith got a promotion in our company, I had never noticed him.
Once she makes up her mind, she never changes it.
He had *no sooner* finished one task *than* he was asked to do another one.
= *No sooner* had he finished one task *than* he was asked to do another one.

☞ 접속사가 정형 종속절만을 이끄는 것은 아니다. 대부분의 시간 접속사는 비정형 절 또는 무동사절을 이끌 수 있다.

Once having made a promise, you should keep it.
She turns on the radio *when* doing the housework.
The dog stayed at the entrance *until* told to come in.
When young, we were full of hopes and anxieties.

(c) 조건절 (conditional clause): 조건 부사절에는 **미결**(open) 조건절, **가상** (hypothetical) 조건절, **수사**(rhetorical) 조건절이 있으며, 대표적인 접속

사로는 if와 unless가 있으며, 정형절, 비정형절 그리고 무동사절을 이끌 수 있다.

If you put the baby down, she'll scream.
If carefully done, the experiment should be very successful.
Unless the strike has been called off, there will be no trains tomorrow.

☞ 정형 종속절만을 이끄는 조건 접속사로는 assuming that, given (that), in case, on condition (that), provided (that), providing (that), supposing (that) 등이 있다.

In case you want me, I'll be in my office till noon.
Assuming that the movie starts at eight, shouldn't we be leaving now?

(1) 미결 조건절 (open conditional clause): 조건절이 제시하는 조건의 충족 여부에 대해 중립적인 입장을 뜻하는 조건절을 가리킨다.

If Collins is in London, he is undoubtedly staying at the Hilton.
Oil floats *if you pour it on water*.

(2) 가상 조건절 (hypothetical conditional clause): 화자는 조건절이 제시하는 조건이 충족되지 않았다고 생각한다. 만약 조건절이 현재 또는 미래의 상황을 말하면, if-절에는 과거시제형 동사가 쓰이고 주절에는 would + 원형 동사가 나타난다. 그러나 조건절이 과거의 상황을 말하면 if-절에는 과거완료형 동사구가 나타나고 주절에는 would have + 과거분사형 동사가 사용된다.

He would be here with us *if he had the time*.
If I knew her name, I would tell you.　　　[현재/미래 상황]
(*If I know/would know her name, I will tell you.)

You would have passed your exam *if you had worked harder*.
If you had listened to me, you wouldn't have made so many mistakes.
　　　　　　　　　　　　　　　　　　　　　　　[과거 상황]
(*If you listened/would have listened to me, you hadn't made so many mistakes.)

☞ 우리는 가상 조건절의 구조를 현시점에서 성립할 수 없는 상황을 말할 때도 사용할 수 있다.

If my grandfather had been alive, he would have been 100 next year.
혹은 *If my grandfather were alive*, he would be 100 next year.

☞ 가상 조건절의 주절에서 would 대신에 could 또는 might를 쓸 수도 있다. 이때 could는 'would be able to'를 의미하고, might는 'would perhaps'의 의미를 갖는다.

If I had another 10 million won, I *could* buy a car.
If he'd run a bit faster, he *might* have won the race.

(3) 수사 조건절 (rhetorical conditional clause): 주절에서 황당한 내용을 언급함으로써 조건절이 거짓이라는 것을 강하게 주장하는 문장 형태다.

If they're Korean, I'll be the Pope.
If he pays for the dinner, the Sun will rise in the west tomorrow.

(d) 양보절 (clause of concession): 양보 접속사에는 although, though, while, whereas, even though가 있으며 whereas를 제외하고는 모두 다양한 형태의 부사절을 이끌 수 있다.

Although he had just joined, he was treated exactly like all the others.
While I don't want to make a fuss, I feel I must protest at your interference.

Although (he is) very young, he works as hard as an adult.
Although working for long hours, he manages to find time for relaxation.

☞ 양보절은 주절의 상황이 양보절의 상황에 비추어 상반되는 상황을 기술한다. 따라서 종종 어느 상황을 종속절로 선택할 것인가를 결정해야 한다.

No goals were scored, although it was an exciting game.
It was an exciting game, *although no goals were scored*.

☞ 형식적인 문체에서 접속사가 though, as일 경우 종종 서술부가 전치될 수 있다. 또한 종속절의 주격보어가 의무적으로 전치될 경우 that도 양보 접속사로 사용될 수 있다.

*Fail **though** I did*, I would not abandon my goal.
*Naked **as** I was*, I braved the storm.
*Fool **though/as** he was*, he knew how to fix the machine.
= Though he was a fool, he knew how to fix the machine.
(*A fool though he was, . . .)
*Poor **that** they were*, they gave money to charity.

(e) 대조절 (clause of contrast): 두 절의 대조를 의미하는 접속사로는 whereas, while, whilst가 있다.

Mr. Lee teaches physics, ***while** Mr. Park teaches chemistry*.

(f) 예외절 (clause of exception): 예외적 상황을 언급하는 접속사로는 but, but that, except, except that, excepting (that), save that 등이 있다.

I would pay you now, ***except that** I don't have any money on me*.
Nothing would satisfy the child ***but that** I place her on my lap*.

He does nothing ***but** watch TV*.
He does nothing ***except** eat all day*.

(g) 이유절 (clause of reason): 이유 부사절은 because, since, as, for, seeing (that), now (that) 등이 이끈다.

She watered the flowers ***because** they were dry*.
***Since** we live near the sea*, we often go sailing.
***Seeing that** it is about to rain*, we had better leave now.
***As** Jane was the eldest*, she looked after the others.

(h) 목적절 (clause of purpose): 목적 부사절을 위한 접속사에는 in order to, so as to, so (that), in order that 등이 있다.

The committee agreed to adjourn *(in order) to* reconsider the matter.
Students should take notes *(so as) to* make revision easier.
The school closes earlier *so (that)* the children can get home before dark.

(i) 결과절 (clause of result): 결과를 의미하는 부사절 접속사에는 so (that)가 있다.

We paid him immediately, *so (that)* he left contented.
I took no notice of him, *so (that)* he flew into a rage.

☞ so (that)가 목적 접속사로 쓰일 때는 사실이 아니라 추정의 의미를 지니게 되어 양상조동사를 써야 한다. 다음을 비교하라.

We paid him immediately, *so (that)* he would leave contented.
We paid him immediately, *so (that)* he left contented.
(= We paid him immediately, and so he left contented.)

(j) 유사-비교의 절 (clause of similarity and comparison): 유사성을 의미하는 접속사로는 as와 like가 있으며, 비교를 의미하는 접속사로는 as if, as though, like가 있다.

Please do *(exactly) as I* said.
It was *(just) like I* imagined it would be. [특히 미국영어]
She looks *as if* she's getting better.

(k) 비례절 (clause of proportion): 두 문장의 상황을 비례적으로 언급하는 접속사로는 'as. . . (so)'와 'the + 비교급. . . the + 비교급'이 있다.

As he grew disheartened, *(so)* his work deteriorated.
The more she thought about it, *the less* she liked.

(l) 선호절 (clause of preference): 주절의 상황이 선호되고 배제되는 상황을 언급하는 부사절은 'rather than/sooner than + 원형 부정사'의 구조를 갖는다.

Rather than go there by air, I'd take the slowest train.

= I'd prefer to take the slowest train.
They'll fight to the finish *sooner than* surrender.
= I'd prefer to fight to the finish.

☞ rather/sooner than은 선호절이 문미 위치에 오면 떨어질 수 있다.

He would *rather/sooner* give up his home *than* (give up) his car.
= *Rather/Sooner than* give up his car, he would give up his home.

(m) 논평절 (clause of comment): 부연어(parenthetical disjunct)로서 문두, 문중, 문미 위치에 올 수 있다.

Kingston, *as you probably know*, is the capital of Jamaica.
= *As you probably know*, Kingston is the capital of Jamaica.
= Kingston is the capital of Jamaica, *as you probably know*.

10.3.4 비교절 (comparative clauses)

비교구문에서는 주절의 명제와 종속절의 명제가 비교된다. 비교에는 **대등**(equivalence)비교와 **비대등**(nonequivalence)비교가 있고 **충분**(sufficiency)과 **과잉**(excess)을 나타내는 비교도 있다.

1. 대등비교: as/so + 형용사/부사. . . as

Jane is *as* healthy *as* her sister (is).

☞ 'so. . . as'는 부정 비교구문에서 쓰이지만 'as. . . as'도 또한 흔히 나타난다. 그리고 'so. . . as'도 강조를 위해서 긍정 비교구문에 나타나기도 한다.

Jane is *not so/as* healthy *as* her sister (is).
Great diversity of opinion is common in a country *so large as* the United States.

☞ 'the same + as-절'도 종종 비교절로 취급된다.

The new machine works ***the same as*** the old one (does).

2. 비대등비교 :
$$\left.\begin{array}{l}\text{형용사/부사} + \text{-er}\cdots \\ \text{more} + \text{형용사/부사}\cdots\end{array}\right\} \text{than}$$

less + 형용사/부사 ··· than

Jane is *healthier **than** her sister (is)*.
This book is ***more/less*** *expensive **than** that one*.

3. 충분과 과잉비교: 형용사/부사 + enough ··· to-부정사
    too + 형용사/부사 ··· to-부정사

John is *sensitive **enough to** understand your feelings*.
Mary was ***too*** *polite **to** say anything about my clothes*.

☞ enough는 수식하는 명사를 선행하기도 한다.

Do we have *hamburgers **enough*** for the party?
= Do we have ***enough*** *hamburgers* for the party?

4. 비교요소 (comparative elements): 위의 비교구문을 다시 생각해 보자.

Jane is ***as*** *healthy **as** her sister (is)*.
Jane is *healthier **than** her sister (is)*.

(a) 위의 문장에서 health가 **비교의 기준**(standard of comparison)이 되고, Jane's sister는 **비교의 기초**(basis of comparison)가 된다. 비교의 기준을 명시하는 표현, 즉 healthy와 healthier를 **비교요소**(comparative element)라고 부른다. 비교요소는 동사를 제외한 절의 어떠한 요소도 될 수 있다.

***More** people* use this brand *than* (use) any other window-cleaning fluid.   [주어]

She knows ***more*** *history **than*** most people (know).   [직접목적어]

That toy has given *more children* happiness *than* any other (toy) (has).
[간접목적어]
John is *more relaxed than* he used to be. [주격보어]
She thinks her children *more obedient than* (they were) last year.
[목적격보어]
You've been working *much harder than* I (have). [부사어구]
She's applied for *more jobs than* Joe (has (applied for)). [전치사 보충어]

(b) 동일한 비교요소가 대등 비교절에도 나타난다.

As many people use this brand *as* (use) any other window-cleaning fluid.
[주어]
She knows *as much history as* most people (know). [직접목적어]
That toy has given *as many children* happiness *as* any other (toy) (has).
[간접목적어]
John is *as much relaxed as* he used to be. [주격보어]
She thinks her children *as much obedient as* (they were) last year.
[목적격보어]
You've been working *as much hard as* I (have). [부사어구]
She's applied for *as many jobs as* Joe (has (applied for)). [전치사 보충어]

5. 비절(nonclausal) 비교구문

비교의 기초가 명시적으로 주어지지 않고 **more. . . than, less. . . than, as/so. . . as + 명시적인 비교기준**으로 구성된 비절 비교구문이 있다 (즉, 아래의 예에서 이탤릭체로 된 부분은 위의 예에서와는 달리 절이 축약된 구가 아니다).

I weigh *more than* 200 pounds.
It goes *faster than* 100 miles per hour.
Our factory consumes *as much as* 500 tons of solid fuel per week.
I was *more angry than* frightened.
= I was *angry more than* frightened.
(*I was angrier than frightened.)

☞ **more of a . . ./less of a . .** 는 등급성 단수 명사와 함께 쓰인다.

He's ***more of a*** *fool than I thought (he was).*
It was ***less of a*** *success than I imagined (it would be).*

6. 비교구문에서의 생략

비교구문에서 비교절의 일부가 생략될 수 있다. 특히 이 부분이 주절의 일부를 반복하고 있을 경우 더욱 그렇다. 생략에는 수의적 생략과 (대명사, 대-술어에 의한) 수의적 대치가 있다.

John and Mary often go to plays but
(a) John enjoys the theatre *more than Mary enjoys the theatre*.
(b) John enjoys the theatre *more than Mary enjoys* ***it***.   [대명사]
(c) John enjoys the theatre *more than Mary* ***does***.   [대-술어]
(d) John enjoys the theatre *more than Mary*.   [생략]
(e) John enjoys the theatre *more*.   [생략]

☞ 비교되는 두 절이 비교요소에서만 차이가 나면 비교절은 의미를 지니지 못한다.

*I hear the noise *more clearly than* I hear it.
*He loves his dog *more than* he loves it.

따라서 두 절간에는 무엇이 되었든 최소 하나의 요소에서 차이를 보여야 한다. 그것이 시제일 수도 있고 추가된 양상조동사일 수도 있다.

I hear the noise *more clearly than* I **did**.   [시제의 차이]
I get up *later than* I **should**.   [양상조동사의 추가]

차이가 시제일 경우에는 비교절에 부사어구로만 표시할 수 있다.

She'll enjoy it *more than (she enjoyed it)* **last year**.

또한 의미를 맥락에서 추정할 수 있을 경우 비교절을 완전히 생략할 수 있다.

You are *slimmer* (than you were).
He's looking *better* (than he was).

7. 생략으로 인한 모호성의 문제

다음 문장은 비교절에서 생략이 일어남으로써 의미적인 모호성을 띠게 된다.

He loves his dog *more than his children*.
① He loves his dog more than his children loves his dog.
② He loves his dog more than he loves his children.

'his children'을 대명사로 대치한 아래 문장에서 'they'는 모호성을 유발하지 않지만, 'them'은 여전히 모호성을 유발한다.

He loves his dog *more than they/them*.

8. 충분과 과잉을 표현하는 구문

(a) **too/enough . . . to-부정사** 구문: enough는 뒤에서 형용사나 부사를 수식한다.

They're *rich enough to own a car*.
They're *too poor to own a car*.

He's *rich enough* a man *to own a car*.
He's *too poor* a man *to own a car*.

This box is *light enough* for the boy *to carry*.
This box is *too heavy* for the boy *to carry*.

(b) **enough of determiner + noun or pronoun**

I think my letter gave him *enough of a shock*.
The exam was bad. I couldn't answer *enough of the questions*.
We didn't buy *enough of them*.

☞ enough는 명사를 수식하는 한정사로 쓰일 수 있다. 전치사 of는 다른 한정사가

없을 경우 일반적으로 쓰이지 않는다. 단지 인명이나 지명의 경우에는 다른 한정사가 없는 경우에도 of가 쓰인다.

Have you got *enough milk*? (*enough of milk?)

We haven't seen *enough of John and Mary* recently.
I've had *enough of England*. I'm going home.

(c) too much/more/less/a bit etc. of a(n) + singular countable noun

He's *too much of a* coward to do that.
He's very *much of a* family man.
It was *more of a* meeting than a party.
She's *less of a* scientist than a technologist.

(d) so/such. . .that: 이 구문은 충분/과잉의 개념을 결과의 개념과 연결하는 표현이다. so는 형용사/부사를 수식하고 such는 한정사 선행어로 쓰이고 있다. 이 구문을 too/enough . . . to-부정사 구문으로 바꾸어 쓸 수 있다.

It's *so good a movie that* we mustn't miss it.
~ It's *too good a movie to* miss.
It was *such a pleasant day that* I didn't want to go to school.
~ It was *too pleasant a day to* go to school.

It flies *so fast that* it can beat the speed record.
~ It flies *fast enough to* beat the speed record.
I had *such a bad headache that* I needed two aspirins.
~ I had *bad enough* a headache *to* need two aspirins.

연습문제

I. 아래 주어진 두 절을 접속사 and, or, but를 써서 완성하라.

　예 Mr. Smith is a dedicated teacher, (and) he is interested in his students.

1. John is a lazy student, (　) he always comes late to class.

2. He seems to be a very intelligent man, (　) I don't think he is suited for this job.

3. We must eat the proper food, (　) we'll get sick.

4. My car is very old, (　) it has never given me any trouble.

5. Keep off my property, (　) I'll have you arrested.

II. 괄호 속에 주어진 표현을 사용하여 축약된 등위 접속절을 구성하라 (축약된 등위 접속절에 대해서는 제 8장 〈문장의 변형과 기능〉을 보라).

　예 (Mary, too) John likes the movies, and Mary does too.
　　(Mary, neither) John doesn't like the movies, and neither does Mary.

1. (your mother, so) Your father called today, ＿＿＿＿＿＿.

2. (their parents, either) The students haven't arrived yet, ＿＿＿＿＿＿.

3. (mine, neither) His car won't start in this cold, ＿＿＿＿＿＿.

4. (their teacher, too) The students enjoyed the play, ＿＿＿＿＿.

5. (I, either) Your brother didn't pass the test, ＿＿＿＿＿.

제 10 장 복합문

III. 주어진 두 개의 문장을 적절한 상관 등위 접속사(either. . . or, both. . . and, neither. . . nor, not (only). . . but, not. . . neither/nor, not. . . but rather)를 사용하여 결합하라 (가급적 생략할 수 있는 표현은 최대로 생략하라).

  예 He has long hair. He wears jeans.
  　He either has long hair <u>or wears jeans.</u>

1. He didn't smoke cigars. He didn't smoke cigarettes.
   He smoked neither cigars _____.

2. John is not vacationing in Florida. He is working there.
   He is not vacationing in Florida, _____.

3. Thieves broke into the house. They ransacked it.
   Thieves not only broke into the house _____.

4. John broke the window. Bob broke the window.
   Either John broke the window _____.

5. John wears a nose jewel. He has dyed hair yellow.
   John both wears a nose jewel _____.

IV. 적절한 접속사를 골라 그 번호를 써라.

1. No one ever discovered _____ caused the explosion.
   ⓐ why   ⓑ that   ⓒ when   ⓓ what

2. I can remember _____ drawer I keep my money in.
   ⓐ where   ⓑ which   ⓒ whether   ⓓ how much

3. He talks exactly _____ a doctor does.
   ⓐ as   ⓑ that   ⓒ although   ⓓ what

4. _____ leaving school, I have travelled around the world.
   ⓐ When   ⓑ Because   ⓒ Since   ⓓ For

5. He strongly disapproved of _____ I had been doing.
   ⓐ why   ⓑ how   ⓒ when   ⓓ what

6. My problem is _____ we can reduce the high temperature.
   ⓐ how   ⓑ that   ⓒ where   ⓓ what

7. He talks to me _____ he were my grandfather.
   ⓐ because   ⓑ as if   ⓒ as   ⓓ even if

8. _____ great his difficulties were, he always overcame them in the end.
   ⓐ How   ⓑ What   ⓒ However   ⓓ Whatever

9. _____ he had travelled around the world, the old man settled down in his native village.
   ⓐ When   ⓑ After   ⓒ While   ⓓ Until

10. _____ leave this paradise, they decided to settle there for ever.
    ⓐ Instead   ⓑ As soon as   ⓒ Before   ⓓ Rather than

Ⅴ. 문맥에 맞도록 so, such, such a, too, enough를 넣어라.

1. The boy wastes _____ much time watching television that he never finishes his homework.

2. He has done _____ foolish things that he will get into trouble.

3. He has read that book _____ many times that he knows it by heart.

4. The car is _____ expensive for the people like us to buy.

5. We had _____ good time that we hate to leave the party.

6. She is intelligent _____ a student to understand Einstein's theory of relativity.

7. This is _____ beautiful piano that I'm sorry I have to sell it.

8. The thief broke into the house _____ quietly that we never heard him.

9. This was _____ delicious food that we ate too much.

10. It was _____ nice a day for us to stay inside.

Ⅵ. 다음 비교구문에서 비교요소를 찾아 주어는 S로, 직접목적어는 Od로, 간접목적어는 Oi로, 주격보어는 Cs로, 목적격보어는 Co로, 부사어구는 A로, 전치사 보충어는 Op로 표시하라.

  예 She knows more history than most people.(Od)

1. More has been discovered about the universe in the last fifty years than in all the previous centuries.

2. I weigh more than 200 pounds.

3. Technology has progressed more rapidly in the last few decades than in hundreds of years before.

4. Are we really happier than our ancestors?

5. The students consider the exam more difficult than last year.

6. John can run faster than any other student in the class.

7. Modern technology has given more people the means of comfortable life than ever.

8. I was more angry than frightened.

9. Our factory consumes as much as 500 tons of solid fuel per week.

10. Whether we'll be successful or not depends on you more than me.

Ⅶ. 적절한 표현을 골라 그 번호를 써라.

1. Your score on the exam was _____ to qualify him for the job.

ⓐ as enough good ⓑ as good enough as
ⓒ enough good ⓓ good enough

2. Mercury is not often visible because it is _____ be seen.
   ⓐ so near the sun that can ⓑ too near the sun to
   ⓒ so near to the sun as to ⓓ too near the sun so as to

3. The new Disney amusement park in Japan is _____ in Florida or California.
   ⓐ larger than the ones ⓑ the larger than the ones
   ⓒ larger of the ones ⓓ the largest of the ones

4. She is _____ everyone likes her.
   ⓐ as nice a girl as ⓑ so nice a girl that
   ⓒ so a nice girl that ⓓ as a nice girl as

5. _____ he shouted, _____ he convinced anyone.
   ⓐ The loud-the lesser ⓑ The louder-the lesser
   ⓒ The louder-the less ⓓ The loud-the less

6. The suitcase is _____ I can hardly carry it.
   ⓐ as heavy that ⓑ as heavy as
   ⓒ so heavy as ⓓ so heavy that

7. It is usually _____ lava but gas that kills people during volcanic eruptions.
   ⓐ not only ⓑ neither ⓒ not ⓓ only

8. Both _____ are going on the tour.
   ⓐ Bob and Bill and Jack ⓑ Bob, Bill, and Jack
   ⓒ Bob and Bill, also Jack ⓓ Bob and Bill as well as Jack

9. He borrowed the money _____ he could finish his education.
   ⓐ so as that ⓑ so as to ⓒ in order to ⓓ so that

10. We finished the test _____.
    ⓐ the most rapidly of all ⓑ more rapidly than all
    ⓒ the more rapidly than all ⓓ the more rapidly of all

부록 1

구두법 (Punctuation)

우리는 흔히 구두법을 대수롭지 않게 여기는 경향이 있다. 영어에서 구두법은 모두 글쓰기의 기본이 되므로 몇 가지 중요한 점을 여기서 공부하려고 한다.

1. 대문자 (Capitalization)

   (a) 영어의 모든 문장은 대문자로 시작한다.

   The man is in Beijing for a few months doing some recruiting of Chinese computer programers for hi-tech jobs in the US.

   (b) 다음과 같은 종류의 단어는 대문자로 시작한다.

   (1) 일, 월, 공휴일 (일반적으로 계절 명은 제외)

   Sunday, March, Easter, Tuesday, August, Christmas

☞ spring, summer, fall, winter

(2) 인명, 장소 명, 별과 행성 명

   John, Mars, Earth, The Ritz Hotel
   North Africa, Canada, the Far East

☞ the earth, the sun, the moon

(3) 존칭 및 직책 명

   Mr./Mr Smith, *Professor* Rich, *Prof./Prof* Lee, the *Managing Director*

(4) 국적, 지역, 언어, 민족을 가리키는 명사와 형용사

   He's *Korean*.   I speak *Russian*.
   Japanese history, *Canadian* cooking, He's a *Sikh*.

(5) 책, 영화, 연극, 잡지의 제목의 첫 단어와 때로는 다른 명사, 동사, 형용사, 부사 등

   Gone with the Wind/with the wind, New Scientist, the Reader's Digest

(6) east/eastern, north/northern etc.: 지명의 일부로 이미 공식적으로 잘 알려져 있는 경우 (예외가 있을 수 있다)

   North/South Korea   *North* Africa   *West* Virginia
   the *North and South* Poles *Northern* Ireland   *Eastern* Europe
   Northern/Southern Hemisphere

☞ South Africa는 Peritoria가 수도인 국가명을 가리키고, southern Africa는 the southern part of African continent를 가리킨다.

   단순히 방향이나 지역을 가리킬 때는 소문자를 쓴다.

   We spent the winter in southern California.
   I live in north London.
   The sun rises in the east.

부록 1 구두법 (Punctuation) 439

2. 마침표 (〈.〉 period/full stop), 의문부호 (〈?〉 question mark), 감탄 부호 (〈!〉 exclamation mark)

   (a) 이들은 모두 한 문장이 끝났음을 표시한다. 이들은 각각 평서문과 의문문 그리고 감탄문의 끝에 나타난다.

   I looked out of the window. It was snowing again.
   Why do we try to reach the stars?   What is it all for?
   They have no right to be in our country!   They must leave at once!

   (b) 마침표: 약자 다음에 찍는다 (영국영어에서는 마침표를 찍지 않는 경향이 있다).

   Dr. Andrew C. Burke, M. A. [미국영어]
   Dr Andrew C Burke, MA   [영국영어]

3. 쉼표 (〈,〉 comma): 일반적으로 말할 때 띄어 읽는 부분을 쉼표로 나타낸다.

   (a) 나열 (lists)

   I went to Spain, Italy, Switzerland, Austria, and Germany.

   ☞ 영국영어에서는 뒤따라오는 표현이 길지 않을 경우에는 and 앞에 있는 쉼표를 생략하는 경향이 있다: . . . Austria and Germany.

   (b) 형용사: 유사한 유형의 의미를 가진 형용사가 나열될 경우

   This is an *expensive, ill-planned, wasteful* project.
   He's a *tall(,) dark(,) handsome* cowboy.

   ☞ 짧은 형용사의 경우에는 생략되기도 하며, 다른 유형의 의미를 가진 형용사의 경우는 쉼표를 붙이지 않는다. 5장 5.3절의 형용사 수식어를 보라.

   Have you met our *handsome new financial* director?

   (c) 어순: 단어나 구가 문장 내에서 비정상적인 위치에 올 때

My father, however, did not agree.
Jane had, surprisingly, paid for everything.
We were, believe it or not, in love with each other.

(d) 식별을 하는 기능이 아니라 앞에 오는 표현에 대해 추가적인 정보를 제공하는 표현

The driver *in the Ferrari* was cornering superbly.
(여기서 in the Ferrari는 운전자를 식별하는 역할을 한다.)
Stephens, *in the Ferrari*, was cornering superbly.

☞ 5장 6.1절의 제한적 관계절과 비제한적 관계절의 경우와 같다.

The woman *who was sitting behind the reception desk* gave Parker a big smile.
Mrs. Smith, *who was sitting behind the reception desk*, gave Parker a big smile.

(e) 큰 단위의 수를 세 개의 숫자씩 나눌 때 (이 경우 마침표를 사용해서는 안 된다)

6,543,324   76,435

☞ 년도를 표시할 때는 쉼표를 사용해서는 안 된다.

the year 2000
*the year 2,000

4. 아포스트로피 (⟨' s or -s' ⟩ apostrophe)

(a) 축약형

can't   it's   I'd   who's

(b) 소유격

  the girl's father   Charles's wife   three miles' walk

(c) 특별한 복수

 (1) 일반적으로 복수형이 없는 단어를 복수로 만들 때

  It's a nice idea, but there are a lot of *if's*.

 (2) 문자, 수, 약자를 복수로 만들 때

  He writes *b's* instead of *d's*.
  It was in the early *1960's/1960s*.
  I know two *MP's/MPs*.

5. 콜론 (⟨:⟩ colon)

(a) 설명을 덧붙일 때

 We decided not to go on holiday: we had too little money.
 Mother may have to go into hospital: she's got kidney trouble.

(b) (각본이나 명구를 인용할 경우) 인명이나 짧은 구 다음에 직접화법의 표현이 올 경우

 Polunius: *What do you read, my lord?*
 Hamlet: *Words, words, words.*
 In the words of Murphy's Law: *'Anything that can go wrong will go wrong.'*

☞ 다른 경우에는 직접화법의 표현은 쉼표로 시작한다.

 Steward opened his eyes and said, 'Who's your beautiful friend?'

그러나 긴 표현을 직접화법으로 인용할 경우에는 콜론을 사용한다.

 Introducing his report for the year, the Chairman said: 'A number of factors have contributed to the firm's very gratifying results. First of all, . . .'

(c) 나열 (list): 내용을 나열할 때 사용된다.

The main points are as follows: (1). . ., (2). . ., (3). . ..
We need three kinds of support: economic, political and moral.

(d) 대문자: 영국영어에서는 일반적으로, 미국영어에서는 매우 종종 콜론 다음에 대문자로 시작한다.

Main objections are as follows:
First of all, no proper budget has been drawn up.
Secondly, there is no guarantee that. . .

(e) 편지: 사업성 편지에서 시작하는 호칭 (Dear . . .) 다음에 일반적으로 콜론을 사용한다.

Dear Mr. Callan:
I am writing . . .

6. 세미 콜론 (⟨;⟩ semicolon)

(a) 두 문장이 문법적으로는 독립적이지만 의미적으로 밀접한 관계가 있을 경우 마침표 대신에 사용될 수 있다.

Some people work best in the mornings; others do better in the evenings.

(b) 문법적으로 복잡한 표현을 나열할 때

You may use the sports facilities on condition that your subscription is paid regularly; that you arrange for all necessary cleaning to be carried out; that you undertake to make good any damage; . . .

7. 대쉬 (⟨—⟩ dash): 문법적으로는 본문의 일부가 아닌 어떤 표현을 문장 내에 삽입할 경우 사용된다. 일반적으로 이 경우 쉼표를 사용하지만, 쉼표보다 갑작스럽고 강조적일 때 대쉬를 사용한다.

(a) 완전한 문장이 삽입될 경우

Lady Macbeth—*has it been noted?*—takes little stock in the witches.

부록 1 구두법 (Punctuation)

(b) 문장 중간에 구체적인 예나 내용을 추가할 때

People tolerate qualities in their lovers—*moodiness, unreliability, selfishness, brutality*—that they never countenance in their spouses.

(c) 어떤 표현을 강조나 극적인 효과를 위해 사용할 때

After twenty-seven years, he was leaving the jail—*a free man.*

8. 이탤릭체 (Italicization): 손으로 쓸 때는 밑줄을 쳐서 표시한다.

(a) 외래어인 용어나 단어를 표시할 때

A writ of *certiorari* is issued by a superior court to obtain judicial records from an inferior court.

(b) 문장에서 특별히 강조하고 싶은 표현

The company is not liable for accidents caused by the negligence of employees or *by mechanical defects.*

(c) 출판물 명칭을 표현할 때

The article first appeared in *Harper's Magazine* and was later reprinted in *the Reader's Digest.*

9. 인용부호/따옴표 (〈 '...', "..." 〉 quotation marks): 따옴표에는 단일(single) 따옴표와 이중(double) 따옴표가 있다. 영국영어에서는 단일 따옴표를 흔히 쓰고 미국영어에서는 이중 따옴표를 흔히 쓴다.

(a) 어떤 표현에 대해서 말하거나 그 표현을 제목으로 하거나 또는 그 표현을 특별한 뜻으로 사용할 때

Quotation marks are sometimes called 'inverted commas.'
People often disagree how to use the word "disinterested."
Robert Frost's "Mending Wall" appears in *Poetry of America.*

(b) 남의 말이나 글을 직접 인용할 경우: 인용문 속에 나타나는 인용된 표

현에 대해서는 미국영어에서는 단일 따옴표가 인용된 표현 내의 인용된 표현에 쓰이고, 영국영어에서는 그 반대다.

She said, "I'm extremely annoyed with the noisy children next door."
The witness said, "I was just opening the door when I heard her scream, 'Drop that!'"　　　　　　　　　　　　　　　　　　　　　　　　　[미국영어]
'His last words, said Bill, were "Close that bloody window."'　[영국영어]

(c) 인용부호와 다른 부호들: 마침표(period)와 쉼표(comma)는 항상 따옴표 내에 위치하지만, 다른 부호의 경우는 만약 그 부호가 인용된 표현과 관련이 있으면 인용부호 내에 오고, 인용된 표현과 관계가 없으면 인용부호 밖에 위치한다.

"Are you ready?" I asked.
Do you know who said that "life is but an empty dream"?

부록 2

종합문제

I. 괄호 속에 정관사 "the", 부정관사 "a(n)" 또는 영의 관사 "O"를 써넣어라.

1. John was planning to write (　　) new book about (　　) World War II.
2. (　　) Han River runs through the heart of (　　) Metropolitan Seoul.
3. My wife went to (　　) grocery store to buy (　　) loaf of bread.
4. (　　) Mount Baekdoo is the highest elevation in (　　) Korean Peninsula.
5. Last year Bill bought (　　) house which is located near (　　) Jongmyo Park.

II. 괄호 속에 정관사 "the", 부정관사 "a(n)" 또는 영의 관사 "O"를 써넣어라.

(　　) friend of mine and his wife visited (　　) Republic of Korea (　　) last year for (　　) 20th anniversary of their marriage. They arrived at (　　)

Incheon International Airport by Korean Airline, and took (   ) limousine taxi to (   ) Lotte Hotel in (   ) downtown Seoul, where they stayed for a week. They visited a number of places; they went to (   ) Mount Sorak by (   ) bus, and there they rode (   ) cable car all the way to the top of (   ) mountain. In Seoul, they went to Yeoido to see (   ) 63 Building, the tallest building in (   ) Korean Peninsula, and to ride (   ) excursion boat that cruises along (   ) Han River, which runs through the heart of (   ) Metropolitan Seoul. Then, they visited Itaewon and (   ) Namdaemoon Market, where they did some shopping. They told me that they would never forget the beauty of (   ) Changduk Palace, and a Pansori performance in (   ) King Sejong Cultural Center.

III. 괄호 속에 있는 단어들을 적절히 배열하여 문장을 완성하라.

1. (where, bank, money, the, my, keep, I) is very old and reliable.
   _____

2. She bought (beer, brown, that, German, beautifully, designed) mug when she visited Germany last year.
   _____

3. The old man decided to sell (white, his, expensive, Steinway, both) pianos.
   _____

4. 1988 was the (Olympic Games, when, held, in, were, Seoul, year, the).
   _____

5. John can eat (amount, three, the, that, times, I) eat.
   _____

6. They invited (opera, the, singers, five, famous, most, Italian) in the world.
   _____

7. We're going to visit (all, renowned, old, nation's, the, Buddhist) temples this

summer.
_____

8. (half, young, the, of, history, gifted, Korean) teachers refused to accept the new revised curriculum.
_____

9. You are (building, prohibited, smoking, the, inside, from).
_____

10. A petition was (asking, longer, a, circulated, for, lunch, break).
_____

IV. 괄호 속에 적절한 부정(indefinite)대명사 혹은 부정부사를 써넣어라.

1. John has five daughters, and (   ) is quite different from the others.

2. John has seen (   ) of his parents for a long time, because he lives far away from them.

3. She lost her purse. She looked for it (   ), but she couldn't find it.

4. The Olympic Games are held (   ) four years.

5. (   ) in her class always helps each one of the other members.

6. Do you think that smoking has (   ) to do with lung cancer?

7. The swallows have (   ) gone to the south for the winter.

8. John and Mary are (   ) planning to visit their grandparents during the vacation.

9. Mary is cleverer than (   ) other girl in her class.

10. After they won the game, the players received ten million won (   ).

V. 문장을 완성하는 데 적절하도록 주어진 동사의 형태를 바꿔라. 필요하면 be/have/to를 추가하라.

1. The professor expected us (   ) the assignment in two days. (finish)

2. If he (   ) harder, he would have passed the test. (study)

3. (   ) in the 19th century, he would have made a great politician. (Bear)

4. The watch (   ) from the store was found by the police. (steal)

5. The boy (   ) to the teacher is my brother. (talk)

6. The student denied (   ) impolitely at the conference last evening. (behave)

7. I had my house (   ) last year. (paint)

8. I thought it's going to be an (   ) lecture. (interest)

9. The boys refused (   ) their homework in time. (submit)

10. The man can't afford (   ) a new car, because he has lost quite a lot of money in the stock market. (buy)

VI. 문장을 완성하는 데 알맞은 표현을 골라라.

1. A demonstration once _____, the police will not be able to control it.
   (a) begins   (b) began   (c) begun   (d) beginning

2. _____, I still don't believe it.
   (a) Admitted what you have said   (b) Admitting what you have said
   (c) Being admitted what have you said (d) My admitting what you have said

3. My watch requires _____.
   (a) repair   (b) repaired   (c) repairing   (d) of repairing

4. You _____ the town today.
   (a) had better not leave   (b) had not better stay
   (c) didn't have better stay   (d) have not better stay

5. Mary can't speak French, and _____.
   (a) John can neither   (b) either can't John
   (c) neither can John   (d) John can either

6. If he _____ enough time, he would have taken a vacation.
   (a) had   (b) have   (c) have had   (d) had had

7. He'll do anything for me _____ me out of this trouble.
   (a) but to help   (b) but help   (c) but helping   (d) but helped

8. They say that _____ will attend the dancing party.
   (a) none of the boys   (b) all of boys
   (c) any of the boys   (d) no one of the boys

9. My wife earns _____.
   (a) double my salary   (b) my salary double
   (c) double of my salary   (d) my double salary

10. You had better _____ before it expires.
    (a) got your visa extended   (b) gotten your visa extended
    (c) get your visa extending   (d) get your visa extended

11. My boss interviewed the two applicants but _____.
    (a) none were hired   (b) no one was hired
    (c) neither was hired   (d) didn't hire neither

12. It has rained all week, _____ our vacation.
    (a) completely ruined   (b) ruined completely
    (c) completely ruining   (d) ruining completely

13. He just stood there _____.
    (a) wondering what to do
    (b) wondering what for him to do
    (c) having wondered what to do
    (d) wondered what to do next

14. He doesn't have many friends _____.
    (a) whom to play with
    (b) who to play with
    (c) to play with
    (d) who play with

15. The refrigerator isn't _____.
    (a) worth to repair
    (b) worth repair
    (c) worth repairing
    (d) worth of repairing

16. Does smoking have _____ to do with cancer?
    Some people believe smoking has _____ to do with cancer at all.
    (a) anything - something
    (b) something - nothing
    (c) anything - nothing
    (d) something - everything

17. _____ he tried to help her, _____ she seemed to appreciate it.
    (a) The more - the less
    (b) The less - the better
    (c) The better - the more
    (d) The more - the lesser

18. _____ came to see me yesterday.
    (a) The students both
    (b) Both of students
    (c) The both students
    (d) Both student

19. He was planning to visit his parents _____.
    (a) once every two week
    (b) once of every two week
    (c) once every two weeks
    (d) every once two weeks

20. I haven't read all of the book but I've read _____ of it.
    At last I know _____ about the subject.
    (a) none - something
    (b) some - everything
    (c) any - nothing
    (d) some - something

VII. 빈칸에 알맞은 전치사를 써넣어라.

1. When he came in, we were all sitting _____ the table for dinner.

2. The seminar will be held _____ Hotel Shilla.

3. He's been in the hospital _____ a long time ever _____ the car accident.

4. He was born _____ New Year's Day, _____ the morning of January 1st 1952.

5. John is _____ a brother to me.

6. I can assure you that we're safely _____ danger at last.

7. It's not easy to stand up _____ the opinion of the majority.

8. We're all counting _____ you not to miss the game.

9. They're very grateful _____ you _____ all your help.

10. She is very critical _____ everyone but herself.

11. You will be successful _____ anything you do, if you try harder.

12. He's too young to cope _____ all his problems.

VIII. 괄호 속의 부사구를 가장 자연스러운 순서로 배열하라.

1. John has been working (since 1980, in the factory, for his family).
   _____

2. The baby walked (a few steps, in the living room, toward her).
   _____

3. We eat (at the same cafeteria, every day, at exactly the same time).
   _____

4. Wherever she goes, she was watched (for a long time, closely, by secret

agents).
_____

5. She displays the clothes (in the morning, early, in the show window).
_____

IX. 밑줄친 부분에 문법적으로 잘못된 표현이 포함되어 있다. 잘못된 부분을 바꾸어 주어진 문장을 문법적으로 완전한 문장으로 다시 써라.

1. John neither loves Mary, <u>and nor does he like her</u>.
_____

2. <u>If he changes his stubbornness</u>, he'd be a more likeable person.
_____

3. No one was consulted <u>on whom should have the prize</u>.
_____

4. The students like Prof. Lee, <u>that I find is strange</u>.
_____

5. Sooner than <u>going there by air</u>, I'd take the slow train.
_____

6. <u>A fool though he is</u>, he knows how to get along with people.
_____

7. I've not even read the first chapter, <u>let alone finishing the book</u>.
_____

8. I know that all the participants were <u>more angrier than frightened</u>.
_____

9. John can't drive a car, and <u>Mary can neither</u>.
_____

10. <u>Not only she sang at the party</u> but she also danced all night.
    _____

X. 문장을 완성하는 데 알맞은 표현을 골라라.

1. He is studying hard for fear that he _____ fail.
   (a) would   (b) will   (c) might   (d) should

2. Since the road is wet this morning, it _____ last night.
   (a) rained   (b) had to rain
   (c) must have rained   (d) had rained

3. It seems that he _____ leave immediately.
   (a) need   (b) needs to   (c) need to   (d) is needed to

4. We'll have a picnic, if it _____ rain tomorrow.
   (a) wouldn't   (b) won't   (c) doesn't   (d) stops

5. There are ____ the mayor of the city.
   (a) as intelligent monkeys as   (b) as monkeys intelligent as
   (c) more intelligent monkeys as   (d) monkeys as intelligent as

6. Many people, ____, won't forgive him for that.
   (a) included my brother   (b) including my brother
   (c) my brother including   (d) that include my brother

7. John has ____ his brother.
   (a) girl-friends as many as   (b) girl-friends more than
   (c) more girl-friends than   (d) girl-friends so many as

8. John feels much better. I know he ____.
   (a) does   (b) does so   (c) does it   (d) does that

9. John is ____ to do the job.
   (a) not a man old enough   (b) too young man

(c) too a young man (d) not old enough a man

10. I don't care ____.
    (a) whether or not it rains (b) if or not it rains
    (c) whether it doesn't rain (d) if it doesn't rain or not

11. We owe no money, and ____.
    (a) so don't they (b) nor do they
    (c) neither do they (d) they do neither

12. We are looking for a screwdriver ____.
    (a) to mend the lock (b) which to mend the lock
    (c) which to mend the lock with (d) to mend the lock with

13. He is ____ to kill.
    (a) too good a man (b) too good man
    (c) too a good man (d) a good man too

14. He is ____ to do such a thing.
    (a) enough of a coward (b) enough a coward
    (c) enough coward (d) coward enough

15. Only if I ____ to my parents!
    (a) listened (b) was listening
    (c) have listened (d) had listened

16. After the final exam, the students are going back to ____.
    (a) their hometowns respectively (b) their respective hometowns
    (c) their respectively hometowns (d) respectively their hometowns

17. ____, I would have rejected this offer.
    (a) If I knew sooner (b) Had I known more
    (c) Were I to know more (d) Had known more

18. The Summit Meeting reached a new agreement ____ world peace.
    (a) regarding as (b) regarding to

(c) regarded as   (d) regarding

19. John and Mary have won _____.
    (a) a prize apiece   (b) each a prize
    (c) both a prize   (d) a respective prize

20. John doesn't hunt birds; No, _____.
    (a) neither does Paul so   (b) so does Paul
    (c) nor can Paul do it   (d) Paul does too.

종합문제 정답

I.

1. a, 0   2. The, 0   3. the, a   4. 0, the   5. a, 0

II. (A) friend of mine and his wife visited (the) Republic of Korea (0) last year for (the) 20th anniversary of their marriage. They arrived at (0) Incheon International Airport by Korean Airline, and took (a) limousine taxi to (the) Lotte Hotel in (0) downtown Seoul, where they stayed for a week. They visited a number of places; they went to (0) Mount Sorak by (0) bus, and there they rode (the/a) cable car all the way to the top of (the) mountain. In Seoul, they went to Yeoido to see (the) 63 Building, the tallest building in (the) Korean Peninsula, and to ride (an) excursion boat that cruises along (the) Han River, which runs through the heart of (0) Metropolitan Seoul. Then, they visited Itawon and (0) Namdaemoon Market, where they did some shopping. They told me that they would never forget the beauty of (0) Changduk Palace, and a Pansori performance in (0) King Sejong Cultural Center.

III.

1. (The bank where I keep my money)
2. (that brown beautifully designed German beer)
3. (both his expensive white Steinway)
4. (year when the Olympic Games were held in Seoul)
5. (three times the amount that I)
6. (the five most famous Italian opera singers)
7. (all the nation's old renowned Buddhist).
8. (Half of the young gifted Korean history)
9. (prohibited from smoking inside the building)
10. (circulated asking for a longer lunch break)

IV.
1. each 2. neither 3. everywhere 4. every 5. Everyone
6. anything 7. all 8. both 9. every 10. each

V.
1. to finish 2. had studied 3. Born 4. stolen
5. talking 6. having behaved 7. painted 8. interesting
9. to submit 10. to buy

VI.
1. (c) 2. (b) 3. (c) 4. (a) 5. (c)
6. (d) 7. (b) 8. (a) 9. (a) 10. (d)
11. (c) 12. (c) 13. (a) 14. (c) 15. (c)
16. (c) 17. (a) 18. (a) 19. (c) 20. (d)

VII.
1. at 2. at 3. for, since 4. on, on 5. like
6. out of 7. against 8. on 9. to, for 10. of
11. in 12. with

VIII.
1. in the factory for his family since 1980
2. a few steps toward her in the living room
3. at the same cafeteria every day at exactly the same time
4. closely by secret agents for a long time
5. in the show window early in the morning

IX.
1. John neither loves Mary, <u>nor</u> does he like her.
2. If he <u>changed</u> his stubbornness, he'd be a more likeable person.
3. No one was consulted on <u>who</u> should have the prize.

4. The students like Prof. Lee, <u>which</u> I find is strange.
5. Sooner than <u>go</u> there by air, I'd take the slow train.
6. <u>Fool</u> though he is/<u>Fool as</u> he is/Though he is <u>a fool</u>, he knows how to get along with people.
7. I've not even read the first chapter, let alone <u>finished</u> the book.
8. I know that all the participants were <u>more angry</u> than frightened.
9. John can't drive a car, and <u>neither can</u> Mary/Mary <u>can't either</u>.
10. Not only <u>did</u> she <u>sing</u> at the party but also she danced all night.

X.

1 (d)	2. (c)	3. (b)	4. (c)	5. (d)
6. (b)	7. (c)	8. (a)	9. (a)	10. (a)
11. (c)	12.(d)	13. (a)	14. (a)	15. (d)
16. (b)	17. (b)	18. (d)	19. (a)	20. (a)

찾아보기

국문

가

가능성 124, 113
가부의문문 241, 363, 371
가산명사 154, 155, 173, 191, 247
가산성 155, 163
가상 조건절 421, 422
가정법 10, 21, 56, 57, 58, 410
간접 yes-no 의문절 413
간접 감탄 390
간접 명령/지시 389
간접목적어 18, 43, 44, 45, 153, 352
간접의문 388
간접의문문 241, 364
간접진술 388
간접화법 383, 388

감지동사 52
감탄 9
감탄문 9, 364, 370, 376
감탄사 6
감탄절 414
강제적 가정법 58
강조 부사구 300
개방형의 품사 5
개연성 115, 124
거리 부사구 297
격 11
견해 부사구 299
결과절 425
결심 121
결합적 등위접속 404
경동사 85

경동사 구문 84
계층성 3
고유명사 154, 155
고유명사와 관사 174
고유명사와 영의 관사 174
고유명사와 정관사 176
고집 121
공간 부사구 297
공식적 가정법 59, 381
과거 10
과거분사형 17
과거시제 54, 133
과거시제형 17
과거완료 143
과거완료진행 145
과거의 습관 124
과거진행 143
과잉 426
과정부사 대용어 259
관계전치사 332
관계대명사 200, 218, 236
관계부사 201, 420
관계사의 종류 199, 418
관계사의 특성 200
관계와 상태동사 52
관계절 23, 198, 364, 417
관계절의 종류 417
관사 172, 174
관점 부사구 298
구 3, 6, 20
구구조 1
구동사 336, 337, 338
구상명사 154

구어체 영어 2
구의 구조 20
굴절 접사 2, 4
규칙적 복수형 157
금지 116
긍정 15
기간 전치사 322
기간 부사구 296
기본 조동사 97
기수 179, 192, 194, 278
기원문 381

―――――――――――――――――― 나

낙오된 전치사 341
남성 12, 164
내용 부사구 301
내용 의문문 372
논평 350
논평절 426
느낌 동사 341
능격 동사 31
능동 11, 15
능동문 35
능력 111

―――――――――――――――――― 다

다중의문문 242
단문 8
단수 11
단순과거 133
단순문 349
단순 부정대명사 246
단순 전치사 312, 313

단순 접속사 407
단순 타동사 30, 34, 352
단순 현재 126
단어 1, 3, 4
단언적 243
단언적 표현 366
단언적 부정대명사 251
담화기능 370
대등비교 426
대명사 6, 217
대명사의 유형 218
대용어 217
대조절 424
대치 217
도치 문장 380
독립 분사구 60
독립절 54
동격구 153
동격절 24, 69
동명사 37, 38, 60, 80
동명사구 33
동명사의 목적어 84
동명사의 용법 81
동명사의 주어 82
동명사의 형태 80
동명사절 416
동반 전치사 331
동사 4, 5, 6, 17, 29
동사 + that-절/wh-정형절 36
동사 + to-전치사구 + that-절 46
동사 + 명사구 34
동사 + 명사구 + for-전치사구 45
동사 + 명사구 + that-절 46

동사 + 명사구 + to-부정사구 47
동사 + 명사구 + to-부정사구 보어 49
동사 + 명사구 + to-전치사구 45
동사 + 명사구 + wh-부정사구 47
동사 + 명사구 + wh-정형절 46
동사 + 명사구 + 명사구 44
동사 + 명사구 + 명사구/for-전치사구 44
동사 + 명사구 + 명사구/to-전치사구 44
동사 + 명사구 + 전치사구 45
동사 + 명사구 + 형용사구 보어 48
동사 + 목적어 + as-구 보어 50
동사 + 목적어 + to-부정사구 보어 50
동사 + 목적어 + 명사구 보어 49
동사 + 부정사구/동명사구 37
동사 + 전치사구 35
동사구 6, 16, 20, 21
동사구 대용어 259
동사구의 구조 30
동사구의 종류 54
동사부정 368
동사의 유형 30
동적 375
동적동사 51, 53
동적형용사 52
등급성 5
등위절 7, 24
등위접속 399, 400
등위접속사 400

명령문 9, 370, 374
명령문의 부정 375
명령법 10, 21, 56

명사 4, 5, 6, 154
명사구 6, 16, 19, 20, 21, 32, 34, 153
명사 머리어 21
명사 수식어 196
명사의 격 166
명사의 성 164
명사의 속성 185
명사의 수 156
명사적 관계절 414, 415
명사절 23, 412
목적격 11, 166
목적격보어 19, 48, 153, 273, 353
목적어 18, 30, 351, 352, 411
목적어지향 부가어 19, 51, 354
목적절 424
무동사절 8, 20, 23, 406
무동사 종속절 407
문법 1
문법적 범주 10
문어체 영어 2
문장 1, 3, 8
문장과 절 349
문장부정 368
문장의 기본 구조 15
문장의 성분 350
문체 부사구 301
미결 조건절 421, 422

ㅂ

반향의문문 374
방향 부사구 297
배가사 188, 191
법 10, 21, 54, 56, 59

보고 383
보고동사 412
보고절 383
보어 19, 30, 351, 353, 380, 411
보통 가산명사 156
보통명사 154, 155
보통명사와 관사 177
보통명사와 부정관사 177
보통명사와 영의 관사 181
보통명사와 정관사 180
복문 9, 349, 399, 406
복수 11
복합 부정대명사 244, 274
복합 전치사 313
복합 접속사 408
복합문 349, 399
복합타동사 30, 48, 352
부가의문문 372
부가어 19, 30, 34, 294, 296, 351, 354, 363, 380
부분부정 369
부분사 163
부사 5, 6, 267, 286
부사구 7, 20, 22, 294, 411
부사 대용어 258
부사절 23, 294, 420
부사절의 형태 420
부연어 294, 295, 301, 426
부정 367
부정관사 174
부정대명사 218, 243, 362
부정문 366
부정부사 369

부정 부정대명사　257
부정사　38, 60
부정사 관계절　202
부정사구　21, 54, 61, 294
부정사구의 용법　64
부정사구의 주어　66
부정사와 생략　378
부정사절　8, 416
부정사형　59
부정소의 축약　102
부정적 조건 전치사　334
분리적 등위접속　404
분사　21
분사구　54, 60, 74, 294
분사구의 용법　74
분사구의 형태　74
분사절　8
분사형　59
분수　188, 192
분열문　220, 294, 379
불가산명사　154, 155, 163, 173, 191, 247
불규칙 동사　135
불규칙 문장　381
불규칙 복수형　160
불완전 자동사　31
불완전 타동사　48
불확실성　115
비교급　270, 278
비교급형　271
비교요소　427
비교절　24, 426
비난　124
비단언적 부정대명사　251

비단언적 표현　366
비대등비교　426
비례절　425
비인칭　12
비절 비교구문　428
비정형 동사구　21, 54, 59
비정형 종속절　407
비정형절　8, 20, 22, 23, 37, 47, 198, 202, 406
비제한적 관계절　199, 201, 417
빈도　191
빈도 부사구　296

사

사실적 가능성　113
사실적 명사류　84
사역 구문　53
사역동사　42, 43, 63, 417
삼인칭　11
상　10, 29
상관 등위접속사　403
상관어구　231
상대적 시간 부사구　296
상호대명사　218, 230
생략　217
생략문　376
서수　179, 192, 194, 278, 282
서술　15
선택의문문　373
선행 수식어　21, 154, 172
선호절　425
성　12, 29
성분부정　368

소원 124
소유격 166, 172
소유격형 205, 207
소유대명사 218, 228
속격 12, 166
속격의 의미 168
수 11, 29, 55
수단, 도구, 행위자 부사구 298
수단-행위자 전치사 329
수동 11
수동문 35
수동태 99
수사 6, 194, 267, 278, 421
수사 의문문 374
수사 조건절 423
순수 자동사 30
술어 15, 350, 351
시간 부사구 296
시간 전치사 321
시간 전치사의 생략 325
시간부사 대용어 258
시간절 120, 421
시점 부사구 296
시제 10, 21, 29, 54, 59, 95, 125, 384
시제의 일치 384
시제의 후퇴 384

아

양보 124
양보 전치사 332
양보절 423
양상 10
양상 조동사 59, 62, 100, 110, 357

양태 부사구 298
양화사 172, 194
양화사와 of-구문 184
어류 4
어순 362
어휘적 동사 29, 96
여격동사 43
여성 12, 164
연결동사 30, 31, 352
영어 문장의 유형 19
영의 관사 174
예상 115
예외와 추가 전치사 332
예외절 424
예절 부사구 299
완료 10
완료상 411
완전타동사 34
외래어의 복수형 160
외치 64
운용소 110
원인-목적 전치사 327
원형 부정사구 61, 62, 333
원형 부정사절 417, 420
위치와 방향 전치사 317
유감 124
유사 등위접속사 405
유사-분열문 53, 64, 66, 417
유사-비교의 절 425
의도 121
의무 116, 117, 121
의문대명사 218, 236
의문문 9, 370, 371

의문사 172
의지 121
의향 121
이론적 가능성 113
이유절 424
이인칭 11
이인칭 명령문 375
이중 속격 171
이중타동사 30, 43, 47, 352
인지동사 51
인칭 11, 29, 55
인칭대명사 218, 219, 384
일곱 가지 기본적인 문장 형식 19
일반 부분사 163
일인칭 11
일인칭 명령문 375
일치 29, 355

자

자동사 30, 351
장소 부사구 297
장소부사 대용어 259
장소절 421
재귀대명사 218, 225
전치사 6, 311
전치사 목적어 153, 334
전치사 보충어 411
전치사구 7, 20, 22, 35, 198, 203, 207, 294, 311
전치사구의 기능 335
전치사의 위치 341
전치사의 유형 312
전치사의 의미 315

전치사적 구동사 338
전치사적 동사 35, 336, 338
전통문법 3, 4
절 3, 7, 20, 22, 32
절 대용어 261
절대절 77
접속사 6
접속어 294, 295, 302
정관사 174
정관사 + 형용사 구조 161
정도 부사구 300
정적동사 35, 51, 53
정적형용사 52
정형 종속절 407
정형 동사구 21, 54, 55
정형절 7, 20, 22, 23, 36, 46, 350, 406
정황 부사구 298
제한적 관계절 199, 417
제한적 수식어 172, 193
조각문 377
조건절 120, 421
조동사 6, 15, 29, 95, 96, 351
조동사와 생략 378
조동사와 주어의 도치 363
조동사의 결합 108
조동사의 의미 110
조동사의 종류 97
조동사의 중복 109
조동사의 축약 102
조동사의 특수 의미 119
조동사의 특징 95
(조)동사의 형태 108
종속 접속사 407

종속어 294, 295, 299
종속절 7, 23, 399, 406, 411
종속접속 399, 406
주격 11, 166
주격보어 19, 31, 153, 273, 353
주어 15, 16, 55, 96, 153, 350, 411
주어-동사 도치 380, 381
주어-조동사 408
주어-조동사 도치 381, 407
주어지향 부가어 19, 31, 354
주어지향 부사구 300
주절 7, 23, 406
주제 350
준조동사 106
중간동사 31
중문 8, 349, 399
지각동사 42, 43, 63, 79, 417
지시 9
지시대명사 218, 232
지시사 172, 384
지지와 반대 전치사 331
직설법 10, 21, 56
직시적 표현 325, 384
직접목적어 18, 43, 45, 153, 352
직접화법 382, 388
진술 9, 11
진행상 99
진행형 51
질문 9
집합명사 161, 358, 362

차

초점 부사구 300

총칭적 191, 205, 224
최상급 270, 278
최상급형 271
추상명사 154
충분 426

타

타동사 352
태 11, 29
특수 부분사 163

파

파생 명사 204
파생 명사구 203
파생접사 4
평서문 9, 363, 370
폐쇄형의 품사 5
품사 4, 95
피보고 발화 383

하

한정사 6, 172, 185
한정사 선행어 172, 188
한정사 후속어 194, 278
한정사의 유형 173
한정적 수식어 273
핵심대명사 218, 219
행위적 명사류 84
허가 116
허락 124
허사 it 221
허사 there 222
현재 10

현재시제 54, 125
현재완료 131
현재완료진행 132
현재진행 128
형용사 5, 6, 32, 267
형용사 + 비정형절 33
형용사 + 전치사구 33
형용사 + 정형절 33
형용사 수식어 194, 196
형용사/부사 + enough··· to-부정사 427

형용사구 7, 19, 20, 22
형용사와 부사 303
형용사와 전치사 339
형용사절 23, 198, 417
호격구 153
확대 전통문법 2
확실 115
후치 수식어 274
후행 수식어 21, 154, 172, 198, 365

찾아보기

영문

A

a 187, 192
a bit 179
a bit of 163
a couple of 361
a few 195, 247, 254
a good/great deal of 185
a great deal of 195
a group of 361
a large amount of 185
a large number of 185
a little 179, 195, 247, 254
a lot of 185, 195, 361
a number of 195, 361
a piece of 163
a/an 178

about 332
above 319
across 321
advise-형 문장 67
after 319, 324, 407
against 331
ain't 104
all 188, 189, 190, 191, 200, 247, 248, 251, 326, 360, 380, 419
along 320
although 408, 423
and 64, 358, 377, 400, 401
another 194, 255, 256
any 184, 187, 200, 251, 252, 253, 360, 419
apart from 332
around 321
as 64, 185, 227, 275, 330, 408, 424, 425

as for   332
as if   142, 144, 408, 425
as long as   408
as much as   405
as soon as   408
as though   142, 144, 408, 425
as to   332
as well as   332, 405
as-구   50
as. . . (so)   425
as. . . as   426
as. . . so   408
as/so. . . as   408, 428
as regards   332
at   318, 321, 328, 329, 331

B

bad   271
barely   369
be   55, 58, 97, 99, 128, 156, 356, 411
be able to   111
be about to   106, 120
be going to   106
be to   106, 120
because   408, 424
because of   327
before   319, 324, 407
behind   319
below   319
beside   320
besides   332
best   271
better   271

between   320
between. . . and   324
bits of   163
both   188, 190, 191, 248
both. . . and   249, 403, 405
but   64, 220, 332, 333, 377, 400, 403, 424
but (also)   360
but (for)   227
but for   334
but that   424
by   320, 322, 324, 330, 331
by-구   183, 206

C

can   62, 97, 100, 111, 113, 116
cannot   104
cannot (help) but   63
cannot/can't help + 동사의 -ing형   113
cannot/can't help but + 동사의 원형   113
close to   320
concerning   332
could   62, 97, 100, 111, 116, 423

D

dare   62, 63, 97, 100, 101
despite   332
did   62, 97
do   59, 62, 85, 97, 259
do it   259
do so   259
do that   259
double   191
during   322

E

each 184, 186, 192, 249, 251, 359, 405
each other 230
-ed 분사구 43
-ed 분사절 420
-ed 분사형 형용사 340
-ed 절 8
-ed 분사형 60
-es 복수형 158
either 184, 186, 253, 361, 378
either. . . or 403
else 245, 291
enough 72, 184, 275
enough of determiner + noun or pronoun 430
etc. 358
even 193
even if 408
even though 408, 423
every 178, 179, 184, 186, 187, 192, 200, 249, 251, 325, 359, 419
everything 189
except 64, 220, 424
except (for) 227, 332
except that 424
excepting (that) 424

F

far 271
feel 53, 111
few 195
first 194
for 322, 327, 328, 331, 400, 424
for all 332
for . . . -'s sake 167
from 327, 329
from. . . to 323

G

get 43
give 85
go 85
good 271

H

had 98
had better 63, 97, 106
had/would rather 63
had/would sooner 63
half 188, 190, 192, 360
half of 361
hardly 369
has 98
have 63, 79, 85, 97, 98, 99, 131
have got to 106
have to 97, 106, 117
hear 53, 111
here 259
home 183
how 185, 201, 239, 275, 376, 420
however 239

I

if 142, 144, 241, 408, 413, 422
if only 142
if-절 409

in 318, 321
in case (that) 408
in front of 319
-ing 분사구 43
-ing 분사절 420
-ing 절 8
-ing 분사형 60
in order that 408, 424
in order to 424
in spite of 332
(in) that way 259
inasmuch as 408
it 259, 261
it needs/wants/requires 40
it-구문 64

――――――――――――――― J
just 193

――――――――――――――― K
kind/sort of 292
know how to 112

――――――――――――――― L
last 194, 325
least 271
less 254, 271
less + 형용사/부사 ‥ than 427, 428
less/more. . . than 408
let 56, 63, 375
let's 56
like 64, 227, 330, 425
like that 259

like-형 문장 67
listen (to) 53
little 195, 271
look (at) 53
lots of 185, 195

――――――――――――――― M
make 63, 85
many 185, 193, 195, 247, 254, 271
many a 193
may 62, 97, 100, 113, 115, 116, 124
may/might/could + have 114
might 62, 97, 100, 116, 124, 423
more 195, 270, 271, 278
more + 형용사/부사 ‥ 427
more of a . . ./less of a . . . 429
more than 405
more. . . than 428
most 270, 271, 278
much 185, 195, 254, 271
must 62, 97, 100, 115, 117

――――――――――――――― N
near (to) 320
need 62, 63, 97, 100, 101
neither 184, 186, 190, 257, 361, 378
neither. . . nor 360, 403, 405
never 368
next 194, 325
no 184, 200, 257, 360, 368, 419
no matter who 239
no one 257
nobody 257

none 184, 247, 257, 360, 361
nor 360, 378
not 261, 368
not only...but 404
not...but 360
nothing 257
not only 360
not의 축약 102, 104
now (that) 408, 424

O

of-구 205, 206, 246, 257
of-구문 190, 192
on 318, 321
on account of 327
once 407
one 224, 255
one another 230
only 193
only if 144
opposite (to) 320
or 64, 360, 377, 400, 402
other 195, 255, 257
ought 62
ought (to) 63, 97, 100, 117
out of 327
over 319, 322, 323
own 229

P

past/by 321
pieces of 163
plenty of 185, 195

R

rarely 369
rather 64
rather than 405
rather than/sooner than + 원형 부정사 425
regarding 332
remember 39
respective 405
respectively 405

S

save 332
save that 424
scarcely 369
see 53, 111
seeing (that) 424
seldom 369
several 195
shall 62, 97, 100, 119, 121
should 62, 97, 100, 115, 117, 122, 411
since 324, 407, 408, 424
smell 53, 111
so 185, 261, 275, 378, 408
so (that) 400, 408, 424, 425
so as to 424
so...as 426
so/such...that 408
some 184, 187, 247, 251, 252, 253, 325, 360
such 193
SVA형 20, 355
SVC형 20, 355
SVOA형 20, 355

SVOC형 20, 355
SVOO형 20, 355
SVO형 20, 355
SV형 20, 355

T

take 85
taste 53, 111
than 64, 227
that 36, 187, 199, 258, 259, 261, 275, 325, 408, 419
that-명사절 412
that-절 46, 220, 335
the + 비교급 . . . the + 비교급 425
the majority of 361
the only 200, 419
the same 200, 419
the same + as-절 426
the very 200, 419
the Y of X 구조 169
the. . . the 408
then 258
there 259
these 187
they 224
this 187, 275, 325
those 187
though 408, 423
through 321, 327
through(out) 322, 323
till 324
to 61, 328, 329
to-부정사구 33, 49

to-부정사절 420
too 72, 185, 275, 378
too + 형용사/부사 . . to-부정사 427
too much/more/less/a bit etc. of a(n) + singular countable noun 431
too/enough . . . to-부정사 구문 430

U

under 319
unless 408, 422
until 322, 323, 324, 407
up to 323
used (to) 97
used to 63, 100, 124

W

we 223, 224
were 58
wh-부정사구 37, 47
wh-어구 407
wh-의문문 363, 382
wh-의문사 413
wh-의문절 413
wh-절 46
what 193, 236, 238, 376
whatever 239
when 200, 201, 239, 407, 420
whenever 239
where 200, 201, 239, 408, 420
whereas 408, 423, 424
wherever 239, 408
whether 241, 413
whether . . . or not 408

which 200, 236, 237, 418
whichever 239
while 407, 408, 423, 424
who 199, 236, 237
who-절 220
whoever 239
whole 189, 248
whom 236, 237
whose 199, 236
why 200, 201, 239, 420
will 62, 97, 100, 119, 121
wish 58, 142, 144
with 77, 330, 331
with all 332

worse 271
worst 271
would 62, 97, 100, 122, 123, 410, 423
would rather (= would prefer to) 107
would sooner/rather 142

X

X's Y of Z 구문 170
X's Y 구조 169

Y

yet 364
you 224